W0078728

BASTEI
LÜBBE
TASCHENBUCH

Über den Autor:

Dr. Piers Steel lehrt Organisationslehre und Human Resources an der Haskayne School of Business, University of Calgary. Über seine bisherigen Arbeiten haben zahllose Medien in den USA und Kanada berichtet, darunter *Business Week*, *The New York Times* und *Scientific American*. Mehr über ihn unter www.procrastinus.com.

Dr. Piers Steel

ALLES ZU MEINER ZEIT

Warum wir trödeln, obwohl wir
doch lieber handeln würden

Aus dem kanadischen Englisch
von Dr. Jürgen Neubauer

BASTEI
LÜBBE
TASCHENBUCH

BASTEI LÜBBE TASCHENBUCH
Band 60725

Dieser Titel ist auch als E-Book erschienen

Vollständige Taschenbuchausgabe der bei Lübbe Ehrenwirth erschienenen
Hardcoverausgabe *Der Zauderberg*

Copyright © 2010 by Procrastinus Inc.
Published by arrangement with MOHRBOOKS AG Literary Agency, Zürich
Titel der kanadischen Originalausgabe: »The Procrastination Equation.
How to Stop Putting Things Off and Start Getting Stuff Done«,
erschienen bei Random House Canada

Für die deutschsprachige Ausgabe:
Copyright © 2015 by Bastei Lübbe AG, Köln
Titelillustration: © getty-images/Toru-Sanogawa
Umschlaggestaltung: Johannes Wiebel, punchdesign, München
Satz: Dörlemann Satz, Lemförde
Gesetzt aus der DTL Documenta
Druck und Verarbeitung: GGP Media GmbH, Pößneck
Printed in Germany
ISBN 978-3-404-60725-9

5 4 3 2 1

Sie finden uns im Internet unter www.luebbe.de
Bitte beachten Sie auch: www.lesejury.de

Für meinen Bruder Toby.
Er wusste, dass die Uhr immer tickt.

Inhalt

Ein Wort vorab

Aufschieben ist *das* Thema meines Lebens, beruflich wie privat. Das kommt nicht von ungefähr, denn Forschung ist immer auch ein bisschen Selbsterforschung. Viele Wissenschaftler sind mit ihrem Forschungsgebiet bestens vertraut: Sie untersuchen ihre eigenen Probleme. Ich kann nur zu gut nachempfinden, wie sich chronische Aufschieber fühlen, denn ich war selbst lange einer.* Seither habe ich es mit der Aufschieberei weit gebracht, ich coache angehende Manager, und an der Wand meines Büros hängen alle möglichen Auszeichnungen und Urkunden für meine Arbeit in Forschung und Lehre. Aber die meiste Zeit meines Lebens hatte ich das Gefühl, dass mein Potenzial ungenutzt verkümmerte. Ich war frustriert, weil ich meine guten Vorsätze, mich endlich zu ändern, nie durchhielt. Wenn ich Leute kennenlernte, die es weiter gebracht hatten als ich, führte mir dies meine eigenen Unzulänglichkeiten besonders schmerzhaft vor Augen, entmutigte mich und weckte ungerechte Ressentiments. Glücklicherweise interessierte ich mich für ein Gebiet, in dem es um die Frage geht, wie wir Veränderungen in unserem Leben und unserer Arbeit bewirken können. Diese Erkenntnisse habe ich Schritt für Schritt für mich selbst umgesetzt.

---

* Ich war sogar ein berüchtigter Aufschieber. In einem Brief schrieb mein inzwischen verstorbener Bruder an einen Onkel: »Hast du schon gehört, was Piers an der Universität treibt? Er hat sich zum Experten fürs Aufschieben gemausert, er schreibt jede Menge Artikel über das Thema und gibt Interviews. Ich muss grinsen, denn in der Schule und im Studium war er der schlimmste Aufschieber von allen.«

Mein Spezialgebiet ist die Arbeits- und Organisations-psychologie, die sich mit unserem Denken und Handeln am Arbeitsplatz beschäftigt. Diese Disziplin geht der Frage nach, wie wir unsere Leistung, unsere Zufriedenheit und unsere Motivation rund um die Arbeit steigern können. Leider sind viele der Techniken, die Psychologen auf diesem Gebiet entwickelt haben, nie in die Öffentlichkeit vorgedrungen. Sie schlummern verschüttet in obskuren wissenschaftlichen Zeitschriften und sind in einem Fach-chinesisch geschrieben, das nur Eingeweihte verstehen. Das Thema Aufschieben macht da keine Ausnahme. Wirt-schaftswissenschaftler und Neurologen haben zwar mehr als achthundert Artikel in allen möglichen Sprachen ver-fasst, aber die zu finden und vor allem zu verstehen ist keine leichte Aufgabe.[1] Hier komme ich ins Spiel. Um das Aufschieben zu erforschen, habe ich zweierlei getan: Ers-tens habe ich eigene Experimente angestellt, die ich Ihnen im Laufe dieses Buches vorstelle. Auf diese Weise konnte ich neue Erkenntnisse darüber gewinnen, wie und warum wir Dinge aufschieben und eigene Theorien aufstellen. Und zweitens habe ich die Berge von Artikeln aus den ver-schiedensten wissenschaftlichen Disziplinen ausgewertet. Dabei hatte ich das Glück, über eine neue Technik namens »Metaanalyse« zu stolpern.

Bei der Metaanalyse handelt es sich um eine mathema-tische Methode, mit deren Hilfe Wissenschaftler Tausende von Untersuchungen auswerten und das Wesentliche he-rausdestillieren können. Sie ist heute ein entscheidender Motor der Wissenschaft und kommt auf allen Gebieten zum Einsatz. Wenn Sie beispielsweise zum Arzt gehen, um sich wegen Asthma oder Alzheimer behandeln zu las-sen, dann ist die Behandlungsmethode vermutlich das Resultat von solchen Metaanalysen.[2] Ich hatte die Chance, an der Entwicklung dieser Methode mitzuarbeiten, habe Software dafür erdacht und meine, ich habe ein gewisses Händchen dafür.[3] Daher lag der Gedanke nahe, mithilfe dieser neuen Methode die umfangreiche Literatur zum Thema Aufschieben auszuwerten. Das war allerdings eine gewaltige Aufgabe, denn Wissenschaftler haben jeden erdenklichen Ansatz aufgefahren, um dem Phänomen auf den Grund zu gehen. Sie haben Laborversuche durchgeführt, Tagebücher gelesen, mit Neurotransmittern hantiert und Gene entschlüsselt. Sie haben das Aufschieben in allen erdenklichen Situationen und Schauplätzen beobachtet, von Flughäfen bis zu Einkaufszentren. Sie haben ganze Klassenzimmer verkabelt, um jedes Blinzeln jedes Schülers aufzuzeichnen. Sie haben Aufschieber aller Art untersucht, von Tauben über Ungeziefer bis zu Politikern. Bei dem Versuch, diese verschiedenen Forschungen und Artikel unter einen Hut zu bringen, habe ich mich oft gefühlt wie der Dirigent eines Orchesters im Irrenhaus. Die Streicher, Bläser und Schlagzeuger spielten zwar alle dieselbe Melodie, aber in unterschiedlichen Räumen und mit unterschiedlichen Rhythmen und Tonarten. Meine Aufgabe war es, dieses Durcheinander irgendwie in Musik zu verwandeln.

Dabei bin ich zu Erkenntnissen gelangt, die Sie vermutlich überraschen werden und die alle herkömmlichen Theorien über das Aufschieben über den Haufen werfen. Einige meiner Untersuchungen habe ich in Fachzeitschriften wie dem *Psychological Bulletin* veröffentlicht, andere sind in Magazinen und Tageszeitungen in aller Welt erschienen. Doch die meisten Erkenntnisse veröffentliche ich hier zum ersten Mal. Unter anderem habe ich festgestellt, dass wir das Aufschieben lange vollkommen falsch diagnostiziert und falsche Ursachen dafür verantwortlich gemacht haben. Die wahren Ursachen des Aufschiebens sind zum Teil genetischer Natur und in unserem Gehirn angelegt, weshalb das Phänomen in sämtlichen Kulturen und Epochen bekannt war. Doch auch die Umwelt spielt eine wichtige Rolle: Sie ist zwar nicht dafür verantwortlich, *dass* wir aufschieben, sehr wohl aber dafür, wie gern und wie häufig. Und gerade in unserer modernen Gesellschaft ist die Aufschieberitis zu einer regelrechten Epidemie geworden.

Aber ich habe mich natürlich nicht nur mit der Frage beschäftigt, warum wir aufschieben. Ich habe auch Strategien entwickelt, die wir im Alltag – in der Schule, am Arbeitsplatz und in unserem Privatleben – anwenden können, um unsere angeborene Saumseligkeit zu überwinden. Ein dickes Brett? Das kann man wohl sagen. Deswegen habe ich auch ein paar Jährchen gebraucht, um dieses Buch fertigzustellen. Jetzt bleibt mir nur noch zu hoffen, dass Sie nach der Lektüre besser verstehen, wie Sie Ihre Zeit verwenden und verschwenden.

Kapitel 1

Porträt eines Aufschiebers

Verschiebe nichts auf morgen, was
du auch auf übermorgen verschieben
kannst.
Mark Twain

In diesem Buch geht es um jedes Versprechen, das Sie sich je gegeben und nicht gehalten haben. Es geht um jedes Ziel, das Sie sich gesetzt und nicht erreicht haben, weil Sie sich nicht dazu aufraffen konnten. Es geht um all die abgebrochenen Diäten, all die durchgearbeiteten Nächte vor einer Deadline und all die enttäuschten Blicke anderer – von denen im Spiegel ganz zu schweigen. Es geht darum, was es bedeutet, sich als der Faulpelz der Familie und der Versager im Freundeskreis zu fühlen. Es geht um die bleierne Last der unerledigten Aufgaben, von den nicht bezahlten Rechnungen bis zum Chaos in Ihrer Wohnung. Es geht um den Arztbesuch, den Sie vor sich herschieben, und um Ihre Finanzen, die Sie immer noch nicht in Ordnung gebracht haben. Es geht um Bummeleien, Verzögerungen, Versäumnisse, vertane Chancen und vieles mehr.

Sogar um sehr vieles mehr. In diesem Buch geht es nämlich auch um die *andere* Seite. Es geht um die Momente, in denen Ihre Trägheit plötzlich der Klarheit und Konzentration weicht, in denen Sie Dinge ohne jedes Zögern erledigen und es Ihnen nicht einmal in den Sinn kommt aufzugeben. Es geht um Ihre persönliche Veränderung und darum, wie Sie Ihre Ziele umsetzen können, ohne sich dabei selbst ein Bein zu stellen, und wie Sie nach getaner Arbeit ohne Schuldgefühl Ihre Freizeit genießen können. In diesem Buch geht es darum, wie Sie Ihr Potenzial ausschöpfen können, statt es brachliegen zu lassen, und wie Sie sich Ihre Träume verwirklichen, statt sie zu vergessen. Es geht vor allem darum, wie Sie Ihr Leben in die Hand nehmen, statt es aufzuschieben.

Wenn wir unsere Vorsätze vergessen und unsere Ziele nicht erreichen, dann ist oft unsere Aufschieberitis schuld. Aufschieben hat nichts mit Faulheit zu tun, auch wenn die beiden gern verwechselt werden. Anders als hartgesottene Faulpelze wollen Aufschieber ihre Aufgaben erledigen, und irgendwann schaffen sie es schließlich auch, aber oft nur unter immensen Qualen. Wie wir noch sehen werden, ist unsere Saumseligkeit zum Teil erblich bedingt und in unseren Genen angelegt. Unsere Neigung, Dinge von einem Tag auf den anderen zu verschleppen, geht Hunderte Millionen Jahre zurück und ist fast schon ein fester Bestandteil des Menschseins. Aber nur fast, denn wissenschaftliche Erkenntnisse haben gezeigt, dass wir unsere Gewohnheiten und Verhaltensweisen ändern können. Wenn chronische Aufschieber den Grund für ihre Untätigkeit verstehen, dann können sie sie auch überwinden. Sie müssen sich nicht mehr vor Terminen fürchten und haben bessere Chancen, sie einzuhalten.

Dieses Buch erzählt die Geschichte des Aufschiebens. Sie beginnt im alten Ägypten und endet in der modernen Metropole, sie reicht von der Krebsklinik bis zur Börse. Wenn Sie dieses Buch gelesen haben, werden Sie besser erkennen, warum Sie aufschieben, wie Sie sich damit schaden und was Sie dagegen unternehmen können. Aber zunächst wollen wir uns ansehen, was Aufschieben überhaupt bedeutet. Sie können herausfinden, ob Sie ein Aufschieber sind, und wenn ja, wie und warum Sie aufschieben. Wenn Sie tatsächlich ein Aufschieber sind – und das ist recht wahrscheinlich –, dann geht es Ihnen wie den meisten Menschen. Es wird Zeit, dass wir uns ein bisschen besser kennenlernen.

Was man unter Aufschieben versteht – und was nicht

Da einige Verwirrung darüber herrscht, was Aufschieben ist und was nicht, wollen wir uns das Thema erst einmal genauer ansehen. Aufschieben ist erheblich mehr als die bloße Verlegung eines Termins, obwohl das natürlich auch dazugehört. Zum einen ist mit dem Wort »Aufschieben« ein Vertagen auf einen unbestimmten Zeitpunkt in der Zukunft gemeint, doch hinter dem Wort steckt sehr viel mehr. Wir können auch aus Klugheit oder Geduld bestimmte Dinge zeitlich nach hinten verschieben oder weil wir bestimmte Prioritäten setzen, aber das hat nichts mit Aufschieben zu tun. Wenn wir von Aufschieben sprechen, dann schwingt dabei immer etwas Unvernünftiges mit: Wir entscheiden uns aus freien Stücken, eine Aufgabe zu vertagen, obwohl wir genau wissen, dass wir uns damit selbst Schaden zufügen. Wenn wir aufschieben, dann handeln wir also wissentlich gegen unsere eigenen Interessen.

Trotzdem verwechseln viele Menschen die kluge Verlegung eines Termins mit Aufschieben. Wenn Sie einen Arbeitskollegen sich entspannt in seinem Bürostuhl flegeln sehen und ihn fragen, was er da macht, dann antwortet er vielleicht: »Ich betreibe Arbeitsvermeidung!« Aber das muss nicht unbedingt stimmen. Vielleicht lässt er die Arbeit an einem Bericht liegen, weil sein Projekt wahrscheinlich im Laufe der Woche gekippt wird; und wenn nicht, na ja, dann hat er immer noch Zeit, seinen Bericht auf den letzten Drücker fertigzustellen. Das ist klug. In dieser Situation wäre es unvernünftig, den Bericht so schnell wie möglich zu schreiben, nur um ihn ein paar Tage später in den Papierkorb zu werfen. Der Besessene, der jede Arbeit sofort anpackt, kann genauso unvernünftig handeln wie der chronische Aufschieber, der alles kurz vor knapp erledigt. Keiner von beiden teilt sich seine Zeit klug ein.

Sie sind also kein Aufschieber, wenn Sie weder als Erster auf einer Party erscheinen noch drei Stunden vor dem Abflug am Flughafen sind. Wenn Sie ein bisschen später kommen, ersparen Sie sich peinliche Momente mit Ihren Gastgebern, die vielleicht letzte Vorbereitungen treffen, oder langweilige Stunden am Flughafen. Es hat auch nichts mit Aufschieben zu tun, wenn Sie eine Aufgabe liegen lassen, um auf einen Notfall zu reagieren. Es wäre vermutlich nicht sonderlich intelligent, den Rasen fertig zu mähen, während gleichzeitig Ihr Haus abbrennt. Sie können sich zwar nachher nicht vorwerfen, dass Sie sich vor der lästigen Gartenarbeit gedrückt haben, aber die verkohlte Ruine Ihres Hauses wäre ein hoher Preis. Wenn Sie beispielsweise flexibel auf die Bedürfnisse Ihrer Kinder oder Ihres Partners reagieren, dann kann das Ihrer Familie sehr nutzen. Sie können nicht alles gleichzeitig erledigen. Ob wir von Aufschieben sprechen oder nicht, hat also nicht mit der zeitlichen Verzögerung an sich zu tun, sondern mit Ihrer Entscheidung, was Sie in diesem Moment erledigen und was Sie vertagen.

Sind Sie ein Aufschieber?

Nachdem wir also geklärt haben, was Aufschieben bedeutet, stellt sich die Frage, ob und wie ausgiebig Sie es praktizieren. Sind Sie ein Gelegenheitsbummler, oder steht Ihnen das Wort »morgen« auf die Stirn tätowiert? Es gibt einige recht unterhaltsame Möglichkeiten, Ihre persönliche Aufschiebeneigung zu ermitteln. Sie könnten sich zum Beispiel Ihre Handschrift ansehen: Eine schleppende und zerrissene Schrift gilt als Hinweis auf eine entsprechende Persönlichkeit. Oder Sie können die Sterne befragen: Astrologen behaupten, Merkur in Opposition zum Jupiter deute auf einen zögerlichen Charakter hin.[1] Sie können sich natürlich auch Tarotkarten legen lassen: Die Zwei der Schwerter legt nah, dass Sie unentschlossen und häufig in Widersprüchen gefangen sind. Ich persönlich bevorzuge eine wissenschaftliche Methode.

Auf meiner Website *www.procrastinus.com* finden Sie einen umfassenden Test, an dem inzwischen Zehntausende teilgenommen haben. Mithilfe dieses Tests können Sie Ihre Aufschieberitis mit Menschen in aller Welt vergleichen. Wenn Sie keine Zeit haben und die Antwort nicht aufschieben wollen, dann können Sie den folgenden, vereinfachten Fragebogen ausfüllen. Beachten Sie, dass bei den Fragen 2, 5 und 8 die Punkte in umgekehrter Reihenfolge vergeben werden.

Trifft nicht / selten / gelegentlich / oft / immer zu

1   Ich schiebe Arbeiten über das vernünftige Maß hinaus auf.

       1   2   3   4   5 _____

2   Ich erledige alles zu dem Zeitpunkt, zu dem es meiner Ansicht nach erledigt werden muss.

       5   4   3   2   1 _____

3   Ich bereue es oft, eine Aufgabe nicht früher erledigt zu haben.

       1   2   3   4   5 _____

4   Bestimmte Fragen meines Lebens schiebe ich auf, obwohl ich weiß, dass ich mir damit selbst schade.

       1   2   3   4   5 _____

5   Wenn ich eine wichtige Aufgabe zu erledigen habe, dann lasse ich unwichtigere Dinge zunächst liegen.

       5   4   3   2   1 _____

6   Bestimmte Aufgaben schiebe ich so lange auf, dass mein Wohlbefinden oder meine Effizienz unnötig darunter leiden.

       1   2   3   4   5 _____

7   Ich habe abends oft das Gefühl, ich hätte meinen Tag besser nutzen können.

       1   2   3   4   5 _____

8   Ich nutze meine Zeit klug.

       5   4   3   2   1 _____

9   Wenn ich eine Sache tun sollte, dann tue ich eine andere.

       1   2   3   4   5 _____

Summe: _____

Punktzahl	Sie befinden sich unter	
5–19	den untersten 10 Prozent	Ihr Mantra lautet: »Das Wichtigste zuerst.«
20–23	den untersten 10 bis 25 Prozent	
24–31	dem Mittelfeld	Sie sind ein durchschnittlicher Aufschieber.
32–36	den obersten 10 bis 25 Prozent	
37–45	den obersten 10 Prozent	Ihr Lieblingswort ist »morgen«.

Wo stehen Sie? Sind Sie berüchtigt dafür, alles bis zum letzten Moment liegen zu lassen? Oder drücken Sie sich nur vor dem Gang ins Fitnessstudio und Ihrer Steuererklärung, wie die meisten anderen Sterblichen auch?

Die Schieberpolka

Je mehr Punkte Sie in diesem Aufschiebetest erzielt haben, desto größer ist die Wahrscheinlichkeit, dass Sie just in diesem Moment irgendeine Arbeit verschleppen. Irgendetwas sollten Sie vermutlich gerade erledigen. Das bedeutet leider auch, dass Sie gerade Besseres zu tun haben, als dieses Buch zu lesen. Diese Aufgaben sind vermutlich unangenehm, langweilig, bürokratisch, und vielleicht haben Sie sogar Angst, sie nicht bewältigen zu können. Lassen Sie mich raten:

- Ihr Wäschekorb quillt über?
- In der Spüle stapelt sich das Geschirr?
- Die Batterien in Ihrem Feuermelder müssten ausgetauscht werden?
- Ihr Auto müsste zur Inspektion?
- Ein Flug oder ein Hotelzimmer müsste gebucht, Ihr Koffer gepackt oder Ihr Pass verlängert werden?
- Sie müssten Ihren Chef über Ihre Urlaubspläne in Kenntnis setzen?
- Sie müssten noch ein Geburtstagsgeschenk für jemanden besorgen?
- Ihre Zeiterfassungsbögen, Leistungsberichte oder Spesenabrechnungen sind noch nicht ausgefüllt?
- Sie müssten ein Gespräch mit einem Mitarbeiter führen, mit dessen Leistung Sie nicht zufrieden sind?
- Sie müssten einen Termin für ein Treffen vereinbaren, vor dem Ihnen graut?
- Wie sieht es mit dem großen Projekt aus, das Ihnen Ihr Chef übertragen hat? Haben Sie schon Fortschritte gemacht?
- Waren Sie diese Woche schon im Fitnessstudio?
- Haben Sie Ihre Mutter angerufen?

Sie können diese Liste natürlich ganz nach Belieben ergänzen. Selbst wenn Sie sich von keinem dieser Punkte direkt angesprochen fühlen – irgendetwas schieben Sie mit Sicherheit gerade vor sich her. Für sich genommen hat jede vertagte Tätigkeit kaum Auswirkungen. Zusammengenommen können sie an Ihnen nagen und Ihnen das Leben zur Hölle machen. Das Riesenprojekt mit der knappen Deadline ist nur der schlimmste aller Alpträume, der Sie nachts nicht schlafen lässt und Sie daran hindert, all die anderen Punkte auf Ihrer Liste zu erledigen. Jeder von uns kennt das Gefühl, sich nicht aufraffen zu können, um einen Bericht zu schreiben, eine Recherche durchzuführen, eine Präsentation vorzubereiten oder für eine Prüfung zu lernen.

Das Muster ist immer dasselbe. Zu Beginn eines wichtigen Projekts haben Sie Zeit in Hülle und Fülle, und Sie freuen sich, wie flexibel Sie sich alles einteilen können. Sie nehmen die Arbeit ein paarmal in die Hand, aber Sie fühlen sich nicht so recht motiviert. Wenn sich die Aufgabe vergessen lässt, dann vergessen Sie sie.

Irgendwann kommt der Tag, an dem Sie sich vornehmen, endlich mit der Arbeit anzufangen. Aber plötzlich verspüren Sie keine rechte Lust dazu. Sie kommen nicht richtig in Tritt. Jedes Mal, wenn Sie sich ans Werk machen wollen, werden Sie durch irgendetwas abgelenkt. Also verschieben Sie die Aufgabe auf einen Tag, an dem Sie mehr Zeit haben, nur um immer wieder festzustellen, dass der nächste Tag auch nur 24 Stunden hat. Sie fragen sich, wieso die Zeit nur so schnell vergeht. Das geht eine ganze Weile so.

Irgendwann stellen Sie fest, dass Sie nicht grenzenlos Zeit zur Verfügung haben. Stunden, die Sie einst sinnlos vergeudeten, sind mit einem Mal ein knappes und wertvolles Gut. Unter diesem Druck fällt es Ihnen schwer, mit der Arbeit anzufangen. Statt das große Projekt in Angriff zu nehmen, verzetteln Sie sich auf Nebenschauplätzen. Sie räumen Ihr Büro oder Ihre E-Mail-Ordner auf, gehen ins Fitnessstudio, kaufen ein und kochen. Eine innere Stimme sagt Ihnen, dass Sie eigentlich Wichtigeres zu tun haben, aber Sie reden sich ein, dass Sie sich damit auf die Arbeit einstimmen. Leider ist es inzwischen schon zu spät geworden, um noch damit anzufangen, also legen Sie sich besser schlafen. Am nächsten Morgen beginnt der Vermeidungskreislauf von Neuem.

Um Ihre wachsende Sorge zu verdrängen, geben Sie sich gelegentlich hemmungslos Ihren Zerstreuungen hin. Sie lesen Ihre E-Mails oder die Sportnachrichten. Und wo Sie schon dabei sind, warum beantworten Sie nicht gleich ein paar E-Mails oder schauen ein paar Minuten fern? Schnell erliegen Sie diesen Verlockungen. Irgendwo in Ihrem Gedächtnis regt sich die Erinnerung an die Aufgabe, aber Sie wollen ihr nicht ins Auge sehen und suchen immer neue Ablenkungen. Sie schreiben lange und leidenschaftliche Beiträge in Onlineforen, lesen die neuesten Nachrichten oder zappen sich manisch durch die Fernsehkanäle. Sie können sich nicht losreißen, und die ursprüngliche Lust weicht einem Gefühl der Ohnmacht.

Je näher die Deadline rückt, desto tiefer verstricken Sie sich in Ihre Vermeidungsstrategien. Aus Furcht vor allem, was Sie an das gefürchtete Projekt erinnern könnte, meiden Sie Kalender und Uhren. Sie stutzen Ihre Pläne zurecht und wollen nun nicht mehr das Beste erreichen, sondern nur noch das Nötigste. Statt konzentriert zu arbeiten, bleiben Sie morgens lange liegen, träumen von einer besseren Welt, vom Lottogewinn oder davon, ganz weit weg zu sein. Während Ihre Sorge wächst, sehen Sie sich nach Ventilen, Fluchtmöglichkeiten oder Belohnungen um – alles, was Ihnen die Illusion von Sicherheit vermittelt. Wenn Freunde oder Kollegen Sie aus Ihren Vermeidungsstrategien reißen wollen, antworten Sie ärgerlich: »Gleich! Ich kümmere mich darum, wenn ich hiermit fertig bin!« Doch was immer »hiermit« ist, Sie werden nie damit fertig. Insgeheim plagen Sie sich mit Vorwürfen und Selbstzweifeln und beneiden Menschen, die ihre Aufgaben scheinbar spielend erledigen.

Der Druck wird immer größer, bis er irgendwann einen kritischen Punkt erreicht und einen inneren Schalter umlegt. Sie fangen an zu arbeiten. Irgendwo im Hinterkopf haben Sie Ihre Aufgabe auf das Wesentliche eingedampft, denn für mehr reicht Ihre Zeit sowieso nicht mehr. Sie krempeln die Ärmel hoch, treffen einige mutige Entscheidungen und machen erstaunliche Fortschritte. Die finsteren Gewitterwolken in Ihrem Kopf weichen einer plötzlichen Klarheit. Sie arbeiten zielstrebig und befeuert von der Dringlichkeit des Jetzt oder Nie. Für einige wenige Glückspilze reicht dieser plötzliche Energieschub aus, um das Projekt zu erledigen. Bei den meisten versickert er jedoch, lange bevor sie das verdammte Ding fertig haben. Nach Stunden der schlaflosen Konzentration schaltet das Gehirn ab. Kaffee und Zucker wirken nicht mehr. Tick – tack – die Zeit ist um. Sie humpeln über die Ziellinie, sind nicht ausreichend vorbereitet und präsentieren der Welt nur einen Schatten dessen, was möglich gewesen wäre.

Dieses Szenario ist so verbreitet, dass es kaum der Erwähnung wert scheint – außer natürlich für diejenigen, dies es durchlitten haben und wissen, dass ihre Leistung weit hinter ihren Möglichkeiten zurückbleibt. Die Erleichterung darüber, dass Sie das Projekt endlich abgeschlossen haben, reicht nicht immer aus, um die Erkenntnis zu verdrängen, dass Sie Ihre Sache nicht gut gemacht haben. Und selbst wenn Ihre Arbeit genial war, wird Ihre Freude immer durch das nagende Gefühl getrübt, dass Sie es besser hätten machen können. Ganz zu schweigen von den Abendessen, den Partys und den Urlaubsreisen, die Sie sich vermiest haben, weil Sie mit Ihren Gedanken anderswo waren und sich innerlich mit dem Projekt herumgeschlagen haben, das Sie vermeiden wollten. Deswegen nehmen Sie sich vor, beim nächsten Mal alles anders zu machen, denn der Preis des Aufschiebens ist einfach zu hoch.

Leider ist die Aufschieberei eine hartnäckige Angewohnheit. Statt Ihren Vermeidungsstrategien ins Auge zu sehen, suchen Sie nach Entschuldigungen – Aufschieben und Selbstbetrug gehen oft Hand in Hand.[2] Es ist oft schwer, zwischen *nicht können* und *nicht wollen* zu unterscheiden, weshalb Sie die Schwierigkeiten betonen, mit denen Sie zu kämpfen hatten: eine schwere Erkältung, eine chronische Müdigkeit oder der Notfall eines Freundes. Sie wälzen die Verantwortung ab und fragen sich: Wer hätte das vorher ahnen können? Wenn Sie eine Situation nicht vorhersehen konnten, dann können Sie natürlich auch nicht verantwortlich gemacht werden, oder? Erinnern Sie sich an Ihren letzten Fall von Aufschieberitis und versuchen Sie, die folgenden Fragen zu beantworten:

- Wussten Sie, dass die Aufgabe so viel Zeit in Anspruch nehmen würde?
- Wussten Sie, dass jede Verzögerung so schmerzhafte Konsequenzen haben würde?
- Konnten Sie absehen, dass Ihnen in letzter Minute etwas dazwischenkommen würde?

Wahrscheinlich wäre die ehrliche Antwort auf alle drei Fragen: Ja, klar, natürlich. Aber es ist schwer, sich diese Fragen wahrheitsgemäß zu beantworten, oder? Und genau das ist das Problem.

Zahlreiche Aufschieber stellen ihre selbstzerstörerische Untätigkeit als wohl überlegte Entscheidung dar. Ist es denn beispielsweise falsch, die Karriere hintanzustellen, um mehr Zeit für die Familie zu haben? Das hängt ganz davon ab, wer Sie sind. Für Workaholics ist alles, was nicht mit der Arbeit zu tun hat, verlorene Zeit, weshalb sie bei Familienfeiern und Theateraufführungen ihrer Kinder fehlen. Andere gehen ganz in der Familie auf und genießen das Zusammensein auf Kosten der Arbeit. Außenstehende können kaum unterscheiden, ob es sich bei einer Entscheidung um einen Fall von Aufschieberitis oder um eine bewusst getroffene Wahl handelt. Das weiß nur der Betroffene selbst.

Insgeheim hoffen viele Aufschieber, dass sie keine Entschuldigung benötigen werden. Sie setzen auf ihr Glück. Das kann durchaus gutgehen. Der Architekt Frank Lloyd Wright entwarf sein Meisterwerk, die Villa Fallingwater, drei Stunden bevor der Investor Edgar Kaufmann kam, um die Zeichnungen zu sehen. In einer panischen nächtlichen Schreiborgie kritzelte Tom Wolfe 49 Seiten für einen Artikel über die kalifornischen Speedcars zusammen, der im Magazin *Esquire* erscheinen sollte. Der Redakteur Byron Dobell druckte den Text unverändert unter dem Titel »There Goes (Varoom! Varoom!) That Kandy-Kolored Tangerine-Flake Streamline Baby«, und ein neuer journalistischer Stil war geboren. Ich muss Ihnen nicht sagen, dass diese beiden Fälle die Ausnahme sind. Wenn Sie es von vornherein für sinnvoll gehalten hätten, die Arbeit an Ihrem Projekt kurz vor knapp zu erledigen, dann wären Sie ja erst gar nicht in die Situation gekommen, sie vor sich herzuschieben.

Das Profil des Aufschiebers

Vielleicht erleichtert es Sie ja zu erfahren, dass Sie sich als Aufschieber in bester Gesellschaft befinden. Vertagen ist so verbreitet wie die morgendliche Tasse Kaffee. In Dutzenden von Umfragen gestehen 95 Prozent der Teilnehmer, dass sie trödeln, und ein Viertel gibt an, es handele sich um eine chronische und typische Eigenschaft.[3] »Nichts mehr aufschieben« ist eines der wichtigsten Ziele, das Menschen in aller Welt in Umfragen angeben.[4] Die Aufschieberitis ist ein derart verbreitetes Übel, dass sie ihre eigenen Witze hervorgebracht hat. Die vielleicht beste Entschuldigung für eine verpasste Deadline stammt von der Schriftstellerin Dorothy Parker. Als sie von Harold Ross, dem Herausgeber des *New Yorker*, gefragt wurde, warum sie einen Artikel nicht zum vereinbarten Zeitpunkt abgeliefert hatte, erklärte sie mit traurigem Augenaufschlag: »Jemand hat den Bleistift benutzt.« Und bestimmt kennen Sie den Aufschieberwitz mit dem längsten Bart. Nein? Den erzähle ich Ihnen später.

Kein Berufszweig ist gegen die Aufschieberitis gefeit, aber Schriftsteller scheinen besonders von ihr betroffen zu sein. Agatha Christie war berüchtigt dafür, dass sie keinen Termin hielt, und Margarete Atwood gestand: »Ich bringe oft den ganzen Morgen damit zu, die Arbeit vor mir herzuschieben und mir Sorgen zu machen, um dann gegen fünfzehn Uhr in einen Schreibwahn zu verfallen.« Auch Redakteure von Nachrichtensendungen sind legendäre Aufschieber. Ted Koppel meinte etwa: »Meine Eltern und Lehrer haben sich die Haare ausgerauft, weil ich mit allem bis zur letzten Minute gewartet habe. Heute sind die Leute begeistert.«[5] Im ganzen Alphabet der Berufe bleibt keiner verschont, Astronauten genauso wenig wie Priester, Radiologen oder Zoodirektoren.[6] Bedauerlicherweise sind über alle Branchengrenzen hinweg die Aufschieber häufiger arbeitslos als ihre nicht aufschiebenden Kollegen. Männer sind genauso betroffen wie Frauen, obwohl das Y-Chromosom einen leichten Vorsprung hat. Eine Gruppe aus 100 hartgesottenen Vertagern besteht aus 54 Männern und 46 Frauen, was bedeutet, dass acht Männer ohne ihr weibliches Pendant bleiben. Es gibt also reichlich ungebundene Trödler. In der Tat sind Aufschieber eher ledig als verheiratet, aber auch eher getrennt als geschieden, denn sie schieben das Ende genauso auf wie den Anfang. Auch das Alter hat einen Einfluss auf die Aufschieberitis.[7] Je näher wir der ultimativen Deadline unseres Lebens kommen, desto weniger schieben wir auf. Körperlich reifere Menschen sind offenbar auch charakterlich reifer.

So interessant diese demografischen Betrachtungen sind, auf der Suche nach Aufschiebern sind sie nicht annähernd so hilfreich wie ein psychologisches Profil. Es gibt in der Tat eine wichtige Charaktereigenschaft, die erklärt, warum wir aufschieben. Aber wahrscheinlich ist es nicht die, an die Sie jetzt denken. Man hört immer wieder, dass Aufschieber Perfektionisten seien, die Angst haben, ihren eigenen Ansprüchen nicht gerecht zu werden.[8] Diese Erklärung klingt auf Anhieb überzeugend und sogar irgendwie tröstlich. Perfektionismus kann einem ja durchaus als eine positive Eigenschaft ausgelegt werden. Das wissen besonders Bewerber, die im Vorstellungsgespräch die Frage »Was ist Ihre größte Schwäche?« beantworten sollen. Doch Perfektionismus ist nicht der Grund für unsere Saumseligkeit. Das haben Untersuchungen an Tausenden Versuchspersonen ergeben. Im Gegenteil, als der Psychologe Robert Slaney seine Perfektionismus-Skala entwickelte, stellte er fest, dass »Perfektionisten mit geringerer Wahrscheinlichkeit aufschieben als Nicht-Perfektionisten – ein Widerspruch zur populären Literatur«.[9] Meine Untersuchungen bestätigen diesen Befund: Organisierte, ordentliche und effiziente Perfektionisten trödeln nicht herum.[10]

Aber warum haben wir dann so lange in der Annahme gelebt, dass Perfektionismus die Ursache der Aufschieberitis ist? Vielleicht weil aufschiebende Perfektionisten eher einen Therapeuten aufsuchen, weshalb sie natürlich in der Forschungsliteratur unverhältnismäßig stark vertreten sind. Nichtperfektionistische Aufschieber (und natürlich auch nichtaufschiebende Perfektionisten) wenden sich mit geringerer Wahrscheinlichkeit an einen Coach oder Therapeuten. Perfektionisten haben ein größeres Interesse daran, etwas gegen ihre Schwächen zu unternehmen, weil es ihnen vermutlich unangenehmer ist als anderen, wenn sie Dinge vor sich herschieben. Ihr Problem ist also nicht ihr Perfektionismus, sondern die Diskrepanz zwischen ihren Ansprüchen und ihrer Leistung.[11] Wenn Sie ein Perfektionist sind und darunter leiden, dass Sie Ihren eigenen Ansprüchen nicht gerecht werden, dann sollten Sie etwas dagegen unternehmen. Aber dann brauchen Sie ein anderes Buch: Hier geht es ums Aufschieben.

Was ist also wirklich die Ursache des Aufschiebens? Dreißig Jahre lang haben Forscher in Hunderten von Studien den Zusammenhang zwischen den unterschiedlichsten Charaktereigenschaften und dem Aufschieben untersucht. Dabei haben sie eine Eigenschaft ausfindig gemacht, die wichtiger ist als alle anderen. Die Achillesferse des Aufschiebers ist seine *Impulsivität*, also das Bedürfnis, alles hier und jetzt haben zu wollen.[12] Impulsive Menschen haben Schwierigkeiten mit der Selbstbeherrschung und verlangen nach sofortiger Befriedigung ihrer Bedürfnisse. Es fällt ihnen schwer, jetzt etwas zu tun, für das sie erst später belohnt werden.[13] Unsere Impulsivität hat auch einen Einfluss darauf, wie wir mit dem Stress einer anstehenden Aufgabe umgehen. Für weniger impulsive Menschen ist dieser Stress oft ein innerer Anstoß, ein Projekt frühzeitig anzugehen. Anders für impulsive Menschen: Terminstress provoziert postwendend Vermeidungsverhalten.[14] Impulsive Menschen versuchen, die belastende Aufgabe zu umgehen oder sie aus dem Bewusstsein zu verdrängen, was für jemanden, der kurzfristig denkt, eine durchaus vernünftige Strategie ist. Impulsive Aufschieber neigen außerdem dazu, sich schlecht zu organisieren und leicht ablenken zu lassen. Oder um es mit den Worten meines Kollegen Henri Schouwenburg zu sagen, sie leiden unter »schwacher Impulskontrolle, mangelnder Ausdauer, schlechter Arbeitsdisziplin, mangelhaftem Zeitmanagement und einer Unfähigkeit zum methodischen Arbeiten«.[15] Das heißt, impulsive Menschen haben Schwierigkeiten, ihre Arbeit zu planen, und wenn sie schließlich damit anfangen, lassen sie sich leicht ablenken. Die unvermeidliche Folge: Sie schieben auf.

Wie's weitergeht

Da haben Sie's also. Die Aufschieberitis ist überall. Sie ist fast so allgegenwärtig wie die Schwerkraft und hat beinahe dieselbe Wirkung. Sie begleitet uns vom frühen Morgen, wenn wir den überquellenden Mülleimer in der Küche stehen lassen, bis zum späten Abend, wenn wir die leergequetschte Zahnpastatube in die Hand nehmen. Im nächsten Kapitel sehen wir uns an, was die Forschung zu unserer irrationalen Aufschieberei zu sagen hat und warum sie so verbreitet ist. Außerdem stelle ich Ihnen eine einfache Formel vor, die diese Dynamik erklärt, und beschreibe Ihnen meine erstaunlichen Erkenntnisse bei der Erforschung dieses Phänomens im wirklichen Leben. In den folgenden Kapiteln betrachten wir uns dann, was in unserem Kopf und Bauch vorgeht, wenn wir aufschieben, und welchen Preis wir dafür bezahlen.

Die Forschung, die ich Ihnen hier vorstelle, hält allerdings immer auch einen Lichtblick bereit: In den Ursachen der Aufschieberitis ist immer auch schon ihr Gegenmittel enthalten. Deshalb zeige ich im letzten Teil des Buchs, wie Sie als Chef, Lehrer, Elternteil und vor allem als Mensch sich selbst und andere motivieren können, um die Aufschieberei in den Griff zu bekommen. Im letzten Kapitel zeige ich Ihnen schließlich, welche Techniken Sie für sich selbst umsetzen können. Die Methoden sind wissenschaftlich erprobt, haben keine Risiken und Nebenwirkungen und wirken schon in geringer Dosierung.

Kapitel 2

Die Aufschiebeformel

Die Essenz aus tausendundeiner Untersuchung

Ich begreife mein Handeln nicht:
Ich tue nicht das, was ich will, sondern das,
was ich hasse.
Apostel Paulus

Eddie ist frustriert von der Ablehnung, die ihm in seinem ersten Verkaufsjob entgegenschlägt. Er hat eifrig an allen Verkaufsseminaren teilgenommen und die ganze Liste der empfohlenen Bücher gelesen. Jeden Morgen wiederholt er pflichtschuldig vor dem Spiegel die positiven Losungen: »Ich schaffe es! Ich bin der Beste!« Doch nach einem weiteren Tag ohne einen einzigen Verkaufsabschluss hat er Angst, auch nur den Telefonhörer in die Hand zu nehmen. Er ruft den nächsten potenziellen Kunden an und stählt sich schon dafür, einmal mehr durch ein »Ich bin in einer Besprechung« oder ein eisiges »Klick« abgewürgt zu werden. Und wie erwartet wird er wieder abgebügelt. Das hat doch alles keinen Sinn, denkt Eddie. Entmutigt räumt er seinen Schreibtisch auf, füllt die Formulare für seine Krankenversicherung aus und schaut sich im Internet das Angebot der Konkurrenz an. Weitere Anrufe verschiebt er auf später, wenn die meisten seiner potenziellen Kunden schon in Feierabendlaune sind. Sein Chef schaut zur Tür herein und erkennt die untrüglichen Signale. Eddies Entscheidung, seine Anrufe aufzuschieben, ist der Anfang vom Ende seiner Verkaufskarriere.

Valeries Gesicht ist so leer wie der Computerbildschirm vor ihr. Sie starrt ihn an und weiß, dass da Worte stehen sollten, Worte, die sie geschrieben hat. Aber da steht nichts. Nicht ein einziger Buchstabe. »Warum?«, fragt sie sich. Es ist schließlich nicht ihr erster Artikel, aber aus unerfindlichen Gründen ist diese Geschichte über Gemeindepolitik, die sie morgen abliefern soll, einfach nur öde und langweilig. »Schreib was!«, befiehlt sie sich. »Tipp ein paar Tasten.« Auf dem Bildschirm erscheint »asdfgh«. Besser als nichts. Um dem bleiernen Gefühl der Lähmung zu entkommen, legt sie eine kurze Pause ein und chattet mit ein paar Freunden, die ihr den Link zu einer witzigen Website mit satirischen Musikvideos schicken. Nach einigen Videos stößt sie auf die Satire einer Fernsehserie und schickt ihren Freunden den Link. Schon bald entbrennt ein Wettbewerb, wer das lustigste Video findet. Stunden vergehen. Irgendwann dämmert es Valerie, dass der Tag schon fast vorüber ist, und sie fühlt sich noch weniger inspiriert als zu Beginn ihrer »kurzen Pause«. Sie tippt los, doch am Ergebnis lässt sich gut ablesen, wie viel Zeit und Hirn sie investiert hat. Der Artikel ist unterirdisch.

Der Urlaub ist geplant! Tom hat sich ausnahmsweise rechtzeitig bewegt und schon früh einen Flug in die Dominikanische Republik gebucht. Dank seiner Umsicht hat er es sogar geschafft, den Flug mit den Meilen aus seinem Vielfliegerprogramm zu bezahlen. Bleibt nur noch die Reservierung eines Hotelzimmers, aber das lässt sich ja jederzeit erledigen. Doch was sich jederzeit erledigen lässt, das wird oft nicht rechtzeitig erledigt. Die Monate gehen ins Land, Tom schiebt die Reservierung Woche für Woche vor sich her und vergisst sie schließlich. Immer kommt irgendetwas dazwischen, und sei es seine Lieblingsserie im Fernsehen. Als er sich schließlich ans Packen macht, fällt ihm schließlich auf, dass sich die Reservierung nicht länger aufschie-

ben lässt und dass er sich viel zu viel Zeit gelassen hat. Im Internet findet er kaum noch freie Zimmer und entscheidet sich schnell und willkürlich für das erstbeste Hotel. Als er am Flughafen in der Dominikanischen Republik ankommt, hofft er, dass sein Hotel so schön ist wie die Insel. Er wird enttäuscht. Es ist weit vom Strand entfernt, sein Zimmer ist mit toten Mücken dekoriert, und das Bad ist ekelerregend. Beim ersten Abendessen im Hotel verdirbt er sich den Magen.

Eddie, Valerie und Tom sind Aufschieber, doch sie sind keineswegs identisch. Wenn ein Auto liegen bleibt, kann die Ursache ein leerer Tank, ein geplatzter Reifen oder eine tote Batterie sein. Auch die Aufschieberitis hat die unterschiedlichsten Gründe, selbst wenn der Effekt nach außen hin immer derselbe ist. Eddie, Tom und Valerie schieben zwar alle eine Aufgabe vor sich her, doch sie haben verschiedene Beweggründe. Jeder dieser Gründe ist ein Aspekt der Aufschiebeformel, einer mathematischen Gleichung, die ich entwickelt habe, um irrationale Verzögerungen zu beschreiben. In diesem Buch geht es darum zu verstehen, warum Menschen wie Eddie, Valerie und Tom ihre jeweiligen Aufgaben vor sich herschieben. Aber dazu müssen wir zunächst ein bisschen mehr wissen. Im vorigen Kapitel wollten wir feststellen, ob und wie gern Sie aufschieben. In diesem Kapitel wollen wir herausfinden, warum. Sind Sie ein Eddie, eine Valerie, ein Tom oder eine Mischung aus allen dreien? Dieser Test hilft Ihnen zu ermitteln, welcher Aufschiebertyp Sie sind.

Trifft nicht / selten / gelegentlich / oft / immer zu

1 Wenn ich genug Zeit investiere, dann habe ich Erfolg.

      1   2   3   4   5_____

2 Langweilige Arbeit macht mich fertig.

      1   2   3   4   5_____

3 Ich komme in Schwierigkeiten, weil ich mich durch kurzfristig angenehme Aktivitäten ablenken lasse.

      1   2   3   4   5_____

4 Wenn ich mich konzentriere, bringe ich gute Ergebnisse.

      1   2   3   4   5_____

5 Ich wünschte, meine Arbeit würde mir mehr Spaß machen.

      1   2   3   4   5_____

6 Ich gehe neue Aufgaben an, die mir zunächst Spaß machen, ohne an die Folgen zu denken.

      1   2   3   4   5_____

7 Wenn ich mich anstrenge, dann habe ich Erfolg.

      1   2   3   4   5_____

8 Die Tätigkeiten in meiner Arbeit erscheinen mir sinnlos.

      1   2   3   4   5_____

9 Wenn ich eine Versuchung vor Augen habe, kann ich ihr nur schwer widerstehen.

      1   2   3   4   5_____

10 Ich bin mir sicher, dass meine Anstrengungen belohnt werden.

      1   2   3   4   5_____

11 Arbeit langweilt mich.

      1   2   3   4   5_____

12 Mit meinen Handlungen befriedige ich kurzfristige Bedürfnisse, nicht langfristige Ziele.

      1   2   3   4   5_____

13 Ich bin ausdauernd und einfallsreich.

       1   2   3   4   5 _____

14 Mir fehlt es an der nötigen Begeisterung, um meinen Verpflichtungen nachzukommen.

       1   2   3   4   5 _____

15 Wenn sich eine attraktive Ablenkung anbietet, dann lasse ich mich leicht verführen.

       1   2   3   4   5 _____

16 Egal wie das Problem aussieht, ich werde es schließlich meistern.

       1   2   3   4   5 _____

17 Bei langweiligen Aufgaben gebe ich mich oft angenehmen Tagträumen hin, statt mich zu konzentrieren.

       1   2   3   4   5 _____

18 Es fällt mir schwer, angenehme Ablenkungen zu verschieben, wenn sie sich mir bieten.

       1   2   3   4   5 _____

19 Wenn ich mich anstrenge, kann ich Schwierigkeiten überwinden.

       1   2   3   4   5 _____

20 Ich habe wenig Spaß an meiner Arbeit.

       1   2   3   4   5 _____

21 Ich ziehe den kleinen, unmittelbaren Lustgewinn einer umfassenderen Zufriedenheit in der Zukunft vor.

       1   2   3   4   5 _____

22 Ich habe meinen Erfolg selbst in der Hand.

       1   2   3   4   5 _____

23 Wenn mich eine Tätigkeit langweilt, schweifen meine Gedanken leicht ab.

       1   2   3   4   5 _____

24 Es fällt mir schwer, eine Befriedigung meiner Bedürfnisse aufzuschieben.

       1   2   3   4   5 _____

Um Ihr Ergebnis zu ermitteln, addieren Sie Ihre Punktzahlen der folgenden Fragen:

Eddie-Skala: Frage 1 + 4 + 7 + 10 + 13 + 16 + 19 + 22 = ___

Valerie-Skala: Frage 2 + 5 + 8 + 11 + 14 + 17 + 20 + 23 = ___

Tom-Skala: Frage 3 + 6 + 9 + 12 + 15 + 18 + 21 + 24 = ___

Wenn Sie auf der Eddie-Skala 24 *oder weniger* Punkte erzielt haben, dann haben Sie gewisse Ähnlichkeit mit Eddie. Wenn Sie dagegen auf der Valerie- oder der Tom-Skala 24 *oder mehr* Punkte bekommen haben, dann sollten Sie sich mit den beiden in Verbindung setzen, denn Sie haben viel mit ihnen gemeinsam. Eddie, Valerie und Tom repräsentieren drei grundlegende Faktoren unserer Motivation: Erwartung, Wert und Zeit. Diese drei Faktoren sind außerdem die zentralen Elemente der Aufschiebeformel, die ich Ihnen später vorstelle. Ja, es kommt ein kleines bisschen Mathematik ins Spiel, aber das sollte Sie nicht erschrecken. Ich habe das Grundprinzip einmal auf zwei bunten Seiten einer Kinderzeitschrift erklärt, und wenn Zwölfjährige das verstehen, dann verstehen Sie das erst recht.

Eddie und der Faktor Erwartung

Verkäufer kennen Eddies Geschichte nur zu gut. Ablehnung gehört zum Geschäft, und die meisten Verkäufer bekommen gefühlte tausend Absagen für jede Zusage, vor allem zu Beginn ihrer Karriere. Wie Eddie erliegen viele dem scharfen Gegenwind und ihrer schwindenden Motivation. Um diese dauernde Ablehnung zu ertragen, braucht man schon ein besonders dickes Fell. Aber was genau zehrt an Eddies Motivation? Warum schiebt er die Anrufe auf? Schuld ist seine Erwartung, oder genauer, seine Erwartung dessen, was passieren wird. Nach einer Reihe von Fehlschlägen erwartet er ein weiteres negatives Erlebnis, noch ehe er den Hörer in die Hand nimmt. Positive Erwartungen sind die Voraussetzung für Selbstbewusstsein und Optimismus. Aber wenn Sie anfangen zu glauben, dass Sie Ihre Ziele nicht erreichen können, dann stellen Sie Ihre Bemühungen praktisch ein. Wenn also Aussagen wie »Wenn ich mich anstrenge, kann ich Schwierigkeiten überwinden« oder »Ich habe meinen Erfolg selbst in der Hand« aus dem obigen Fragebogen nicht auf Sie zutreffen, dann haben Sie vermutlich wie Eddie nur geringe Erwartungen.

Die Ergebnisse aus 39 Untersuchungen mit knapp siebentausend Testpersonen zeigen, dass Aufschieberitis zwar gelegentlich mit einem übersteigerten Selbstbewusstsein zusammenhängen kann, dass aber in der Regel das Gegenteil die Ursache ist. Aufschieber verfügen normalerweise über weniger Selbstbewusstsein, vor allem natürlich in Bezug auf die Aufgaben, die sie aufschieben. Wenn Sie an der Universität Ihre Seminararbeit vor sich herschieben, dann vermutlich, weil Sie die Aufgabe als schwierig empfinden. Wenn Sie sich darum herumdrücken, etwas für Ihre Gesundheit zu tun und Sport zu treiben oder Ihre Ernährung umzustellen, dann wahrscheinlich, weil Sie Ihre Zweifel haben, ob Sie es auch durchhalten. Und wenn Sie als Arbeitsloser Ihre Arbeitssuche nur halbherzig betreiben, dann vielleicht, weil Sie meinen, dass Sie sowieso keiner einstellen wird.

In einer wegweisenden Untersuchung zeigte Martin Seligman, einer der Begründer der positiven Psychologie, dass es einen Zusammenhang zwischen einem Mangel an

Selbstbewusstsein oder Optimismus einerseits und dem Aufschieben andererseits gibt.[1] Wenn Sie wie ich ein Tierfreund sind, dann sehen Sie es Dr. Seligman bitte nach, dass er in seinem Experiment Hunde mit Stromschlägen traktierte.* Seligman teilte seine Hunde in zwei Gruppen ein und versetzte ihnen in unregelmäßigen Abständen Stromstöße. Die Tiere erhielten dieselben Stromstöße, doch die Hunde der ersten Gruppe konnten einen Hebel betätigen und so die Quälerei für alle abstellen. Die Hunde der zweiten Gruppe hatten dagegen nichts dergleichen zur Verfügung und mussten die Stromschläge über sich ergehen lassen, bis die Hunde der anderen Gruppe der Tortur ein Ende bereiteten. Dann veränderte Seligman die Versuchsanordnung. Jetzt setzte er alle Hunde in einen Käfig, der durch eine niedrige Trennwand in der Mitte zweigeteilt war. Nur die Hälfte, in der sich die Hunde zu Beginn des Experiments befanden, wurde unter Strom gesetzt, und *alle* Hunde hatten die Möglichkeit, den elektrischen Schlägen zu entkommen, indem sie einfach über die Trennwand auf die andere Seite sprangen. Die Hunde der ersten Gruppe, die gelernt hatten, den Strom mittels Hebel abzustellen, sprangen sofort in die andere Käfighälfte. Auch die Hunde der zweiten Gruppe hatten aus dem vorhergehenden Experiment gelernt: Als der Käfig unter Strom gesetzt wurde, sprangen sie nicht etwa, sondern legten sich hin und ließen die Tortur einfach über sich ergehen. Wie Eddie mit seiner geringen Erwartung hatten diese Tiere gelernt, dass sie nichts tun konnten. Sie hatten gelernt, dass sie hilflos waren.[2]

---

* In seinem Buch *Pessimisten küsst man nicht* schildert Seligman die ethischen Bedenken, die er bei der Durchführung seines Experiments hatte. Er stellte die Versuche ein, sobald er die notwendigen Daten ermittelt hatte.

Erlernte Hilflosigkeit führt dazu, dass jemand schnell aufgibt und sich einfach mit einer langen Krankheit oder einer schlechten schulischen Leistung abfindet. Das Phänomen der erlernten Hilflosigkeit erklärt auch, warum das Aufschieben von Entscheidungen oft ein Anzeichen für eine Depression sein kann.[3] Die Ursache ist mangelndes Selbstbewusstsein, und das macht es schwer, Energie in anspruchsvolle Aufgaben zu stecken.[4] Ein gewisses Maß an erlernter Hilflosigkeit ist weit verbreitet. Vielleicht erinnern Sie sich an Situationen, in denen sich alles gegen Sie zu verschwören schien. Für Eddie ist es seine Arbeit als Verkäufer, andere könnten eine schwierige Kindheit gehabt haben und von der Familie oder von Klassenkameraden in starre Rollen gezwungen worden sein. Wir können derartige einengende Überzeugungen verinnerlichen und sie noch mit uns herumschleppen, wenn wir die Familie oder die Schule schon längst hinter uns gelassen haben. Unsere erlernte Selbstwahrnehmung wird zu einer sich selbst erfüllenden Prophezeiung: Weil wir davon ausgehen, dass wir scheitern, scheitern wir tatsächlich. Wir strengen uns erst gar nicht an, sondern wir schieben auf.

Valerie und der Faktor Wert

Wie stehen Sie zu dem, was Sie gerade aufschieben? Wenn Sie über diese Frage nachdenken, dann bewerten Sie. Genau wie Valerie, die lustlos ihren Artikel über die Gemeindepolitik zusammenschreibt, schieben wir gern alles auf, was uns keinen Spaß macht. Die Aufgabe, die Sie in diesem Moment aufschieben, ist also vermutlich eine, auf die Sie keine Lust haben. Psychologen sprechen in diesem Zusammenhang von Wert. Je weniger Wert eine bestimmte Aufgabe für Sie hat, umso schwerer fällt es Ihnen, sie anzugehen. Es fällt uns leicht, bei einem Glas Wein oder einem üppigen Nachtisch ein langes Gespräch mit Freunden zu beginnen, aber den meisten von uns fällt es schwer, sich aufzuraffen und die Steuererklärung zu machen oder den Keller aufzuräumen. Studenten, die ihre Seminararbeiten aufschieben, nennen als wichtigsten Grund, dass sie ganz einfach extrem ungern Seminararbeiten schreiben.* Für den Laien liegt es auf der Hand, dass wir uns nicht voller Begeisterung auf unangenehme Aufgaben stürzen, aber Wissenschaftlern fehlt diese spontane Einsicht offenbar. Deshalb haben sie ein gutes Dutzend Untersuchungen durchgeführt und zweitausend Testpersonen befragt, um zu demselben Schluss zu kommen. Jetzt wissen wir es wenigstens ganz genau.

Einige Tätigkeiten scheinen wir grundsätzlich als unangenehm zu empfinden, weshalb sie besonderen Aufschluss über das Aufschieben geben.[5] Da wir gern alles liegen lassen, was wir nicht mögen, ist es nicht weiter verwunderlich, dass wir uns um Aufräumen, Organisieren oder Zahnarztbesuche herumdrücken.[6] Viele empfinden Sport als Qual, weshalb 70 Prozent aller Mitglieder von Fitnessclubs kaum je im Studio anzutreffen sind.[7] Auch Weihnachtseinkäufe gelten als stressig, weshalb der Einzelhandel an Heiligabend die größten Umsätze des gesamten Jahres erzielt.[8] Doch jeder von uns hat sein eigenes Päckchen von Aufgaben, die er oder sie als besonders unangenehm empfindet. Je nach den spezifischen Abneigungen

* Dies ergaben vier unterschiedliche Befragungen von Studierenden, die 26 mögliche Gründe für das Aufschieben untersuchten.

der Bewohner stapelt sich in der einen Wohnung das schmutzige Geschirr in der Spüle, während in der anderen das Arzneimittelschränkchen vor abgelaufenen Medikamenten überquillt. In einigen Wohnungen wollen die Kühlschränke mit Lebensmitteln gefüllt werden, in anderen die Wohnzimmer mit Freunden.

Da wir das am ehesten in die Hand nehmen, was uns Spaß macht, ist es nicht weiter verwunderlich, dass chronische Aufschieber die verschiedenen Verpflichtungen des Lebens als unangenehm empfinden. Wenn Sie also Aussagen wie »Arbeit langweilt mich« oder »Mir fehlt es an der nötigen Begeisterung, um meinen Verpflichtungen nachzukommen« zustimmen, dann ist der Grund für Ihr Aufschieben vermutlich, dass Sie diesen Verpflichtungen keinen Wert beimessen und keinen Spaß an ihnen haben. Wäsche zu waschen, Essen zu kochen, den Abwasch zu erledigen und Rechnungen zu bezahlen, empfinden Sie nicht als harmlose Kleinigkeiten, sondern als lästige Bürde. Es fällt Ihnen enorm schwer, Energie für die Kleinigkeiten des Alltags aufzubringen. Alles, was Langeweile verheißt, ist für Sie unbedeutend, weshalb Ihre Gedanken abschweifen.[9] Bei der Arbeit an diesem Buch war diese Eigenschaft für mich eine besondere Herausforderung: Ich bin mir schmerzlich bewusst, wie launisch Sie sind und wie kurz Ihre Aufmerksamkeitsspanne ist. Deswegen darf ich mich nicht zu lange bei einer Sache aufhalten. Also gleich zum nächsten Punkt.

Eddies geringe Erwartung und Valeries mangelndes Bewusstsein für den Wert ihrer Arbeit tragen zwar maßgeblich zum Aufschieben bei. Aber die eigentliche Ursache finden wir in Toms Verhalten. Tom wollte ein Hotelzimmer reservieren, aber er konnte sich einfach nicht dazu aufraffen, bis es schon fast zu spät war. Jedes Mal wenn er es angehen wollte, ließ er sich ablenken. Als er schließlich aktiv wurde, wusste er, dass er zu viel Zeit vertrödelt hatte, und er wurde prompt dafür bestraft. Wenn Sie ein Aufschieber sind, dann fühlen Sie sich Tom vermutlich verwandt und geben zu, dass Sie sich gelegentlich »in Schwierigkeiten« bringen, weil Sie sich »von kurzfristig angenehmen Aktivitäten ablenken lassen«, oder dass Sie »den kleinen, unmittelbaren Lustgewinn einer umfassenderen Zufriedenheit in der Zukunft« vorziehen. Wenn Sie sich für eine Tätigkeit entscheiden, ist Ihre Motivation nicht die Art oder Wahrscheinlichkeit der Belohnung, sondern *der Zeitpunkt*. Sie wollen nicht auf Ihre Belohnung warten, Sie wollen sie hier und jetzt. Sie sind eben ein impulsiver Mensch.

Wie schon im letzten Kapitel erwähnt, ist der Zusammenhang zwischen Impulsivität und Aufschieben eindeutig. Dutzende Studien mit Tausenden Versuchspersonen haben ergeben, dass Impulsivität und ähnliche Eigenschaften wie mangelnde Sorgfalt, geringe Selbstbeherrschung und leichte Ablenkbarkeit die entscheidenden Ursachen für die Aufschieberitis sind. Ich habe die Persönlichkeitsprofile von mehr als zwanzigtausend Testpersonen ausgewertet, um den Zusammenhang genauer zu untersuchen. Dabei bestätigte sich, dass die Impulsivität tatsächlich die

Hauptschuldige für das Aufschieben ist. Das ist nicht weiter verwunderlich, wenn wir uns die weiteren Eigenschaften impulsiver Menschen ansehen: Sie verspüren ihre Wünsche besonders intensiv, handeln unüberlegt und haben Schwierigkeiten, eine Aufgabe zu Ende zu bringen.[10] Alle drei Aspekte spielen eine Rolle, und letzterer ist beinahe identisch mit dem Aufschieben selbst. Wer eine Aufgabe nicht zu Ende führen kann, der kann sich seine Zeit nicht einteilen, um rechtzeitig fertig zu werden. Wer unüberlegt handelt, seine Gefühle nicht im Griff hat und auf bloße Eingebungen reagiert, der schiebt auch auf.

Bei diesem Zusammenhang zwischen der Impulsivität und dem Aufschieben spielt der Faktor Zeit eine ganz entscheidende Rolle. Unsere Ziele und Anliegen von morgen erscheinen uns eher abstrakt und haben meist nur allgemeine, unscharfe Konturen. Die unmittelbaren Ziele und Anliegen von heute nehmen wir dagegen klar und detailliert wahr. Abstrakte Ziele wie »Ich will mein Potenzial entwickeln« verfolgen wir mit sehr viel geringerer Wahrscheinlichkeit sofort als konkrete Ziele wie »Ich will dieses Buch lesen«.[11] Ein allgemeines Ziel wie »Ich will mehr Sport treiben« ist sehr viel weniger motivierend als »Ich will eine Stunde laufen«, und »Ich will befördert werden« ist sehr viel schwerer umzusetzen als die konkrete Aufgabe »Ich will diesen Bericht schreiben«. Da wir unsere langfristigen Ziele meist in abstrakte Begriffe fassen, ist die Wahrscheinlichkeit sehr viel größer, dass wir sie aufschieben. Zumindest so lange, bis sie sich in kurzfristige Ziele verwandeln, über deren Umsetzung wir konkret nachdenken können. Die Psychologen Nira Liberman und Yaavoc Trope haben sich auf die Erforschung dieses Phänomens spezialisiert, aber im Grunde ist das nichts Neues. Der schottische Philosoph David Hume beschrieb es schon vor mehr als zweieinhalb Jahrhunderten in seinem *Traktat über die menschliche Natur*.[12]

Sie können den Einfluss der Zeit auf Ihre Vorstellungskraft ganz einfach nachprüfen. Nehmen wir an, Sie sollen eine Einkaufstour planen, die Sie in einem Jahr unternehmen. Stellen Sie sich vor, was Sie sich in einem Jahr wünschen könnten. Haben Sie ein klares oder ein verschwommenes Bild? Jetzt denken Sie an das Geld, das just in diesem Moment ein Loch in Ihre Tasche brennt. Wenn Sie dieses Geld heute ausgeben sollten, jetzt, in diesem Moment, was würden Sie sich dann kaufen? Von dem, was Sie in einem Jahr erwerben wollen, haben Sie vermutlich nur sehr vage Vorstellungen. Vielleicht denken Sie an »ein schönes Paar Schuhe« oder »ein gutes Sportgerät«. Solche Ziele sind geisterhaft und vage. Aber die Pläne für Ihre Einkaufstour heute sind wahrscheinlich sehr konkret und fast mit Händen zu greifen. Sie denken nicht einfach nur an »Schuhe«, sondern vielleicht an die Pythonsandalen von Manolo Blahnik, die das Herz jedes Schuhfetischisten höher schlagen lassen. Und Sie denken nicht an irgendein »Sportgerät«, sondern vielleicht an den Titan-Golfschläger von TaylorMade, wie ihn die Profis auf der PGA-Tour schwingen. Wenn Sie diese konkreten und abstrakten Optionen vergleichen, dann wird klar, wie unterschiedlich die Motivation ist, die von ihnen ausgeht. Das ist das dunkle Geheimnis des Aufschiebens: Wir schieben vor allem deshalb auf, weil wir die Gegenwart als etwas Konkretes wahrnehmen und die Zukunft als etwas Abstraktes.

Die Aufschiebeformel

Im Verhalten von Eddie, Valerie und Tom sind wir den unterschiedlichen Zutaten des Aufschiebens begegnet: Erwartung, Wert und Zeit. Je kleiner die Belohnung für eine Aufgabe ausfällt und je geringer die Wahrscheinlichkeit, dass Sie sie erhalten (je geringer also der Wert oder die Erwartung), desto größer Ihr Widerwille. Und je weiter die Belohnung in der Ferne liegt und je ungeduldiger (oder impulsiver) wir sind, desto geringer unsere Motivation. Wenn wir unser Aufschiebeverhalten so in seine Einzelteile zerlegen, ergibt sich ein völlig neues Bild. Aber es kommt noch besser.

Zunächst müssen wir herausfinden, wie Erwartung und Wert zusammenpassen. Dazu verwenden wir eine Theorie, die auch als »Theorie des voraussichtlichen Nutzens« bezeichnet wird. Vermutlich haben Sie diese Bezeichnung noch nie gehört, aber das Phänomen dürfte Ihnen bestens bekannt sein. Die »Theorie des voraussichtlichen Nutzens« ist die Grundlage der traditionellen Wirtschaftswissenschaften, und jeder Zocker hält sich an sie. Sie besagt, dass wir unsere Entscheidungen treffen, indem wir Erwartung und Wert multiplizieren:

$$Erwartung \times Wert$$

Stellen Sie sich vor, Sie haben zwei Geldscheinbündel vor sich. Das rechte gebe ich Ihnen bestimmt, das linke vermutlich eher nicht. Wenn Sie mich nun um eines dieser beiden Bündel bitten dürften, für welches würden Sie sich entscheiden? Wahrscheinlich für das rechte, denn Ihre Entscheidung wird durch Ihre Erwartung beeinflusst. Ihre

Erwartung bezieht sich in diesem Fall auf die Wahrscheinlichkeit, mit der Sie eine Belohnung erhalten. Wenn Sie die
Wahl haben, entscheiden Sie sich für die wahrschein-
lichere Belohnung. Aber wie fällt Ihre Entscheidung aus,
wenn das sichere rechte Bündel sehr viel kleiner ist als das
riskante linke? Vor dieser Entscheidung stehen Sie vermutlich häufiger als Sie denken, zum Beispiel wenn Sie die
Wahl haben, Ihr Geld in sicheren Staatsanleihen mit nied-
rigen Zinsen anzulegen oder an der Börse zu spekulieren.
Um Ihre Entscheidung zu treffen, müssen Sie nun den
Wert mit einbeziehen und sich überlegen, wie viel größer
das linke Bündel sein muss, um dieses Risiko einzugehen.
Je nach der Dicke des linken Bündels und der Wahrscheinlichkeit, mit der Sie es bekommen, wählen Sie das eine
oder das andere. Mit der Formel *Erwartung × Wert* lässt
sich relativ gut vorhersagen, für welches der beiden Bündel
Sie sich entscheiden. Sie multiplizieren die beiden und
wählen das Bündel mit dem größten Ergebnis. Viele Wirtschaftswissenschaftler sind der Ansicht, sie könnten alles
menschliche Verhalten auf diese eine Formel reduzieren.
Ihrer Meinung nach treffen Sie jede Ihrer Entscheidungen –
ob Sie Milch über Ihre Cornflakes schütten oder Ihrem
Kind die Nase putzen – danach, welchen Nutzen Sie davon
mit welcher Wahrscheinlichkeit haben. Doch ganz so einfach ist die Sache nun doch nicht.

Die Formel *Erwartung × Wert* reicht nicht aus, um den
Menschen zu beschreiben. Ein Haken ist zum Beispiel,
dass diese Formel einen rationalen Entscheidungsprozess
voraussetzt – für irrationale Handlungen ist hier kein Platz.
Egal ob Sie ein Eis essen oder sich Heroin spritzen, aus
Sicht der Wirtschaftswissenschaftler handelt es sich um
eine gleichermaßen rationale Entscheidung. Irrationale

Verhaltensweisen wie Aufschieben gibt es laut dieser Theorie nicht. Die Tatsache, dass Sie gerade ein Buch über dieses Thema lesen, lässt allerdings gewisse Zweifel an dieser Theorie aufkommen.[13] Die Vorstellung, die sich die traditionellen Wirtschaftswissenschaftler vom Menschen machen, ist nicht vollkommen falsch, doch sie ist unvollständig. Wir reagieren dauernd auf Anreize (Wert) und kalkulieren dabei, ob wir sie für erreichbar halten oder nicht (Erwartung). Aber das ist noch nicht alles. Es kommt nämlich noch ein dritter Faktor hinzu: die Zeit.

Wirtschaftswissenschaftler müssen ihre Vorstellung vom menschlichen Verhalten revidieren und den Faktor Zeit mit einbeziehen. Ich bin übrigens nicht der Erste und Einzige, der das so sieht. Im Jahr 1991 hielt der Nobelpreisträger George Akerlof einen wegweisenden Vortrag vor der American Economic Association. Darin forderte er seine Zunft auf, sich bewusst zu machen, dass der Mensch momentane Kosten sehr viel schmerzhafter empfindet als zukünftige Kosten – ein völlig irrationales Verhalten. Ein Jahr darauf veröffentlichte der Wirtschaftsexperte George Loewenstein ein Buch mit dem Titel *Choice Over Time* (zu Deutsch sinngemäß: »Wahl und Zeit«), in dem er der Frage nachgeht, wie die Wirtschaftswissenschaften den Faktor Zeit in ihren Modellen berücksichtigen können. Seither entstand ein Gebiet mit dem Namen Verhaltensökonomik, das den Faktor Zeit mit einbezieht und sich auch mit dem Thema Aufschieben beschäftigt. Ted O'Donoghue, Matthew Rabin und andere Vertreter dieses neuen Gebiets korrigieren das alte Modell, indem sie ihre Beobachtungen aus der wirklichen Welt einfließen lassen. Das ist ungefähr so, als würde man beim Autofahren die Wahrnehmung der Augen berücksichtigen – keine schlechte Idee.

Die Vertreter der Verhaltensökonomik verwenden eine Zeitvorstellung, die aus der Verhaltenspsychologie stammt. Verhaltenspsychologen haben eine kleine Gleichung entwickelt, mit der sie das Verhalten von Mäusen wie Menschen vorhersagen können. In ihrer einfachsten Form sieht diese Gleichung so aus:

$$\frac{\textit{Erwartung} \times \textit{Wert}}{\textit{Verzögerung}}$$

Weil das Produkt aus *Erwartung × Wert* durch die *Verzögerung* dividiert wird, bedeutet dies, dass Ihre Motivation umso geringer wird, je weiter etwas in der Zukunft liegt.

Die Bedeutung des Faktors Zeit ist ganz einfach zu verstehen. Nehmen wir an, ich bin der Moderator einer Gameshow mit dem Namen *Jetzt oder später*. Sie sind ein Teilnehmer und haben gerade 1000 Euro gewonnen. Ich gebe Ihnen das Geld in Form von zehn knisternden 100-Euro-Scheinen, die Sie zufrieden in Ihren Geldbeutel stecken. Doch dann biete ich Ihnen für das Bargeld einen Scheck an, den ich Ihnen in einem Jahr auszahle. Und hier die Frage: Wie hoch muss die Summe auf dem Scheck sein, damit Sie in Ihren Geldbeutel greifen, mir die zehn Hunderter zurückgeben, den Scheck nehmen und 365 Tage warten, um ihn einzulösen? Ich habe dieses kleine Gedankenexperiment mit Hunderten Studierenden in meinen Kursen durchgespielt. Wenn sie aus dem Bauch heraus entscheiden sollen, dann nennen die meisten eine Summe zwischen 2000 und 3000 Euro. Vermutlich würden Sie eine ähnliche Summe nennen, es sei denn, Sie nehmen sich die Zeit, veranschlagen einen vernünftigen Zinssatz und rechnen es mit kühlem Kopf durch. Je größer die Summe, die

Sie fordern würden, desto impulsiver sind Sie und desto sensibler reagieren Sie auf Verzögerungen. Diese Sensibilität müssen wir noch in unserer Gleichung einbeziehen.

Der letzte Faktor, der noch in unserer Formel fehlt, ist also die Impulsivität. Sie beeinflusst den Faktor Zeit, weil sie dafür sorgt, dass die Auswirkungen der Verzögerung je nach Gemüt zurückhaltender oder heftiger ausfallen. Je impulsiver Sie sind, umso sensibler reagieren Sie auf Verzögerungen und umso unwichtiger ist Ihnen die Zukunft – oder umso mehr Geld verlangen Sie im Spiel *Jetzt oder später* für Ihre Geduld. Ohne Impulsivität gäbe es keine Aufschieberitis. Wenn wir diesen Faktor mit einbeziehen, erhalten wir folgende Formel:*

$$\frac{Erwartung \times Wert}{Impulsivität \times Verzögerung}$$

Das ist die Aufschiebeformel! Sie enthält alle Elemente, die einen Einfluss darauf haben, wann Sie was aufschieben, und sie basiert auf den erwiesenen Erkenntnissen der sozialwissenschaftlichen Motivationsforschung. Die Aufschiebeformel bringt sämtliche Erkenntnisse über das Aufschieben auf den Punkt. Je weiter entfernt eine Deadline für ein Projekt ist, desto größer die Verzögerung und desto geringer unsere Motivation, die Aufgabe anzugehen. Die Impulsivität vervielfacht die Auswirkungen dieser Verzögerung noch, das heißt, je impulsiver Sie sind, umso geringer ist Ihre Motivation – zumindest am Anfang. Sie

---

* Streng genommen muss im Nenner des Bruchs eine kleine Konstante stehen, etwa die Zahl 1, das heißt, der Nenner müsste lauten: *Impulsivität × Verzögerung* *+1.* Auf diese Weise wird verhindert, dass die Gleichung gegen unendlich geht, für den Fall, dass Impulsivität oder Verzögerung gegen null gehen.

müssen den Konsequenzen schon direkt ins Auge blicken, ehe Sie reagieren, es sei denn, diese Konsequenzen sind von vornherein groß genug. Aber was sorgt dafür, dass sie groß genug sind? Erwartung und Wert. Je größer die Belohnung und je größer die Wahrscheinlichkeit, sie zu bekommen, desto größer Ihre Motivation.

Die Aufschiebeformel erklärt auch einen der fatalsten Aspekte des Aufschiebens: den Unterschied zwischen Absicht und Handlung, also die Kluft zwischen dem, was wir uns vornehmen, und dem, was wir tatsächlich tun. Untersuchungen zeigen, dass sich Aufschieber genauso vornehmen, sich an die Arbeit zu machen, wie ihre fleißigeren Kollegen. Der kleine Unterschied liegt in der Umsetzung. Aufschieber haben die ehrliche Absicht, am Wochenende oder nächste Woche mit der Arbeit zu beginnen, doch wenn der Moment der Wahrheit gekommen ist, scheint die Aufgabe plötzlich nicht mehr so wichtig. Statt die Ärmel hochzukrempeln, haben sie die gute Absicht vergessen. Viele Aufschieber jammern: »Was ich auch versuche, ich schiebe einfach immer alles auf!« Genau das ist der Unterschied zwischen Absicht und Handlung: Sie nehmen sich fest vor, sich morgen dranzusetzen, aber wenn aus morgen heute geworden ist, können Sie sich dann doch wieder nicht aufraffen. Genau das sieht die Aufschiebeformel vorher.

Stellen Sie sich folgendes Szenario vor. In zwei Wochen haben Sie eine einfache Wahl: Sie können abends lange am Schreibtisch sitzen bleiben und den Budgetplan für Ihre Abteilung fertigstellen, der am nächsten Tag fällig ist, oder Sie können mit Ihren Freunden ein Bier trinken gehen. In diesem Moment erscheint es Ihnen sehr viel wichtiger, an dem Budgetplan zu arbeiten, als Ihre Freunde zu treffen, denn Ersteres könnte Ihnen irgendwann eine Lohnerhöhung bescheren, und Letzteres ist nicht mehr als ein geselliger Abend. Sie nehmen sich also jetzt vor, an diesem Abend in zwei Wochen am Budgetplan zu basteln. Aber werden Sie sich auch an diesen Vorsatz halten?

Spulen wir jetzt zwei Wochen vor zu dem Abend, an dem Sie Ihre Absicht umsetzen müssen. Plötzlich wird das Abstrakte konkret. Es sind nicht irgendwelche Freunde, sondern Eddie, Valerie und Tom. Die drei sind Ihre besten Freunde und bombardieren Sie vom Tresen aus mit SMS. Eddie ist ein witziger Kerl, Tom schuldet Ihnen noch ein Bier, und Sie haben Valerie versprochen, ihr ein Glas Wein auszugeben. Vielleicht können Sie ja ein paar Ideen mit den dreien diskutieren. Außerdem haben Sie sich eine Pause verdient, weil Sie so hart gearbeitet haben. Also geben Sie nach. Aber kaum sitzen Sie bei Ihren Freunden am Tresen, ist an eine Rückkehr an den Schreibtisch nicht mehr zu denken. Also nehmen Sie sich vor, sich morgen in aller Frühe an die Arbeit zu machen. Das ist sowieso besser, weil Sie dann einen klareren Kopf haben.

Der Sündenbock für diesen Unterschied zwischen Absicht und Handlung ist die Zeit. Nehmen wir an, für den Weg in die Kneipe brauchen Sie 15 Minuten. Diese Verzögerung ist minimal im Vergleich zu Ihrer Deadline, die noch sehr viel weiter in der Zukunft liegt – 96-mal weiter, um genau zu sein (nämlich 24 Stunden dividiert durch 15 Minuten). Wenn wir dies in die Aufschiebeformel einfügen, bedeutet dies, dass sich die relativen Auswirkungen der Verzögerung fast verhundertfachen. Und da es nichts Wichtigeres gibt als das Hier und Jetzt, ist es kein Wunder, dass Sie Ihre guten Absichten über Bord werfen.

Es wäre natürlich schön, wenn Sie nun einfach Ihre eigenen Werte für Impulsivität, Erwartung und Wert einsetzen könnten, um zu wissen, wo Sie selbst stehen. Das ist leider nicht ganz so simpel. Dazu müssten Sie an einem kontrollierten Laborexperiment teilnehmen. Im Labor könnte ich Ihnen Wahlmöglichkeiten vorgeben, Sie Knöpfe drücken oder durch ein Labyrinth rennen lassen, Sie mit Zuckerstückchen belohnen und exakte Werte ermitteln.

Aber es gibt eine andere Möglichkeit, die Aufschiebeformel in Aktion zu sehen: Wir können sie auf einen typischen Aufschieber anwenden. Niemand schiebt so gern auf wie Studenten. Studenten bringen im Durchschnitt ein Drittel ihres Tages damit zu, Arbeit vor sich herzuschieben. Aufschieben ist mit Abstand das größte Problem aller Studenten: Rund 70 Prozent geben an, die Aufschieberitis verursache ihnen häufig Probleme, und nur 4 Prozent behaupten, sie seien nicht davon betroffen.[14] Wenn die Hörsäle der Universitäten mit Aufschiebern gefüllt sind, dann liegt das natürlich daran, dass die Studierenden jung und daher impulsiver sind. Doch auch die Universität selbst ist nicht ganz unschuldig. Da kommen nämlich zwei Dinge zusammen, das jedes für sich genommen schon in der Lage ist, eine Aufschieberitis-Epidemie zu verursachen.

Das erste ist die Seminararbeit. Je unangenehmer eine Aufgabe – je geringer also ihr Wert –, desto geringer die Wahrscheinlichkeit, dass die Studierenden sie in Angriff nehmen. Schreiben macht den wenigsten Menschen Spaß und löst bei vielen sogar Ängste aus. Willkommen im Club. Schreiben ist kein Kinderspiel. George Orwell, Autor der Klassiker *1984* und *Farm der Tiere*, sagte: »Ein Buch zu schreiben ist ein schrecklicher und kräftezehrender Kampf, wie eine lange, schmerzhafte Krankheit. Um diese Bürde auf sich zu nehmen, muss man schon von einem unwiderstehlichen Dämon geritten werden.« Gene Fowler, Autor von gut zwanzig Büchern und Drehbüchern, sah das ähnlich: »Schreiben ist ganz einfach. Man muss sich nur hinsetzen und auf ein leeres Blatt Papier starren, bis man Blut schwitzt.« Bei der Arbeit an diesem Buch habe ich William Zinssers Ratgeber *Schreiben wie ein Schriftsteller* konsultiert, und siehe da, auf Seite 87 gesteht der Autor: »Schreiben macht mir keinen Spaß.«

Bei Seminararbeiten kommt noch die Willkür der Bewertung dazu, die eine geringe Erwartung erzeugt. Ein und dieselbe Arbeit kann von unterschiedlichen Professoren mit 1, 2 oder 3 bewertet werden.[15] Das liegt nicht daran, dass sich die Professoren bei der Benotung keine Gedanken machen, sondern daran, dass die Bewertung grundsätzlich eine schwierige Angelegenheit ist. Sehen Sie sich nur an, wie unterschiedlich die Kampfrichter bei olympischen Turnwettbewerben eine Leistung einschätzen oder wie unterschiedlich Filmkritiken ausfallen. Aus Sicht der Studierenden bedeutet dies, dass ihr Einsatz mit relativ großer Wahrscheinlichkeit nicht ausreichend gewürdigt wird.

Die Seminararbeit fördert die Aufschieberitis schließlich auch noch, weil der Abgabetermin in weiter Ferne liegt, das heißt, die Verzögerung ist besonders groß. Oft gibt es keinerlei Zwischenschritte: Die Studierenden bekommen das Thema zu Beginn des Semesters und geben die Arbeit am Ende ab. Zunächst ist der Abgabetermin ein Vierteljahr entfernt, doch aus Monaten werden erst Wochen, dann Tage und schließlich Stunden, und plötzlich müssen die Studierenden um eine Verlängerung bitten. Rund 70 Prozent aller Gründe, die für einen überzogenen Abgabetermin oder eine verhauene Prüfung vorgebracht werden, sind Ausreden, denn der wirkliche Grund – die Aufschieberitis – ist nicht akzeptabel.* Viele Studierende lesen die Aufgabenstellungen mit dem Blick eines Anwalts und durchsuchen sie nach Formulierungen, die im Entferntesten mehrdeutig sein könnten, um dann behaupten zu können, sie hätten die Frage nicht verstanden.[16]

Die Seminararbeit betrifft also sämtliche Variablen unserer Aufschiebeformel: Sie sind eine Qual (geringer Wert), die Belohnung ist ungewiss (geringe Erwartung), und der Abgabetermin ist in weiter Ferne (große Verzögerung). Aber das ist noch längst nicht alles. Als wäre die Hürde der Seminararbeit nicht schon hoch genug, gibt es wohl kaum einen Ort, an dem sie so schwer zu schreiben ist wie in einem Studentenwohnheim oder einer Wohngemeinschaft. Damit kommen wir zu der zweiten trödelfördernden Einrichtung: dem Umfeld, in dem die Arbeit entstehen soll.

Studentenwohnheime und WGs sind wahre Aufschiebehöllen und bieten schier grenzenlose Versuchungen, dem Schreibtisch fernzubleiben. Anders als die Seminararbeit verheißen diese Versuchungen sofortige, verlässliche und intensive Belohnung. Ein schönes Beispiel sind die universitären Clubs und Vereine. An meiner Universität

---

* Die dreisteste Ausrede ist der Tod einer Oma oder eines Opas. Während der Prüfungswochen nimmt die Sterblichkeit der Großeltern sprunghaft zu. Wenn dem tatsächlich so wäre, dann müsste man sich fragen, ob nicht der Prüfungsstress der Enkel ein unzumutbares Gesundheitsrisiko für ältere Menschen darstellt.

gab es mindestens tausend, die jedes nur erdenkliche politische, sportliche, spirituelle oder Freizeitbedürfnis abdeckten, angefangen vom »Stricken für den Frieden« bis zu den »Freunden von aussterbenden Sprachen«. In diesen Gruppen findet man neue Kumpel, die man natürlich besser kennenlernen möchte – am besten in den vielen Kneipen und Cafés in der Nähe des Universitätsgeländes. Mit diesen Freunden besucht man dann auch einige der Dutzenden von Veranstaltungen, von Lyriklesungen bis zu Abtanzfeten, die Woche für Woche angeboten werden. Dank der Kameradschaft, dem Alkohol, dem Sex und vor allem der Freiheit, dies alles in vollen Zügen genießen zu können, ist das studentische Leben für viele ein paradiesischer Zustand, in dem alle Regeln außer Kraft gesetzt sind. Hier können sie all die Freuden des Erwachsenendaseins ausleben, ohne dessen Verantwortung übernehmen zu müssen. In dem Moment, in dem sie einen Hörsaal betreten, beginnt daher ein Konflikt. Selbst Tenzin Gyatso, besser bekannt als der 14. Dalai Lama, blieb nicht verschont und berichtet: »Ich habe nur fleißig gearbeitet, wenn eine große Prüfung oder ein dringender Abgabetermin anstand.«

Eddie, Valerie und Tom erlebten während ihrer Studienzeit dieselben Konflikte. Sie waren gute Freunde, denn sie haben viel gemeinsam, und vor allem verbringen sie ihre Zeit lieber mit Freunden als mit der Arbeit. Trotzdem unterscheiden sie sich. Valerie ist sich darüber im Klaren, dass sie nicht die Klügste ist, doch sie weiß auch, dass sie zwei Kardinaltugenden hat: Sie ist besonnen und verantwortungsbewusst. Sie ist zwar nicht sonderlich ehrgeizig, aber sie hat ihre Zukunft relativ deutlich vor Augen und kann sich gut vorstellen, eines Tages von der Universität abzugehen und ihren Traumjob zu finden. Tom ist ehrgeiziger und selbstbewusster als seine beiden Freunde, aber er ist auch der impulsivste der drei. Mit seiner Eitelkeit und Spontaneität provoziert er bei vielen Kommilitonen eine Mischung aus Neid und Abneigung. Eddie ist dagegen weder ehrgeizig noch selbstbewusst. Er wurde von seiner Familie zum Studium gedrängt und ist sich unsicher, ob er an der Universität überlebt, geschweige denn Erfolg hat. Aber im Grunde ist ihm das auch egal. Er fühlt sich wohl in seiner Rolle als Faulpelz.

Eines Morgens zu Beginn des Herbstsemesters kommen Eddie, Valerie und Tom in mein Seminar »Einführung in die Motivationspsychologie« und erfahren, dass sie eine Seminararbeit schreiben müssen, die am 15. Dezember fällig ist. In der folgenden Grafik können Sie die Motivation der drei sowie das Datum ablesen, an dem sie mit der Arbeit anfangen. Ihre gemeinsame Tendenz zur Freizeitgestaltung (dargestellt durch die gestrichelte Linie) ist zu Beginn des Semesters besonders groß und nimmt gegen Ende hin ab, vor allem, weil es immer weniger Gelegenheit dazu gibt und die Schuldgefühle immer größer werden. Valerie, die am wenigsten impulsive der drei, fängt am 29. November mit der Arbeit an und ist damit die Erste (durchgezogene Linie). Eddie und Tom brauchen eine Woche länger, um sich auf den Hosenboden zu setzen.

Betrachten wir das Verhalten der drei durch die Brille der Aufschiebeformel. Obwohl Tom mehr Selbstbewusstsein (hohe Erwartung) und Ehrgeiz (hoher Wert) mitbringt als Eddie, ist er auch impulsiver, was zur Folge hat, dass er sich erst gegen Ende wirklich motiviert fühlt (die gewürfelte Linie). Während Valeries Motivation so stetig fließt wie das Wasser aus einem Hahn, erinnert Toms Mo-

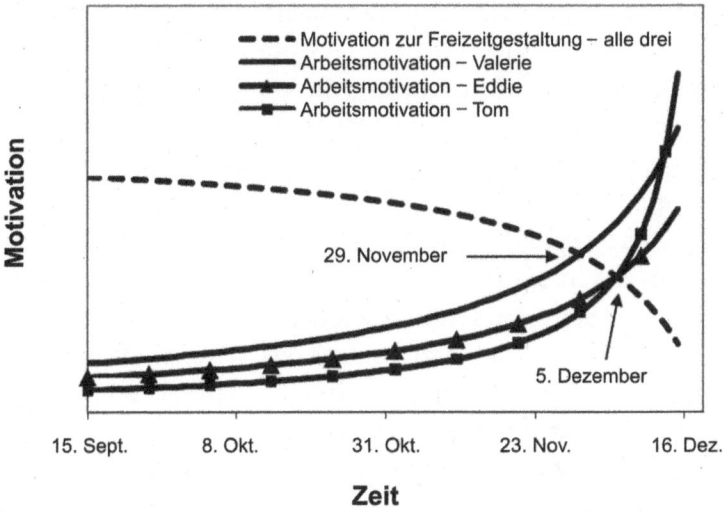

Motivation

- - - Motivation zur Freizeitgestaltung – alle drei
—— Arbeitsmotivation – Valerie
—▲— Arbeitsmotivation – Eddie
—■— Arbeitsmotivation – Tom

29. November →

5. Dezember

15. Sept.   8. Okt.   31. Okt.   23. Nov.   16. Dez.

Zeit

tivation eher an einen Feuerwehrschlauch, als sie denn endlich einsetzt. Obwohl Tom am selben Tag anfängt wie Faulpelz Eddie (die Linie aus Dreiecken), kommt er mit seinem Schlussspurt vermutlich weiter als die beiden anderen.

Aus meinem Schieberlabor

Eddie, Valerie und Tom sind zwar frei erfunden, aber sie vereinen in sich so etwas wie die Essenz aus Tausenden von Studenten, die ich unterrichtet habe. Für jemanden, der Aufschieber in freier Wildbahn beobachten will, gibt es wie gesagt keinen besseren Ort als die Universität. Der Trick besteht darin, all diese vergeudete Motivation vor den Karren der Wissenschaft zu spannen. Ich hatte das große Glück, wissenschaftlicher Assistent von Dr. Thomas

Brothen zu sein. Brothen gab ein Seminar zur »Einführung in die Psychologie« am General College der University of Minnesota, einer Einrichtung, die vor allem bildungsferne Schichten erreichen sollte. Das College war eine Fernuniversität, in der Studierende am Computer lernten und ihr Tempo selbst bestimmen konnten – ein System, das Aufschiebern besonders entgegenkommt. Die Aufschieberitis ist ein derart großes Problem, dass die Studierenden im Laufe des Semesters immer wieder vor ihren Gefahren gewarnt werden. Und jetzt kommt das Schöne: Da die Studierenden am Computer arbeiteten, konnten wir auf die Sekunde genau nachvollziehen, wann wer welche Aufgabe erledigte. Besser kann man die Aufschieberitis gar nicht beobachten.

Vor der Schließung des General College beobachteten Brothen und ich einige Hundert Studierende in seinem virtuellen Hörsaal. Unsere Beobachtungen stimmten weitgehend mit den Selbstaussagen der Studierenden überein, was bedeutete, dass wir auf der richtigen Spur waren. Die Aufschieber zeigten die schlechtesten Leistungen und schlossen den Kurs mit größerer Wahrscheinlichkeit nicht ab, was bestätigte, dass ihnen das Aufschieben schadete. Der Grund für ihr Aufschieben war nicht etwa angeborene Faulheit. Im Gegenteil, die Aufschieber begannen mit derselben Absicht, das Kursprogramm zu absolvieren, wie alle anderen. Aber gegen Ende zeigte sich ein anderes Bild. Die Aufschieber arbeiteten plötzlich länger, als sie eigentlich vorgehabt hatten; einer ackerte in der letzten Woche ganze 75 Prozent des Materials durch. Ihr Aufschieben hatte auch nichts mit übertriebenem Leistungsdruck zu tun. Die Gründe für ihr Nichtstun waren vielmehr Impulsivität, ein gewisser Widerwille gegen die

Arbeit, die Verfügbarkeit von Ablenkungen und mangelnde Planung. Genau wie in der Aufschiebeformel beschrieben.

Dass die Aufschiebeformel diese Ergebnisse vorwegnimmt, macht sie zu einem so nützlichen Instrument für uns. Den Zusammenhang zwischen Impulsivität und dem Unterschied zwischen Absicht und Handlung haben wir uns bereits angesehen. Die Tatsache, dass wir Arbeit aufschieben, weil wir sie als unangenehm empfinden, demonstriert die Bedeutung des Faktors Wert für unsere Motivation. Die Verfügbarkeit von Ablenkungen unterstreicht die Bedeutung der Zeit. Studierende, die nach eigenen Angaben »sofort angenehmeren Tätigkeiten nachgehen« konnten, wenn sie nicht lernten, oder deren Umgebung zahlreiche Möglichkeiten »zur Freizeitgestaltung, zum Spielen oder Fernsehen« bot, schoben nicht nur häufiger, sondern sehr viel häufiger auf als andere. Bei Eddie, Valerie und Tom musste die Arbeitsmotivation erst größer werden als die Motivation zur Freizeitgestaltung, bevor sie sich an den Schreibtisch setzten. Je leichter verfügbar die Ablenkung, desto größer wird ihr Einfluss auf unsere Entscheidungen und desto größer unsere Neigung zum Aufschieben. Andere Ergebnisse aus unserer Untersuchung am General College, etwa die mangelnde Planung der Studierenden, zeigten uns aber auch, was man gegen die Aufschieberitis unternehmen kann. Mithilfe eines Arbeitskonzepts können wir ferne Abgabetermine in kleine Nahziele herunterbrechen und unsere Impulsivität für unsere Zwecke einspannen. Im weiteren Verlauf des Buches werden wir noch näher darauf eingehen, wie gute Planung aussehen kann. Doch zunächst noch ein letztes Wort zu unserer Untersuchung.

Bei der Auswertung des Arbeitstempos der Studierenden hatte ich eine Eingebung. Ich fragte mich, ob das Arbeitstempo der Kurve entsprechen könnte, die die Aufschiebeformel vorhersagt. Begann es langsam und schnellte gegen Ende in die Höhe wie eine Rakete? Folgte es dem Muster von Eddie, Valerie und Tom? Ich erwartete keine absolute Entsprechung, da die Gleichung weder Wochenenden noch Herbst- oder Osterferien einbezieht, aber ich hoffte, eine gewisse Ähnlichkeit zu entdecken. Das Ergebnis sehen Sie in der Grafik unten. Die gepunktete Linie ist ein angenommener stetiger Arbeitsrhythmus, die schwarze Linie repräsentiert das, was wir in unseren Kursen beobachteten, und die graue Linie ist das, was die Aufschiebeformel vorhersagt. Ich glaube, die Kurve spricht für sich.[17]

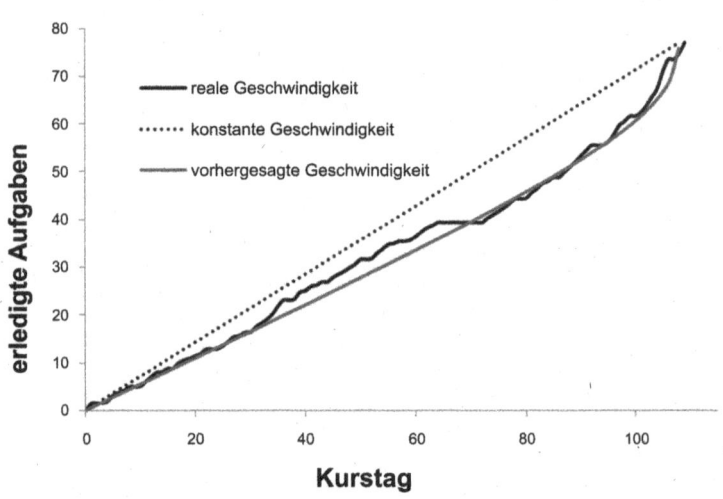

Wie's weitergeht

Vielleicht empfinden Sie dieses mathematische Modell als bedrohlich. Menschen sind schließlich keine Maschinen. Das kann ich verstehen. Wir sind sehr viel komplizierter und facettenreicher, als dass wir uns in eine mathematische Gleichung pressen lassen könnten. Jeder Mensch schiebt aus ganz eigenen Gründen auf. Was genau Sie motiviert, was Sie zu Tode langweilt oder was Ihre Laster sein mögen, das alles setzt sich zu Ihrem ganz persönlichen Aufschiebeprofil zusammen. Die Aufschiebeformel erhebt gar nicht den Anspruch, Sie umfassend zu beschreiben, sie will lediglich eine Skizze bieten und mit einfachen Mitteln viel erklären.

Die Aufschiebeformel bringt in knappster Form die neurobiologischen Vorgänge auf den Punkt, die hinter der Aufschieberitis stecken. Ich bin der Erste, der zugibt, dass Biologie und Mathematik nie exakt übereinstimmen können. Ein Stadtplan kann beispielsweise die Wirklichkeit auch nie bis ins kleinste Detail abbilden, es wäre vollkommen unmöglich, Baustile und Hydranten erfassen zu wollen. Der Stadtplan konzentriert sich vielmehr auf Straßen und Autobahnen, um eine Orientierung zu ermöglichen. Wenn Sie dieses grobe Raster nicht befriedigt, dann haben Sie etwas Geduld. Im nächsten Kapitel gehen wir ins Detail.

Kapitel 3

Das Aufschiebe-Gen
Warum Vertagen menschlich ist

Erinnere dich, wie lange du die Ausführung
schon vor dir herschiebst und wie oft dir
die Götter eine günstige Gelegenheit
gegeben haben, die du ungenutzt gelassen
hast. Du solltest dir endlich vor Augen
führen, dass du ein Teil dieser Welt bist,
dass dein Dasein in dieser Welt seinen
Ursprung hat und dass du eine begrenzte Zeit
erhalten hast.
Mark Aurel

Jeden Tag spüren wir, dass zwei Herzen in unserer Brust schlagen.[1] Wer kennt nicht den Kampf zwischen einer vernünftigen Absicht und einem lustvollen Impuls? Wenn der Kellner den Dessertwagen vorüberschiebt, schmilzt jeder gute Vorsatz dahin, und in Ihnen ringen die beiden Stimmen: »Ich will diesen Kuchen essen, aber ich will keinen Kuchen essen.« Wie oft haben Sie das Fitnessstudio sausen lassen, obwohl Sie genau wussten, dass Sie es später bereuen würden? Wie oft haben Sie an einem Mückenstich gekratzt, obwohl Ihnen klar war, dass Sie es damit nur noch schlimmer machen? Aber seien Sie beruhigt: Sie sind nicht der Einzige. Dieses Verhalten ist tief in der menschlichen Natur verankert. Vor zweieinhalb Jahrtausenden verglich Platon diesen inneren Streit mit einem Wagen, vor dem zwei Pferde gespannt sind: die Vernunft, wohlerzogen und diszipliniert, und die tierische Leidenschaft, unvernünftig und rücksichtslos. Mal ziehen die beiden Pferde gemeinsam auf ein Ziel zu, mal zerren sie in entgegengesetzte Richtungen. Sigmund Freud griff die Analogie vor einem Jahrhundert wieder auf und verglich uns mit Pferd und Reiter: Das Pferd ist die Verkörperung von Trieben und Lust und der Reiter von Vernunft und Verstand. Dieser innere Widerstreit wurde dutzendfach beschrieben und in immer neue Gegensatzpaare verpackt: Gefühl gegen Vernunft, Reflex gegen Kontrolle, heiß gegen kalt, Impuls gegen Reflexion, Intuition gegen Verstand, Bauch gegen Kopf.[2] Dieser Gegensatz ist schon in unserem Gehirn angelegt. Das heißt, unsere Aufschieberitis hat biologische Ursprünge.

Unser Gehirn gilt als die letzte große Herausforderung der Humanbiologie, da seine Funktionsweise so schwer zu untersuchen ist. Der Physiker Emerson Pugh meinte daher trocken: »Wenn das menschliche Gehirn so einfach wäre, dass wir es verstehen könnten, dann wären wir zu einfach, um es zu verstehen.« Damit trifft er den Nagel auf den Kopf. Deswegen ist die Aufschiebeformel auch nur ein stark vereinfachtes Modell unseres Verhaltens. So umfassend sie ist, sie bleibt trotzdem nur eine Annäherung an unsere Motivation. Unser Gehirn stellt diese Berechnungen genauso wenig an, wie ein fallender Stein seine Masse mit der Beschleunigung multipliziert, um zu ermitteln, mit welcher Geschwindigkeit er auf dem Boden aufschlagen soll.[3] Die Gleichung ist nichts als eine Verallgemeinerung komplexer Abläufe, genauer gesagt dem Zusammenspiel des limbischen Systems und des präfrontalen Kortex. Und das wollen wir uns genauer ansehen, um besser zu verstehen, warum wir aufschieben.

Neueste Fortschritte auf dem Gebiet der Hirnforschung erlauben uns, den Vorhang beiseitezuziehen und unserem Gehirn beim Denken zuzuschauen. Die Methode ist einfach. Sie legen Ihre Versuchsperson in den Hirnscanner Ihrer Wahl, vermutlich einen Magnetresonanztomografen (MRT). Dieser registriert kleinste Veränderungen der magnetischen Signale, die sich einstellen, wenn im Gehirn Prozesse ablaufen (das heißt, wenn wir denken) und unterschiedliche Bereiche stärker oder schwächer durchblutet werden. Sobald Ihre Versuchsperson in der Röhre liegt, stellen Sie ihr sorgfältig ausgetüftelte Fragen, die bestimmte Entscheidungen erfordern, und beobachten, welche Bereiche des Gehirns aktiv werden. Wenn Sie einen Versuch mit dem Hamburgerkönig Wellington Wimpy durchführen würden, könnten Sie ihn zum Beispiel fragen: »Wenn ich Ihnen heute einen Hamburger gebe, wie viel würden Sie mir am Dienstag dafür bezahlen?« Überraschenderweise sehen wir auf dem Bildschirm nicht *eine* innere Antwort, sondern *zwei*, die Wissenschaftler einfach als System 1 und System 2 bezeichnen.[4]

Wenn Sie eine durstige Versuchsperson fragen, was sie *jetzt* trinken möchte, dann wird vor allem System 1 aktiv, das limbische System. Das ist das Tier in unserem Gehirn (das »Pferd«), der Ursprungsort von Lust und Angst, von Befriedigung und Erregung. Bei Fragen über künftige Ereignisse wird dagegen System 2 aktiv, der präfrontale Kortex (der »Reiter«). Obwohl Wissenschaftler noch immer erforschen, welche Bereiche des präfrontalen Kortex genau beteiligt sind, besteht heute Einigkeit darüber, dass hier unser Wille sitzt. Der präfrontale Kortex wird oft als »Exekutive« des Gehirns beschrieben – eine Art Vorstandsvorsitzender, der strategische Entscheidungen für sein Unternehmen trifft. Ohne ihn werden langfristige Überlegungen oder Projekte nahezu unmöglich, denn er ist es, der buchstäblich unsere Ziele im Kopf behält.[5] Im präfrontalen Kortex entstehen unsere Pläne. Je aktiver er ist, desto geduldiger können wir sein. Mit seiner Hilfe können wir uns verschiedene Ergebnisse vorstellen und, unterstützt durch unser schnelles und entscheidungsfreudiges limbisches System, eine Wahl treffen. Dieses Zusammenspiel aus Vernunft und Instinkt hat es uns Menschen ermöglicht, die Welt zu schaffen, in der wir heute leben. Aber ihm haben wir auch das Aufschieben zu verdanken.[6]

Dieser Entscheidungsmechanismus ist nicht der eleganteste. Er wird gelegentlich als Zufallsprodukt beschrieben – das etwas plumpe Resultat einer evolutionären Entwicklung.[7] Da das limbische System in der Geschichte der Evolution zuerst entstand, haben wir es mit vielen Tieren gemeinsam. Es trifft mühelos seine Entscheidungen und treibt uns durch den Instinkt zum Handeln an. Es lebt im Hier und Jetzt, im Konkreten und Unmittelbaren. Unser relativ junger präfrontaler Kortex ist in seinen Entschlüssen flexibler und geht dabei langsamer und sorgfältiger vor. Er denkt in großen Zusammenhängen, abstrakten Konzepten und fernen Zielen. Wenn das limbische System durch unmittelbare Sinneseindrücke – Gerüche, Geräusche, Anblicke oder Berührungen – erregt wird, handeln wir impulsiv, und das Hier und Jetzt dominiert. Langfristige Ziele des präfrontalen Kortex werden über Bord geworfen, und wir lassen uns von Ablenkungen verführen. Wir wissen zwar sehr genau, was wir eigentlich tun sollten, aber wir haben einfach keine Lust dazu. Da das limbische System enorm schnell agiert und daher für das Bewusstsein weniger zugänglich ist, passiert es uns häufig, dass wir von plötzlichen und unerklärlichen Gelüsten überkommen werden.[8] Wir sind nicht in der Lage, unsere intensiven Begierden zu zügeln, und haben später nur eine Erklärung für unser Verhalten: »Ich hatte einfach Lust darauf.«

Wir schieben also Dinge auf, wenn das limbische System sein Veto gegen die langfristigen Pläne des präfrontalen Kortex einlegt und für sofort umsetzbare Handlungen votiert. Das limbische System ist nämlich nicht nur schneller und bestimmt unsere erste Reaktion, sondern es ist häufig auch stärker. Wenn es zeitnahe Ereignisse positiv beurteilt, dann erscheinen sie uns lebendiger, und unsere Aufmerksamkeit richtet sich auf ihre unmittelbar konsumierbaren Aspekte, die wir so schätzen (also das, was wir sehen, hören, riechen, schmecken und fühlen können). Abgabetermine erscheinen oft verschwommen, bis sie irgendwann konkret und nahe genug sind, um vom Schwung des limbischen Systems erfasst zu werden. Dann schreien beide Gehirnbereiche endlich gemeinsam: »Tu was! Die Zeit wird knapp!«

Von Kindern und Tieren

Die Aufschieberitis wird ausgeprägter, wenn unser präfrontaler Kortex beeinträchtigt ist.[9] Je weniger stark dieser Gehirnbereich, umso ungeduldiger sind wir, wie Menschen mit Gehirnverletzungen eindrucksvoll demonstrieren.[10] Einer der bekanntesten Fälle ist Phineas Gage, ein kluger, verantwortungsbewusster, fleißiger und ordentlicher Eisenbahnvorarbeiter.[11] Bei einem Arbeitsunfall im Jahr 1848 durchschlug eine meterlange Eisenstange seinen Schädel und den vorderen Bereich seines Gehirns. Auf wunderbare Weise überlebte er den Unfall, doch danach war er ein anderer Mann: ungeduldig, launisch, beleidigend, rücksichtslos, enthemmt und unkontrollierbar. Die Stange hatte die Verbindung zwischen dem limbischen System und dem präfrontalen Kortex durchtrennt. Der vorausschauende Teil unseres Gehirns benötigt jedoch den schnellen und korrekten Input des limbischen Systems, um die Welt zu verstehen, und den bekam er bei Gage nicht mehr. Ein modernes Beispiel ist Mary J., deren Persönlichkeit sich innerhalb eines Jahres vollkommen veränderte, weil ein Tumor ihren präfrontalen Kortex beeinträchtigte.[12] Vor der Erkrankung war sie eine ruhige, fromme Studentin an einer renommierten Universität, sie trank keinen Alkohol, erhielt Auszeichnungen für ihre Leistungen und war verlobt. Mit einem Mal verwandelte sie sich in eine zornige junge Frau, die zahlreiche Beziehungen einging, ihr Studium vernachlässigte, sich betrank und Drogen nahm. Die »Exekutivfunktion« ihres Gehirns war ausgeschaltet, sie wurde von ihren Trieben beherrscht und griff nach jeder Versuchung, die sich ihr bot, bis der Tumor schließlich entfernt wurde.

Es gibt Möglichkeiten, die Erfahrungen von Phineas Gage und Mary J. nachzustellen, und glücklicherweise sind dazu keine Eisenstangen nötig. Mithilfe einer sogenannten transkraniellen Magnetstimulation lässt sich der präfrontale Kortex kurzzeitig außer Gefecht setzen.[13] Alkohol, Amphetamine oder Kokain haben eine ähnliche Wirkung: Sie befeuern entweder das limbische System oder dämpfen den präfrontalen Kortex. Unter dem Einfluss dieser Drogen treffen wir Entscheidungen, die sich im Moment richtig und gut anfühlen und die wir später bereuen.[14] Der präfrontale Kortex kann auch durch Müdigkeit, Stress oder die Abwehr anderer Versuchungen geschwächt werden – wenn wir eine Verlockung bekämpfen, werden wir interessanterweise oft anfälliger für eine andere.[15] Jugendliche brauchen gar keine äußeren Hilfsmittel, denn ihr präfrontaler Kortex befindet sich noch in der Entwicklung.[16] Die Auswirkungen von Jugend, Stress und Alkohol kommen zusammen, wenn Studenten das Ende einer langen Lernphase mit einem einwöchigen Saufgelage begehen und zum Beispiel während der Osterferien in Strandbadeorte wie das mexikanische Cancún einfallen. Phineas Gage würde sich pudelwohl fühlen.

Wenn Sie nicht während der Osterferien nach Cancún reisen wollen, um das limbische System in Aktion zu beobachten, dann haben Sie auch zuhause ausreichend Gelegenheit dazu. Haben Sie einen Hund oder ein Kind? Beide werden vom limbischen System gesteuert, weshalb die Haustierhaltung aus neurobiologischer Sicht gewisse Ähnlichkeiten mit der Kindererziehung hat.[17] Wir sind so etwas wie ihr ausgelagerter präfrontaler Kortex. Wir müssen die Geduld aufbringen und sie aus denen herauskitzeln, die sie nicht oder noch nicht haben.

Kinder leben im Hier und Jetzt

Ein Merksatz der Biologen besagt: »Die Ontogenese rekapituliert die Phylogenese.« Das heißt, dass jeder Mensch in seiner Entwicklung von der Zeugung bis zum ausgewachsenen Menschen ungefähr den Verlauf der jahr-millionenlangen Evolution des Lebens nachvollzieht. Im Mutterleib verwandeln wir uns mehr oder weniger vom Fisch zum Reptil, ehe wir schließlich zum Säugetier werden. Aber damit ist der Prozess noch nicht abgeschlossen. Der evolutionsgeschichtlich jüngste Teil des Menschen, der präfrontale Kortex, entwickelt sich nämlich nach der Geburt weiter.[18] Wenn Sie Kinder haben – ich habe gerade zwei, die noch in den Windeln stecken –, dann muss Ihnen kein Biologe verraten, dass Kinder weder planen noch ihre unmittelbaren Bedürfnisse hintanstellen, um in der Zukunft liegende Ziele zu verfolgen. Sie können ja mal versuchen, einen hungrigen Säugling oder ein Kleinkind mit vollen Windeln um Geduld zu bitten. Wenn es um die Befriedigung ihrer Bedürfnisse geht, sind sie erbarmungslos.

Während Kinder heranwachsen, entwickeln sich auch ihre Frontallappen, und irgendwann sind sie in der Lage, ihre Bedürfnisse ein wenig aufzuschieben. Einen Säugling werden Sie nicht dazu bringen, auf sein Fläschchen zu warten, aber irgendwann lernt Ihr Kind, Bitte und Danke zu sagen, wenn es etwas will. Für dieses Minimum an Selbstbeherrschung ist eine Entwicklung des präfrontalen Kortex nötig (die für meinen Geschmack viel zu langsam erfolgt). Im Alter von einem Jahr haben Kinder so gut wie keine Kontrolle über ihr Verhalten, sie reißen augenblicklich jeden Klötzchenturm ein und grabschen nach Ihrer Brille. Aber ein Jahr später sind schon kurze Momente der Geduld denkbar, auch wenn sie nur zwanzig Sekunden dauern. Im Alter von drei Jahren können Kinder eine ganze Minute warten, und im Alter von vier stapeln sie ihren Klötzchenturm so hoch und schieben den finalen Knall so lange auf, dass es ordentlich kracht, wenn sie ihn schließlich einreißen.

Im Alter von vier Jahren können Kinder auch »Alle Vögel fliegen hoch« spielen. Das ist ein großer Schritt, denn bei diesem Spiel geht es um Selbstbeherrschung und darum, den Impuls des limbischen Systems zu kontrollieren, während man nachdenkt, ob Schildkröten tatsächlich hochfliegen können. Ob sich diese Fähigkeit dann auch auf die Vorschule übertragen lässt, ist eine andere Frage, denn jetzt muss man plötzlich stillsitzen, wenn man viel lieber durch den Raum tollen möchte, man muss zuhören, statt zu schreien, und mit anderen teilen, statt alles allein zu haben. Glücklicherweise erlebt der präfrontale Kortex zwischen dem vierten und siebten Lebensjahr einen Entwicklungsschub. Kinder sind immer besser in der Lage, Pläne für den kommenden Tag zu machen, nicht nur dem Fernseher über einen längeren Zeitraum ihre Aufmerksamkeit zu schenken und auch andere Ablenkungen auszublenden als die Eltern, die zum Essen rufen.

Die Entwicklung des präfrontalen Kortex wird durch die Eltern gefördert, die ihren Kleinen geduldig beibringen, ihre Bedürfnisse einen Moment lang hintanzustellen, ohne gleich in Tränen auszubrechen oder einen Tobsuchtsanfall zu bekommen. Die unermüdliche Wiederholung, dass Geschenke erst an Weihnachten ausgepackt werden, und dann auch nur die eigenen, dass der Nachtisch erst nach dem Essen gegessen wird und dass Spielsachen mit anderen geteilt werden müssen, verlangt mehr vom präfrontalen Kortex und weniger vom limbischen System. Sehr zum Bedauern der Eltern müssen sie ziemlich lange die Rolle des präfrontalen Kortex für ihre Kinder übernehmen. Es kann dauern, bis die Kinder neunzehn oder zwanzig sind, bis die biologischen Grundlagen der Selbstbeherrschung gelegt sind. Bis dahin bleibt den Eltern nichts anderes übrig, als ihre Schützlinge von allen Verlockungen fernzuhalten, die sie in ihrer jugendlichen Impulsivität besonders reizvoll finden: ungeschützten Geschlechtsverkehr, übermäßigen Alkoholgenuss, Gelegenheitsdiebstähle, schnelles Autofahren und natürlich Aufschieben.[19] Je jünger wir sind, desto wichtiger ist die sofortige Befriedigung unserer Bedürfnisse, ob wir nun bis spät in die Nacht mit unseren Freunden zusammen sind und am nächsten Morgen todmüde in der Prüfung sitzen, oder ob wir so lange herumtrödeln, dass wir nur noch in aller Eile ein paar Klamotten in unsere Koffer stopfen können und fast unser Flugzeug verpassen. Obwohl Jugendliche handeln, als würden sie ewig leben, leben sie vor allem im Hier und Jetzt.

Die Romanautorin Elizabeth Stone hat einmal geschrieben, ein Kind zu haben sei so, »als würde man sich entscheiden, sein Herz immer außerhalb seines Körpers herumlaufen zu lassen«. Doch schließlich ist unsere Rolle als wandelnder präfrontaler Kortex zu Ende. Als Erwachsene benötigen unsere Kinder unsere Anleitung nicht mehr, und die mentale Ungleichheit ist zu Ende, zumindest für eine Weile. Wenn die Enkel zur Welt kommen, dürfen wir eine Entschuldigung von unseren Kindern erwarten, denn die erfahren nun am eigenen Leib, was Kindererziehung bedeutet. Und sehr viel später kehren sich die Rollen vielleicht sogar um. Mit uns altert auch unser Gehirn und verliert die Schärfe früherer Jahre. Vor allem betroffen ist der präfrontale Kortex. Wer als Letzter kommt, geht als Erster.[20] Einige Menschen entgehen diesem Schicksal und bleiben bis zum Schluss hellwach, andere leiden zusätzlich unter frontotemporaler Demenz wie meine Großmutter Eileen.[21] Vielleicht erlebe auch ich meine zweite Kindheit und werde wieder so verwundbar, wie meine beiden kleinen Söhne es heute sind. Deshalb sollten wir unsere Kinder besser gut erziehen, denn ihre Liebe ist vielleicht das Einzige, das uns vor einer Welt schützt, die unser Alter und die Schwäche unseres Gehirns ausnutzt.

Spatzenhirne

Tiere könnten unsere Mitaufschieber sein. Schließlich haben wir ja auch viele andere Eigenschaften mit Spezies wie Rhesusaffen und Tintenfischen gemeinsam. Kohlmeisen legen beispielsweise in unterschiedlichem Maße Aggression und Risikobereitschaft an den Tag, die es ihnen ermöglichen, ihre Umwelt zu erkunden. Mutigere Exemplare begeben sich in größere Gefahren, aber sie finden am Ende auch die besseren Nistplätze, Futterstellen und Partner.[22] Wenn Sie ein anderes Beispiel suchen, fragen Sie nur Hunde- oder Katzenhalter, ob ihre Haustiere eine eigene Persönlichkeit haben: Sie werden Ihnen versichern, dass sich ihre haarigen Freunde hinsichtlich ihrer Zuneigung, Nervosität, Aggression und Neugierde ganz erheblich unterscheiden.[23] Zu der Liste von Eigenschaften, die wir mit anderen Tieren teilen, gehört unbedingt auch die Impulsivität, das Fundament des Aufschiebens.[24] Was nicht unbedingt bedeutet, dass Tiere aufschieben.

Egal ob sie miauen, bellen oder zwitschern, Tiere verwenden bei ihren Entscheidungen vor allem ihr limbisches

System. Doch das ist nur eine Seite der Medaille. Um aufschieben zu können, braucht man unbedingt einen präfrontalen Kortex oder etwas Ähnliches, denn ohne den können Sie keine Pläne fassen, die Sie später vor sich herschieben. Verfügen Tiere über diese Fähigkeit? Wenn es ums Futter geht, sind einige offenbar tatsächlich in der Lage, die Zukunft vorherzusehen und Pläne zu schmieden.[25] Häher können vorhersehen, dass am nächsten Morgen das Frühstück ausbleiben könnte, und legen sich Vorräte an, von denen sie später zehren können. Ratten scheinen eine Art Zeitgefühl zu haben und erinnern sich, wann und wo sie gefüttert werden.[26] Schimpansen können bis zu acht Minuten warten, um einen kleinen Keks gegen einen großen einzutauschen, und sind damit sogar etwas geduldiger als ein kleines Kind.[27] Schimpansenmännchen investieren in die Zukunft, indem sie ihr Futter mit einem Weibchen teilen, in der Hoffnung, dass es sich daran erinnert, wenn es läufig ist.[28] Santino, ein Schimpanse aus dem Zoo im schwedischen Städtchen Furuvik, ist besonders weitsichtig: Er bringt den Morgen damit zu, Steine zu sammeln, mit denen er nachmittags nach besonders zudringlichen Besuchern wirft.[29] Neben der Impulsivität ist bei diesen Tieren auch die zweite wichtige Zutat des Aufschiebens vorhanden: Sie können Pläne für die Zukunft machen, die sie dann aufschieben können, obwohl sie wissen, dass es ihnen schadet.

Der Psychologe James Mazur konnte nachweisen, dass Tiere tatsächlich aufschieben. Er brachte Tauben unterschiedliche Arbeitsabläufe bei und gab ihnen die Wahl, sich für einen der beiden zu entscheiden. Am Ende beider Abläufe erhielten die Tauben eine leckere Belohnung, doch der erste begann mit ein bisschen Arbeit gefolgt von einer langen Pause, und der zweite begann mit einer langen Verzögerung gefolgt von einer Menge Arbeit, und zwar etwa viermal so viel. Die Vögel hatten also die Wahl, jetzt ein bisschen zu arbeiten (und sich danach auszuruhen) oder sich auf die faule Haut zu legen (und danach ordentlich zu malochen). Die Tauben erwiesen sich als echte Aufschieber und ließen die Arbeit erst einmal liegen, obwohl sie am Ende erheblich mehr tun mussten, um ihre Belohnung zu bekommen.[30] Vögel und Schimpansen sind also Aufschieber. Da offenbar die meisten Tiere diese Fähigkeit mitbringen, scheint das Aufschieben ein uralter Teil unseres Motivationssystems zu sein.[31] Das letzte Mal, dass wir alle zusammen an einem Tisch saßen, war vor 286 Millionen Jahren im Karbon, lange vor der Geburt der Dinosaurier.

Haustierhaltung ist also nichts als eine Übung im Umgang mit limbischen Entscheidungen. Hunde leben beispielsweise ganz und gar im Hier und Jetzt, sie schnappen nach fremdem Futter, jagen andere Tiere durch die Straßen und sitzen so lange bellend und winselnd neben der Tür, bis Sie sie hinauslassen. Es wäre kurzfristig sicher einfacher für uns, wenn wir den Hund gewähren ließen. Aber mit Geduld und langfristigem Denken können wir uns das Leben mit unserem vierbeinigen Freund langfristig sehr erleichtern. Das sagen zumindest Experten wie der Hundeflüsterer Cesar Millan oder Andrea Arden, Autorin des Buchs *Dog-Friendly Dog Training* (auf Deutsch sinngemäß: »Hundefreundliche Hundeerziehung«): Es ist die oberste Pflicht jedes Hundehalters, »den Hund davon zu überzeugen, dass es besser für ihn ist, auf etwas zu warten, auch wenn dies seinem Instinkt widerspricht«.[32] Der Trick besteht eigentlich eher darin, die Hundehalter davon zu überzeugen. Unserem Hund beizubringen, seine Ungeduld zu zügeln, verlangt eine Menge Selbstbeherrschung, von der wir oft selbst nicht allzu viel mitbringen.

Aufschieberitis und Evolution

Die Ergebnisse der Neurologie und der Verhaltensforschung bei Tieren scheinen zu zeigen, dass wir in der Wolle gefärbte Aufschieber sind. Die Aufschieberei ist offenbar sogar in unseren Genen angelegt: Verschiedene Untersuchungen beweisen, dass gut die Hälfte unserer mangelnden Selbstdisziplin auf das Konto unseres Erbguts geht.[33] Das klingt logisch, wenn man bedenkt, dass Anpassungen an die Umwelt in Form von Genmutationen vererbt werden. Ohne diese genetische Komponente könnte die Saumseligkeit weniger leicht von einer Generation zur nächsten weitergereicht werden.

Wir sind also geborene Säumer. Aber warum ist das so? Aufschieben ist eine irrationale Verzögerung, das heißt, wir unterlassen Dinge aus freien Stücken, obwohl wir genau wissen, dass wir uns mit unserer Entscheidung selbst schaden. Aufschieben ist also definitionsgemäß eine schlechte Sache, und sie hätte längst aus unseren Genen getilgt werden müssen. Stattdessen scheinen die randvoll zu sein. Sind wir vielleicht das Opfer eines kosmischen Streichs? Kann sein. Aber es gibt auch noch eine andere Möglichkeit. Einige unserer Eigenschaften sind nämlich Abfallprodukte von anderen Anpassungsprozessen. Unser Nabel ist ein Abfallprodukt unserer Geburt, und so hübsch er sein kann, er erfüllt keinen offensichtlichen Zweck. Da

Aufschieber vor allem impulsiv sind, könnte der Ursprung des Aufschiebens in der evolutionären Entstehung der Impulsivität zu finden sein. Aufschieben ist ein Abfallprodukt.[34]

Impulsivität bedeutet, im Hier und Jetzt zu leben. Künftige Bedürfnisse und Abgabetermine werden so lange ignoriert, bis sie unmittelbar anstehen – bis also die Zukunft zur Gegenwart geworden ist. Heutzutage ist Impulsivität keine besonders nützliche Eigenschaft, doch die Evolution funktioniert rückwirkend, das heißt, sie rüstet uns für eine Umwelt aus, in der wir uns in der Vergangenheit befanden, und nicht für eine künftige. Dieser Umstand wird auch mit dem Begriff »ökologische Rationalität« beschrieben: Ob ein Verhalten vernünftig ist oder nicht, hängt von der jeweiligen Umwelt ab, in der wir leben. Das erinnert ein bisschen an einen maßgeschneiderten Hochzeitsanzug. Am Hochzeitstag sehen Sie großartig aus, aber wenn Sie ihn zwanzig Jahre später wieder anziehen, zwickt er an Stellen, an denen man es am wenigsten erwarten würde. Weil die Impulsivität für Jäger und Sammler eine nützliche Eigenschaft war, leiden wir heute unter der Aufschieberitis. Impulsiv zu sein half unseren Vorfahren bei den vier Fs des Überlebens: Fressen, Fighten, Fliehen, Fortpflanzen. Sehen wir uns den ersten und den letzten dieser vier Punkte an: was wir zu Abend essen und was wir nachher treiben.

Fast Food

Essen hat unsere Evolution entscheidend geprägt, angefangen von den Zähnen, mit denen wir unsere Nahrung
zerkauen, bis zum Darm, mit dem wir sie verdauen. Wir
haben eine Vorliebe für Fett und Zucker entwickelt, weil es
in einer Welt des Fressens und Gefressenwerdens ein An-
passungsvorteil war, kalorienreiche Nahrung speichern zu
können. Da wir nur sporadisch Nahrung fanden, mussten
wir uns den Bauch vollschlagen, wenn es etwas gab, und
uns vor allem auf zucker- und fetthaltige Nahrung konzentrieren. Neandertaler hielten keine Diät. Deswegen galten
runde Formen in der Menschheitsgeschichte lange als Zeichen von Schönheit und Reichtum.[35] Die Anforderungen
der Nahrungssuche könnten eine Erklärung dafür sein,
warum wir eine derart impulsive Art wurden und folglich
so gern aufschieben.

Vergleichen wir zwei Primaten, die nahezu identisch
sind und sich eigentlich nur hinsichtlich ihrer Nahrung
unterscheiden: Weißbüschelaffen und Lisztaffen.[36] Weißbüschelaffen sind Gummifresser, das heißt, sie kratzen die
Rinde eines Baums ab und trinken den Saft. Lisztaffen sind
dagegen Insektenfresser und stürzen sich auf jedes Krab-
beltier, das sie finden können. Weißbüschelaffen zeigen
erheblich größere Selbstbeherrschung als Lisztaffen, denn
in ihrem Fall ist Geduld ein Überlebensvorteil. Es dauert
eine Weile, bis der Saft zu fließen beginnt, während die
Jagd nach den wimmelnden Insekten schnelles Handeln
erfordert. Bei dieser Abstimmung der Impulsivität auf die
Anforderungen der Futtersuche spricht man auch von der
»optimierten Nahrungssuche«.[37] Wir sind darauf angepasst, in kürzester Zeit so viele Kalorien wie möglich zu

uns zu nehmen. Das bedeutet, je länger es dauert, die Nahrung zu erlegen, zu verzehren und zu verdauen, desto weniger impulsiv ist eine Spezies. Wir entwickeln also genau so viel Selbstbeherrschung, wie nötig ist, um unser nächstes Essen auf den Tisch zu bekommen.*

Interessanterweise sind wir als Allesfresser am Ende der Nahrungskette die Superstars der Selbstbeherrschung. Wir haben die Geduld, fast alles zu töten und zu verzehren, was sich bewegt. Vögel sind dagegen kaum in der Lage, eine Befriedigung aufzuschieben: Wenn sie eine Zehntelsekunde warten, dann ist das schon viel. Für einen Schimpansen sind zehn Minuten eine Ewigkeit. Doch so gut wir sind, für unsere moderne Welt bringen wir einfach nicht genug Geduld mit. Wir haben genug Geduld, um Tiere zu jagen und Beeren zu sammeln, doch das reicht in der Welt der Supermärkte und Kühlschränke nicht mehr. Unsere Aufschieberitis ist das Ergebnis einer ungenügenden Anpassung: Wir verfolgen heute Projekte, die sich über Wochen, Monate und Jahre hinziehen, und auf derartige Zeiträume ist unser Motivationssystem einfach nicht ausgelegt. Im Urwald war der Spatz in der Hand tatsächlich besser als die Taube auf dem nächsten Baum. Aber in der Stadt wird knapper kalkuliert: Wir investieren heute in ein Huhn, und wenn wir Glück haben, bekommen wir morgen ein Flügelchen an Zinsen.[38]

---

* Gary Marcus, Psychologe und Autor des Buchs *Kluge: The Haphazard Construction of the Human Mind*, kommt zu dem Schluss: »Über Hunderte Jahrmillionen bevorzugte die Evolution Lebewesen, die vor allem im Hier und Jetzt lebten.«

Damit kommen wir zum zweiten Beispiel, auf das Sie sicher schon gewartet haben: Sex. Die Evolution ist von Sex durchtränkt, denn die Erfolgreichen vermehren sich. Da den Aufschiebern ihre impulsive Natur in die Gene geschrieben ist, kann sie an die Nachfahren weitergegeben werden, und wenn sie es ihnen erlaubt, Nachwuchs zu bekommen, dann verbreitet sich die Eigenschaft rasch. Meine Familie ist das beste Beispiel dafür. In meiner Familie mütterlicherseits werden die Männer sehr spät Väter. Mein Urgroßvater war ein gewisser Owen Owen, an den sich die Leser in Großbritannien vielleicht noch erinnern, weil er eine Kaufhauskette dieses Namens gründete, die inzwischen allerdings nicht mehr existiert.[39] Da Owen Owen im Jahr 1847 zur Welt kam und mein Sohn Elias im Jahr 2007, sind die Generationen durchschnittlich vierzig Jahre auseinander. Wenn wir ein Storchenrennen mit einer anderen Familie veranstalten würden, in der die Generationen nur zwanzig Jahre auseinanderliegen und die sich also doppelt so schnell reproduziert, dann kämen inzwischen auf jeden von uns leicht achtzig Angehörige der anderen Familie. Es ist also ein gewaltiger Unterschied, ob man früh oder spät mit dem Kinderkriegen anfängt.

In der Tat sind frühe Schwangerschaften und Promiskuität für impulsive Menschen nicht untypisch.[40] Das Einzige, was Aufschieber nicht aufschieben, ist die Lust. Kein Wunder. Sex macht hier und jetzt Spaß, und bis zum unangenehmen Teil, der Kindererziehung, ist es ja noch fast ein Jahr hin. Das erklärt auch, warum Männer impulsiver sind und mehr aufschieben als Frauen.[41] Eltern haben die

Wahl zwischen qualitativen und quantitativen Reproduktionsstrategien: Entweder sie bekommen wenige Kinder und erziehen sie ordentlich, oder sie bekommen eine Menge und hoffen, dass aus dem einen oder der anderen etwas werden wird. Da es für Männer einfacher ist, weniger in ihren Nachwuchs zu investieren, neigen sie zur quantitativen Option. Geoffrey Miller, Autor des Buchs *Die sexuelle Evolution*, schreibt daher: »Männer sind eher motiviert, kurzfristige Abenteuer mit mehreren Partnern einzugehen, als Frauen.« Frauen bevorzugen die qualitative Strategie, sie denken langfristiger und verantwortungsbewusster. Sie wartet geduldig auf den Besten, und er nimmt impulsiv die Erstbeste.

Sex sorgt auch dafür, dass eine Reihe von unterschiedlichen Aufschiebestrategien in der Bevölkerung weitergegeben werden: Die einen verschleppen Unangenehmes gelegentlich, die anderen chronisch. Wenn es immer ein Vorteil wäre, so früh wie möglich schwanger zu werden, dann wäre unsere Welt so wie im Film *Idiocracy*: Wer ein bisschen Grips hat, drückt sich davor, Kinder zu bekommen, weshalb die Welt von den Hirn- und Sorglosen bevölkert wird.[42] Es gibt allerdings kein perfektes Maß an Impulsivität, um die Zahl unserer Nachfahren zu optimieren. Unsere Ressourcen zur Kindererziehung spielen ebenfalls eine wichtige Rolle, denn angesichts der zunehmenden Kosten ist eine kleinere Familie sinnvoller.[43] Ein weiterer ausgleichender Faktor sind Männer, die eine »quantitative« Reproduktionsstrategie verfolgen. Wenn zu viele Männer lediglich kurzfristige sexuelle Beziehungen suchen, dann füllen sie die Single-Bars und strapazieren die Geduld der verfügbaren Frauen. In einer solchen Situation sind heiratswillige Männer die heißbegehrte Ausnahme. Erwiesenermaßen treue Männer werden umschwärmt und können sich die attraktivsten Partnerinnen aussuchen.

Eine kurze Geschichte des Aufschiebens

Diese evolutionsbiologische Erklärung verdeutlicht, warum die Aufschieberitis derart verbreitet ist. Egal in welcher Sprache Sie dieses Buch lesen, jede hat ein eigenes Wort für die unvernünftige Verzögerung einer Tätigkeit: Auf Hawaii heißt es »napa«, in Schottland »maffling«. Wohin wir auch sehen, überall wird getrödelt. Dass wir heute im Zeitalter des Aufschiebens leben, bahnte sich unvermeidlich an, sobald wir die Bäume verließen und auf zwei Beinen durch die Savanne spazierten, um Feuer zu machen und Handel zu treiben. Die Aufschieberitis entwickelte sich Hand in Hand mit der Zivilisation.

Die Geschichte des Aufschiebens beginnt vor rund neuntausend Jahren mit der Erfindung der Landwirtschaft.[44] Aussaat und Ernte waren die ersten Deadlines. Diese Aufgabe war eine Erfindung der Zivilisation, auf die uns die Evolution nicht vorbereitet hatte. Deshalb beschäftigen sich die ersten schriftlichen Zeugnisse des Aufschiebens mit der Landwirtschaft. Vor viertausend Jahren meißelten die alten Ägypter mindestens acht Hieroglyphen in Stein, um zeitliche Verzögerungen zu beschreiben, und mindestens eine davon hat die Bedeutung von Saumseligkeit und Vergesslichkeit.[45] Diese Hieroglyphe kommt vor allem in Zusammenhang mit landwirtschaftlichen Aufgaben vor, besonders denen, die mit dem jährlichen Hochwasser des Nils zusammenhängen, dessen

Schlamm die Flussebene düngte. Auch die alten Griechen hatten mit dem Aufschieben zu kämpfen, wie wir den Schriften von Hesiod entnehmen können. Hesiod lebte um das Jahr 700 vor unserer Zeitrechnung und war neben Homer einer der größten Dichter des Altertums. In seinem rund achthundert Zeilen langen Gedicht *Werke und Tage* mahnt er:

> Nichts auf den morgigen Tag und nichts auf den dritten verschoben!
> Denn kein Müßiggänger vermag, sich die Scheune zu füllen,
> Noch wer Aufschub liebt; nur der Fleiß kann fördern das Werk dir.
> Wer mit der Arbeit zögert, der muss stets ringen mit Nachteil.

Diese Warnung kam nicht von ungefähr, denn in Griechenland war das fruchtbare Land derart knapp, dass griechische Bauern nicht nur ihre Höfe, sondern auch ihre Familien verpfändeten, um Kredite zu bekommen. Wer seine Arbeit nicht pünktlich erledigte, verschlechterte nicht nur seine Kreditwürdigkeit, sondern musste auch noch mit ansehen, wie seine Söhne und Töchter in den Besitz eines reichen Nachbarn übergingen.

Spätestens um das Jahr 440 vor unserer Zeitrechnung schwappte der Müßiggang von der Landwirtschaft auf die Kriegsführung über. Thukydides, der Vater der Geschichtsschreibung, schildert die Trägheit seiner Mitbürger in seinem Buch *Der Peloponnesische Krieg*. In seiner Geschichte des Konflikts zwischen Athen und Sparta, die an Militärakademien bis heute gelesen wird, schildert er verschiedene Persönlichkeiten und Strategien. Zögerlichkeit war für ihn eine der verachtenswürdigsten Eigenschaften überhaupt, die nur dann zu entschuldigen war, wenn man sich durch den Aufschub im Krieg einen taktischen Vorteil verschaffte. Auch der Philosoph Aristoteles beschäftigte sich mit dem Thema und schrieb in seiner *Nikomachischen Ethik* über die Willensschwäche, die bei den Griechen *akrasia* hieß. Er lässt sich vor allem über eine besondere Form der *akrasia* aus: die *malakia*, was bedeutete, wissentlich etwas zu unterlassen, das man tun sollte.*

Wenn wir einige Jahrhunderte vorspulen, können wir beobachten, dass sich die Trägheit inzwischen in der Politik breitgemacht hat. Im Rom des Jahres 44 vor unserer Zeitrechnung war Marcus Tullius Cicero einer der wichtigsten Akteure auf der politischen Bühne. Seine Position brachte ihn in Konflikt mit Marcus Antonius, besser bekannt als Mark Anton, dem Liebhaber Kleopatras. In einer seiner Reden gegen Mark Anton erklärt Cicero: *In rebus gerendis tarditas et procrastinatio odiosae sunt* (»In fast allen Angelegenheiten sind Zaudern und Müßiggang verabscheuenswürdig«). Vielleicht nahm sich Mark Anton den Rat seines Widersachers zu Herzen, vielleicht waren Ciceros vierzehn Reden gegen ihn auch des Guten zu viel, jedenfalls verlor er keine Zeit und ließ Cicero bei der erstbesten Gelegenheit ermorden.[46]

Im Laufe der nächsten anderthalb Jahrhunderte schlug sich die Aufschieberei in den heiligen Texten aller großen Religionen nieder. In einer der frühesten buddhistischen

---

* Im modernen Griechisch hat *malakia* eine etwas unfeinere Bedeutung und ließe sich etwa mit »Wichser« übersetzen.

Schriften, der Udana-Sutra aus dem Pali-Kanon, heißt es zum Beispiel: »Mönch, sei nicht faul und träge«.[47] Sieben Jahrhunderte später wiederholt der indische Buddhist Shantideva die Botschaft und schreibt in seinem Buch *Eintritt in den Weg der Erleuchtung*: »Der Tod überkommt dich schnell; mach dich verdient, ehe er dich ereilt.« Im 16. Jahrhundert findet das Thema seinen Weg sogar auf die Bühne. Der englische Dichter Robert Greene schrieb beispielsweise im Jahr 1584: »Du wirst sehen, Zögern gebiert Gefahr, und Zaudern in der Bedrängnis ist die Mutter des Unglücks.«

Mit Beginn der industriellen Revolution griff auch die Aufschieberitis um sich. Im Jahr 1751 beschrieb der englische Lexikograph Samuel Johnson die Trägheit in einem Artikel für seine Wochenzeitschrift *The Rambler* als »eine der verbreitetsten Schwächen, die trotz aller Belehrung durch Moralisten und trotz aller Vorhaltungen der Vernunft jeden Geist mehr oder weniger beherrscht«.* Vier Jahre später nahm Dr. Johnson das Wort »procrastination« in sein berühmtes Lexikon auf, und seither gehört es im Englischen zum allgemeinen Sprachgebrauch. Als zutiefst menschliche Eigenschaft sorgt das Aufschieben schon selbst dafür, dass es nicht in Vergessenheit gerät, und es macht sich natürlich auch in der Sprache und den Geschichtsbüchern breit.

---

* Natürlich schob Dr. Johnson diesen Artikel bis zum letzten Moment auf und schmierte ihn im Wohnzimmer des Malers Sir Joshua Reynolds hin, während ein Botenjunge auf der Straße wartete, um ihn zum Drucker zu bringen. Das sei typisch, meinte seine Freundin Hester Piozzi und erinnert sich, Johnson habe »zahllose Male unter dem leidvollen Druck« geschrieben.

Ich möchte dieses Kapitel über die Evolution des Aufschiebens mit der Geschichte von Adam und Eva beenden. Nackt und ohne Scham lebten sie im Garten Eden in Harmonie mit ihrer Umwelt. Dann begingen sie den ersten Akt des Ungehorsams, aßen vom Baum der Erkenntnis und wurden von Gott aus dem Paradies vertrieben. Fortan mussten sie sich als Bauern durchs Leben schlagen. Dieser Mythos stammt zwar aus der Bibel, doch er erzählt im Grunde die Geschichte der menschlichen Evolution.[48]

In unserer ursprünglichen Umwelt tranken wir, wenn wir Durst hatten, wir aßen, wenn wir Hunger hatten, und wir arbeiteten, wenn uns danach war. Wenn wir etwas als dringend empfanden, dann war es das auch. Als wir jedoch anfingen, vorauszuschauen und unsere Zukunft zu planen, verstießen wir gegen unser ureigenstes Wesen und handelten auf eine Weise, wie sie die Natur nicht vorgesehen hatte.[49] Unser biologisch vorprogrammierter Zeithorizont stammt aus einer längst vergangenen, unsicheren Welt, in der die Lebensmittel schnell verdarben, sich das Wetter schlagartig änderte und das Eigentum noch nicht erfunden war. Um langfristige Aufgaben zu erledigen und Chancen zu nutzen, verwenden wir ein Gehirn, das am besten im Hier und Jetzt funktioniert. Seit der Vertreibung aus dem Paradies und der Geburt der Zivilisation kämpfen wir daher mit unserer Trägheit.

Unterm Strich heißt das: Wir sind zwar nicht daran schuld, dass wir aufschieben, aber wir müssen trotzdem irgendwie damit zurechtkommen. Wir begegnen der Aufschieberitis in fast allen Lebensbereichen, vom Arbeitszimmer zum Schlafzimmer, von Dur bis Moll. Was schieben

Sie besonders gern auf: Ihre Finanzen oder Ihre Gesundheit? Was nagt vor allem an Ihrer Produktivität: das Internet oder der Fernseher? Wahrscheinlich schieben Sie nicht nur immer mehr Dinge auf, sondern auch in immer neuen Bereichen. Aber ich greife vor – darum geht es erst im nächsten Kapitel.

Kapitel 4

Die aufschiebende Gesellschaft

Warum das moderne Leben Ablenkung garantiert

Über den bleichen Gebeinen und zerstreuten Ruinen vieler Zivilisationen stehen diese traurigen Worte: »zu spät«.
Martin Luther King

Wir schieben auf, weil wir ins Hier und Jetzt verliebt sind. Unserem evolutionären Erbe, das über Tausende Generationen weitergegeben wurde, haben wir es zu verdanken, dass wir häufiger unüberlegt als überlegt handeln. Aber unser Gehirn trägt nicht die alleinige Schuld. Jede Ablenkung, die uns die moderne Welt bietet, vergrößert die Kluft zwischen dem, was wir sind, und dem, was wir sein sollen oder wollen. In diesem Kapitel geht es um den immer größer werdenden Widerspruch zwischen unseren Plänen und unseren Impulsen.

Um dieses Kapitel zu schreiben, habe ich mich einer alten Ablenkung hingegeben und mich ganz bewusst mit einer Krankheit angesteckt, unter der ich als Student gelitten habe: Computerspiele. Es ist unglaublich, wie sehr ich mich von Computerspielen fesseln lasse. Es gab Tage (die zu Nächten wurden), an denen ich mich nur vom Bildschirm losriss, um mich mit Fast Food vollzustopfen und die dringendsten körperlichen Bedürfnisse zu befriedigen.

Sämtliche Verpflichtungen und Begegnungen reduzierte ich auf das absolut Notwendige, um so lange wie möglich vor dem Rechner sitzen zu können. Meine Freundin nannte das Gerät nur »meine Geliebte«, und mein Motto lautete: »Nur noch ein Spiel.«

Zur Recherche für dieses Buch registrierte ich mich im Conquer Club, einer Online-Version des Brettspiels Risiko.[1] Als Student hatte ich mich oft mit Freunden getroffen, um bei ein paar Flaschen Bier die Welt zu erobern, und dieser nostalgische Aspekt gefiel mir besonders. In der kostenlosen Variante des Conquer Club konnte man nur vier Spiele gleichzeitig spielen, weshalb sich das Suchtrisiko in Grenzen hielt. Dachte ich. Da die Mitspieler aus aller Welt stammten, konnten zu jeder Tages- und Nachtzeit Züge gemacht werden, und zu unerwarteten Uhrzeiten konnten sich neue Entwicklungen ergeben. So kam es, dass ich relativ häufig auf der Website vorbeischaute, selbst wenn ich gar nicht an der Reihe war. Und plötzlich war sie wieder da, die vertraute Aufschieberitis: Ich spielte, obwohl ich eigentlich Besseres zu tun hatte. Ich spürte, wie sie mich wieder in ihren Klauen hielt, und hatte das Gefühl, auf einem schmalen Grat zu wandern – Sie kennen das, Sie haben das Gefühl, jeden Moment abzustürzen, und insgeheim freuen Sie sich schon auf den Moment.

Wie schnell doch eine alte Sucht wieder hochkommt. Eines Freitagabends nach einer langen und frustrierenden Arbeitswoche, Ärger mit den Kindern und einem kleineren Streit mit meiner Frau hatte ich das Gefühl, das Leben sei mir etwas schuldig. Vermutlich war es keine gute Idee, in diesem Moment die Vollversion von Conquer Club zu kaufen und 25 Spiele gleichzeitig zu spielen.* Plötzlich wurde mein Tagesablauf von regelmäßigen Überprüfungen der Spielstände bestimmt, und ich hatte immer weniger Zeit für meine eigentlichen Aufgaben. Bei jeder noch so kleinen Unterbrechung besuchte ich die Website, um nachzusehen, welche Schlachten in meiner Abwesenheit geschlagen worden waren, oder (Jubel!) einen eigenen Zug auszuführen. Nach jenem schicksalhaften Freitagabend hielt mich der Conquer Club wochenlang gefangen. Ich überprüfte die Spielstände, ehe ich das Haus verließ, um ins Büro zu fahren, und bevor ich wieder nach Hause fuhr. Nach dem Aufstehen galt mein erster Gang dem Computer, und vor dem Einschlafen warf ich noch einen letzten Blick auf die Seite. Ich träumte sogar nachts davon. Welche Opfer bringt man nicht im Namen der Wissenschaft! Aber machen Sie sich keine Sorgen. Es hat seine Vorteile, der hohen Kunst der Ablenkung nicht nur zu verfallen, sondern sie zu erforschen. Ich weiß inzwischen, wie ich diesen Wahn wieder abstellen kann, und ich mache es auch gleich. Lassen Sie mich nur noch Kamtschatka erobern. Und bis ich wieder an die Reihe komme, können wir die Zeit nutzen, um darüber zu sprechen, warum Sie und all Ihre Bekannten dieses Problem vermutlich nur zu gut kennen.

Ungezügelte Gelüste

Eine der Erkenntnisse meiner Untersuchungen bietet die perfekte Erklärung, warum ich dem Conquer Club verfiel: Die Verfügbarkeit der Ablenkung ist eine der wichtigsten

---

* Es war sogar eine sehr schlechte Idee.

Ursachen des Aufschiebens.[2] Da jeder Computer gleichzeitig ein Spielzeug ist, fällt es uns schwer, der Versuchung zu widerstehen. Eine zweite Erklärung ist die Intensität der Ablenkung: Je verlockender sie ist, desto eher verfallen wir ihr. Der Conquer Club zeichnete sich durch eine »variable Verstärkung« aus, das heißt, die Belohnung (also die Verstärkung) erfolgte zu nicht vorhersehbaren Zeitpunkten. Seit mehr als fünfzig Jahren, um genauer zu sein, seit 1957, als Burrhus F. Skinner und Charles B. Ferster ihren Klassiker *Schedules of Reinforcement* (sinngemäß: »Verstärkerpläne«) veröffentlichten, wissen wir, dass diese Art der Belohnung ganz besonders süchtig macht.[3] Genau wie Tauben oder Primaten tun wir sehr viel mehr für Belohnungen, die wir zu einem unvorhergesehenen Zeitpunkt erhalten und die sofort wirken, wenn wir sie denn erhalten. Dieses Phänomen lässt sich hervorragend an der Spielsucht beobachten. Spielautomaten sind wie geschaffen, um ihnen zu verfallen, denn sie arbeiten mit genau diesem Belohnungsmechanismus. Immer wenn Großeltern das Erbe ihrer Enkelkinder an einem einarmigen Banditen verspielen, können wir staunend dabei zusehen, wie die Motivationspsychologie funktioniert.[4] Mein Erlebnis mit dem Conquer Club demonstrierte mir eindrucksvoll, dass das Internet inzwischen eine immense Vielfalt ähnlich angelegter Ablenkungen bietet. Paradoxerweise stellt das Internet einerseits eine gewaltige Arbeitserleichterung dar, aber anderseits wird es dank seiner zahlreichen Fallen immer schwerer, überhaupt zum Arbeiten zu kommen. Wenn Ihnen das hilft, kann ich es Ihnen anhand folgender Grafik verdeutlichen. Sie zeigt, was uns daran hindert, unsere Vorsätze tatsächlich in die Tat umzusetzen.

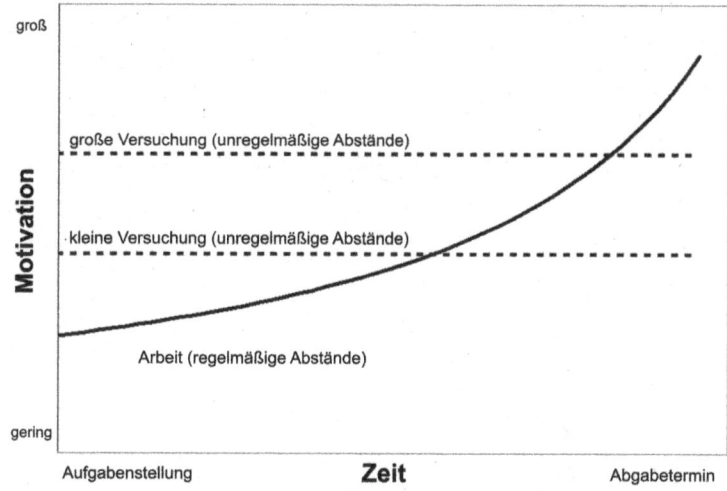

Die beiden gestrichelten horizontalen Linien stellen Versuchungen dar – die untere eine kleine, die obere eine große. Die durchgezogene Linie, die nach rechts hin immer steiler ansteigt, ist die Arbeitskurve – wie wir gesehen haben, konzentriert sich die Motivation vor allem auf die Zeit kurz vor dem Termin.[5] Hierbei handelt es sich um eine »Belohnung in regelmäßigen Abständen«, das heißt, Sie haben eine feste Deadline, zu der Ihre Arbeit bewertet und »belohnt« wird.* Eine Belohnung in unregelmäßigen Abständen (die horizontalen Balken, die die kleine und große Ablenkung darstellen) motiviert dagegen konstant, und

---

* Ein ähnlicher Verlauf ergibt sich bei der »Belohnung nach festen Leistungen«, wenn Sie also eine bestimmte Menge von Arbeit erledigen müssen, ehe Sie Ihre Belohnung erhalten. Akkordarbeiter, die für jede Einheit von hundert Arbeitsstücken bezahlt werden, arbeiten beispielsweise mehr, je näher sie der Hundertermarke kommen, um dann eine kleine Pause zu machen. Arbeitswissenschaftler sprechen gelegentlich von »pausieren und spurten« und meinen damit das Muster, nach einer bestimmten Einheit eine Pause einzulegen und vor dem nächsten Ziel wieder einen Sprint einzulegen.

zwar in der Regel stärker als Belohnungen in regelmäßigen Abständen oder Leistungen. Die Motivation zu spielen ist also dauernd da und verschwindet nie ganz. Je attraktiver die Versuchung, desto größer die Motivation und desto länger dauert es, bis die Arbeit, die zu ihr in Konkurrenz tritt, die bevorzugte Alternative wird. Je attraktiver also die Ablenkung, desto größer unsere Bereitschaft, ihr nachzugeben.

Warum wir immer mehr und immer öfter aufschieben

Zusammen mit Vas Taras von der University of North Carolina habe ich eine Datenbank erstellt, mit deren Hilfe wir die weltweiten Veränderungen der Kultur im Laufe der vergangenen vier Jahrzehnte dokumentierten.[6] Wir haben hunderte Untersuchungen von Sozialwissenschaftlern jeglicher Couleur ausgewertet und dabei festgestellt, dass die unterschiedlichsten Kulturen im Laufe ihrer »Modernisierung« typischerweise die Werte der westlichen Marktwirtschaften übernehmen. Unter anderem stellten wir fest, dass die Welt immer individualistischer wird: Die Menschen kümmern sich immer mehr um sich selbst und immer weniger um andere. Außerdem bringt die Modernisierung Aufschieber hervor. In den vergangenen Jahrzehnten, in denen unsere Volkswirtschaften ein beispielloses Wachstum erlebt haben, hat sich die chronische Aufschieberitis verfünffacht. In den siebziger Jahren des 20. Jahrhunderts hielten 4 bis 5 Prozent der Befragten ihr Aufschieben für eine charakteristische Eigenschaft. Heute liegt der Anteil bei 20 bis 25 Prozent – eine logische

Folge der immer verlockenderen Ablenkungsmöglichkeiten.

Sehen wir uns an, wie sich die Welt über das letzte Jahrhundert hinweg verändert hat. Im Jahr 1911 beschrieb William Bagley in seinem Buch *The Craftmanship of Teaching* (auf Deutsch sinngemäß: »Das Lehrerhandwerk«) »die Hängematte auf der Terrasse«, »den fesselnden Roman« und »die gesellige Runde von Freunden« als »verführerischen Sirenengesang der Abwechslung und Ablenkung« und den »bösen Geist der Aufschieberei«! So real Bagleys Versuchungen waren, so unschuldig waren sie im Vergleich zu dem, was noch kommen sollte. In dem Jahr, in dem das Buch erschien, wurde in Hollywood das erste Filmstudio eingerichtet, und in den nächsten Jahrzehnten entstand dort ein Universum aus millionenschweren Produktionen und glamourösen Filmstars mit ihren Skandälchen. Charlie Chaplin und Errol Flynn schienen Frauen zu mögen, die etwas jünger waren, als es das Gesetz erlaubte. *Die Zehn Gebote* von Cecil B. DeMille fesselten das Publikum, und schon in den dreißiger Jahren galt das Kino als verbreitete Form des Nichtstuns.[7] Man musste aber immer noch aus dem Haus gehen, um die Filme zu sehen. Das sollte sich schon bald ändern. Ende des Zweiten Weltkriegs begann der unaufhaltsame Aufstieg des Fernsehens, und von 1950 bis 1955 schnellte der Anteil der amerikanischen Haushalte, die einen Fernseher hatten, von 9 auf 65 Prozent in die Höhe. Während beliebte Serien wie *I Love Lucy* über die Mattscheibe flimmerten, waren die Straßen leergefegt und die Geschäfte wurden geschlossen. Im Jahr 1962 hatten 90 Prozent aller Haushalte in den Vereinigten Staaten einen Fernseher, und die Zeitschrift *Popular Science* veröffentlichte eine Beilage mit dem Titel »How to Gain an Extra Hour« (sinngemäß »Wie Sie eine Stunde gewinnen«), in dem Fernsehen als eine wichtige Ursache des Vertrödelns genannt wurde.[8]

Mitte der siebziger Jahre kamen neue Versuchungen auf. Als ich acht Jahre alt war, brachte mein Vater eines Tages das Videospiel »Pong« mit, ein Tennisspiel auf dem Bildschirm. Auf der einen Seite hatte die Spielekonsole ein Kabel, das in den Fernseher eingestöpselt wurde, und an der anderen zwei »Schläger«, die nichts anderes waren als Drehknöpfe. Wenn man einen der Knöpfe drehte, bewegte sich am linken oder rechten Rand des Bildschirms ein Balken auf und ab – das war der Tennisschläger. Wenn der würfelförmige Ball Ihren Schläger traf, dann sprang er zurück auf die andere Seite des Bildschirms, und Ihr Gegenspieler musste ihn mit seinem Schläger »zurückschlagen«. Das war's, aber es war die pure Magie, und ich konnte gar nicht mehr aufhören zu spielen. Es dauerte nicht lange, und Psychologen setzten Videospiele auf die Liste von Verhaltensweisen, die für das Aufschieben verantwortlich waren.[9]

Nach diesem kurzen Blick in die Geschichtsbücher dürfte klar sein, wie unsere Aufschieberitis das heutige Niveau erreichen konnte. Die Befriedigung, die wir aus unserer Arbeit beziehen, ist ungefähr gleich geblieben, doch die Ablenkungen scheinen unaufhaltsam attraktiver zu werden. Der Balken, der in Skinners Grafik die Versuchung darstellt, klettert immer weiter, doch die Arbeitskurve bleibt dieselbe. Nehmen wir nur die heutigen Computerspiele, neben denen sich das alte »Pong« wie ein Witz ausnimmt. Diese hochentwickelten Spiele sind das Ergebnis von Abermillionen Programmierstunden und kitzeln das Letzte aus Hochleistungscomputern. Diese Spiele stecken locker alles in die Tasche, was Bagley beschrieb. Es gibt Menschen, die daddeln immer und überall – es kommt durchaus vor, dass Studenten während einer Vorlesung in Online-Spielen gegeneinander antreten.[10] Die Spiele werden ständig weiterentwickelt, und mit jeder neuen Version von *Grand Theft Auto*, *Guitar Hero* oder *World of Warcraft* wird es schwieriger, der Versuchung zu widerstehen. Die Animation, die Geschichte, die Handlung, die Konsole, sie alle werden immer besser. Es ist so, als würde in der Schlacht um Ihre Aufmerksamkeit die Arbeit noch mit Pfeil und Bogen antreten, während die Computerspiele Präzisionsgewehre und Granatwerfer auffahren. Deswegen werden immer mehr Menschen aller Altersgruppen in die Welt der Computerspiele gezogen, und die Selbsthilfegruppen zur Behandlung von Computerspielsucht schießen wie Pilze aus dem Boden. In Korea zeigen rund 10 Prozent aller jungen Menschen Anzeichen einer fortgeschrittenen Spielsucht und sitzen pro Tag bis zu 17 Stunden vor dem Bildschirm. Es gibt sogar Unterstützergruppen und Websites für ganz bestimmte Spiele, etwa *www.WoWdetox.com* für die Mitspieler von *World of Warcraft* und ihre Partner, die oft als »*Warcraft*-Witwen« bezeichnet werden.

Doch es gibt noch schlimmere Ablenkungsfallen als Computerspiele. Und damit meine ich nicht, die Arbeit zu unterbrechen, um ein Häppchen zu sich zu nehmen oder ein Nickerchen einzulegen, obwohl das nach wie vor attraktive Optionen sind. Der König der Ablenkung ist nach wie vor das Fernsehen.[11] Seit seinen Glanzzeiten in den fünfziger Jahren hat sich das Fernsehen immer weiter perfektioniert und all die Eigenschaften zugelegt, die nötig sind, um den Wettbewerb um unsere Aufmerksamkeit auch heute noch zu gewinnen. Mit der magischen Fernbedienung können wir zwischen Kanälen hin- und herzappen, ohne aufstehen zu müssen. Dank Kabel und Satellit gibt es immer irgendwo einen Kanal, der unseren Geschmack bedient. Und da wir zahlreiche Geräte über das ganze Haus verteilt haben – laut Nielsen Media Research haben die Vereinigten Staaten mehr Fernsehgeräte als Einwohner –, können wir überall und jederzeit fernsehen. Wenn uns ein Programm ein wenig zu langweilen beginnt – zapp! –, schon beamen wir uns auf einen anderen Planeten in unserem 500-Sender-Universum. Das Fernsehen erscheint uns derart attraktiv, dass wir uns oft schuldig fühlen, weil wir zu lange in die Röhre geglotzt haben. Wenn wir endlich abschalten, fühlen wir uns ausgelaugt und wünschten, wir hätten ein bisschen weniger geschaut.[12]

Amerikaner sehen 4,7 Stunden am Tag fern und verbringen damit die Hälfte ihrer Freizeit vor der Glotze. Andere Nationen stehen ihnen jedoch kaum nach. Die Kanadier kommen immerhin auf 3,3 Stunden. Die Deutschen schauen 3 Stunden am Tag in die Flimmerkiste, die Briten 2,6 Stunden und die Finnen 2,1 Stunden. Gelesen wird dagegen im weltweiten Durchschnitt nur 24 Minuten pro Tag. Das bedeutet natürlich, dass Sie sich jetzt schon seit gut drei Monaten durch dieses Buch ackern.

Schlimmer noch: Fernsehen wird genau wie die Computerspiele immer attraktiver. Zum einen wird die Hardware immer schicker, vor allem aber wächst die Anzahl dessen, was wir sehen können. Zu jeder Serie gibt es inzwischen eine DVD-Box mit allen Staffeln. Dazu kommen digitale Videorekorder, mit denen Sie zahlreiche Sendungen gleichzeitig aufzeichnen, Hunderte Stunden speichern, Gesehenes nachverfolgen und gewünschte Folgen im Handumdrehen finden können. Wer heute noch das normale Fernsehprogramm sieht, ist rückschrittlich. Aber die Zukunft hält noch mehr bereit, und mit der Weiterentwicklung des Fernsehens werden Ihre Optionen schier grenzenlos. Die Technologie, mit der Sie jeden beliebigen Film in weniger als einer Sekunde aus dem Internet herunterladen können, existiert bereits. Wenn auch nur ein Teil des technisch Möglichen in die Haushalte kommt, werden wir entsprechend mehr Zeit vor der Glotze zubringen. Dann können Sie jeden Film, jede Show und jeden Clip jederzeit und an jedem Ort sehen, und zwar in höchster Auflösung. Wenn das Fernsehen weiter an Muskeln zulegt, wird es den Rest des Lebens irgendwann verdrängt haben. Das lässt sich bereits beobachten. In allen Ländern, in denen Daten erhoben werden, hat der Fernsehkonsum zwischen 2000 und 2008 erheblich zugenommen: In den Vereinigten Staaten stieg er um 15 Prozent von 4,1 auf 4,7 Stunden. Da der Tag nur 24 Stunden hat, leidet natürlich alles andere.[13] Aber wir schieben nicht nur unsere Arbeit auf, um fernzusehen, sondern auch das Essen im Kreise unserer Familie oder Aktivitäten mit unseren Freunden.

Das ist ein reichlich trister Ausblick, aber es wird noch schlimmer kommen. Denn die eigentliche Bedrohung ist das Internet, das die Verlockungen von Videospielen, Fernsehprogrammen und mehr in einer einzigen Plattform bündelt. Schon heute geben 80 Prozent aller Studierenden an, sie hätten Probleme, weil sie so lange im Internet unterwegs seien.[14] Kein Wunder. Es gibt Websites und Blogs für jeden Fetisch und jedes Interesse, Videos und Musik zum Herunterladen und nicht zu vergessen die

Chats und Messenger. Der neueste Dreh der Aufschiebe-Saga des Internets sind Communitys wie Facebook, Bebo, MySpace oder Twitter. Weniger als ein Jahr nach seinem Start im Jahr 2004 nannte die *New York Times* Facebook als wichtigstes Instrument zur Zeitverschwendung: Studierende klickten Hunderte Male pro Tag auf den Refresh-Button ihres Browsers, um die neuesten Meldungen zu erhalten.[15] Dieses Verhalten erinnert ein wenig an die Experimente, die Skinner zur Erforschung der variablen Verstärkung mit Ratten und Tauben durchführte. Die Tiere betätigten ebenfalls Hunderte Male ihre Tasten, um nachzusehen, ob das Futterkörnchen schon da war, das sie irgendwann zu einem nicht vorhersehbaren Zeitpunkt bekommen würden. Da ich vermutlich nicht mehr zum Schreiben gekommen wäre, wenn ich das Phänomen Facebook selbst untersucht hätte, wandte ich mich an eine Expertin, die mit dieser Community bestens vertraut war. Ich brauchte genau fünf Minuten, um meine Expertin ausfindig zu machen: Es war eine meiner Assistentinnen. Sie »facebookt« etwa anderthalb Stunden am Tag und hat sogar eine Dogbook-Seite für ihren Hund Schmeebs eingerichtet. Ich setzte mich neben sie an den Rechner und ließ mir eine Führung geben.

> *»Damit können Sie alle Ihre Freunde kontaktieren und genau kontrollieren, mit wem Sie welchen Kontakt haben wollen. Ich interessiere mich zum Beispiel für die Fotos meiner Freunde, und in dieser Ansicht hier bekomme ich eine Zusammenschau der Fotos, die sie auf ihre Seiten stellen.«*
> *Ich merke an, dass die Fotos viel Platz auf dem Bildschirm einnahmen.*

»Ach, das liegt daran, dass ich eine Menge Freunde habe.«

»Wie viele sind es denn?«, will ich wissen.

»Moment. Hier, es sind 603.«

»Das ist aber viel. Sind das wirklich alles Ihre Freunde?«

»Nein, viele sind einfach nur Internetbekanntschaften, und die kann man gesondert behandeln. Man kann die Sicherheit und den Zugang kontrollieren, man kann einstellen, was man von wem sehen will und was wer auf Ihrer Seite veröffentlichen darf. Das hier ist die Pinnwand, auf der meine Freunde ihre Kommentare schreiben können.«

Aha.

»Einige sind mir natürlich wichtiger als andere. Von meiner Freundin Jen bekomme ich eine SMS, wenn sie einen neuen Eintrag auf ihrer Seite veröffentlicht.«

»Und wie oft passiert das?«, will ich wissen.

»So zweimal am Tag.«

»Wie lange warten Sie denn, bis Sie sich den neuen Eintrag ansehen?«, frage ich.

»Naja, die SMS ist meistens unvollständig, deswegen muss ich auf die Seite gehen und mir den ganzen Eintrag ansehen.«

»Also sofort«, schlussfolgere ich messerscharf.

»Genau, sofort.«

»Auch wenn Sie im Kino oder beim Essen sitzen oder wenn Sie Ihre Familie besuchen?«, hake ich nach.

»Klar. Aber wenn ich bei meiner Familie bin, muss ich mich erst wegschleichen.«

Wie höflich. »Was kann man denn sonst noch alles machen?«

»Oh, eine ganze Menge. Man kann Leute anstupsen, um ihnen zu zeigen, dass man gerade an sie denkt, oder man kann ihnen virtuelle Geschenke schicken ...«

»Warum das denn?«

»Na ja, weil man es halt kann. Einige Geschenke sind umsonst, für andere muss man bezahlen. Ich habe eine Menge, die mit Trinken zu tun haben. Ich weiß auch nicht, warum. Über Facebook können Sie auch Einladungen an Ihre Freunde verschicken.«

»Um sie öfter zu sehen?«

»Eigentlich nicht. Facebook hat einiges von meinem Sozialleben ersetzt. Aber ich habe das Gefühl, dass ich meine guten Freunde besser kennengelernt habe. Man kann witzige Zitate einstellen, die man irgendwo gehört hat, oder Urlaubsvideos oder was einen halt so interessiert. Da, schauen Sie! Chelseas Hund hat Schmeebs als Freund hinzugefügt!«

Meine Expertin stellte mir eine Reihe von Facebook-Gruppen vor, die ihre Aufschieberitis ganz bewusst zelebrieren. Zum Beispiel gab es eine Gruppe mit dem Namen »Ich wollte mit den Hausaufgaben anfangen und bin bei Facebook gelandet« mit über 900 000 Mitgliedern. Wer einer dieser Gruppen beitritt, trifft eine Aussage über sich selbst, findet ein vielfältiges Angebot an weiteren Ablenkungen und kann sich über diese austauschen. Ironischerweise geht es in Diskussionen immer wieder um die Frage, wie man Facebook einschränken oder ganz aussteigen könne. (Ein Nutzer riet zum Beispiel: »Bitte deine Eltern, das Passwort zu ändern und dir das neue Passwort erst nach der Prüfung zu nennen.«) Um nicht als Spießer dazustehen, erklärte ich meiner Assistentin, ich fände die Seite spannend, und räumte ein, sie biete viele interessante Möglichkeiten zum Networking. Für Napoleon Hill, einen Erfolgsguru des 20. Jahrhunderts, war Networking der Schlüssel zum Erfolg. Andererseits ist Facebook eine enorme Ablenkung, und die steht im Vordergrund, nicht das Networking. Ein klares Zeichen für den Suchtcharakter von Facebook ist die Tatsache, dass die Hälfte der Aussteiger ihr Konto wieder aktiviert.[16] Sie können einfach nicht ohne.

Wie es so weit kam

Die Verschärfung der Aufschieberitis lässt sich kaum vermeiden, zumal sie tief in der Struktur unseres Gehirns fest verwurzelt ist. Unser limbisches System lebt im Hier und Jetzt, während unser präfrontaler Kortex sich mit langfristigen Angelegenheiten beschäftigt. Mit anderen Worten, wenn Sie ein Feuer machen wollen, dann hat Ihr limbisches System schon den Benzinkanister im Auge, während Ihr präfrontaler Kortex argumentiert, dass Zweige und Äste langsam und stetig Wärme spenden. Das limbische System will den Millionengewinn auf einmal, der präfrontale Kortex die lebenslange Rente von 5000 Euro monatlich. Gemeinsam finden die beiden zwar schließlich eine Entscheidung, aber mit ihrem Duett garantieren sie, dass wir immer mehr und immer häufiger aufschieben. Lassen Sie mich das an einem Beispiel verdeutlichen.

Nehmen wir zwei Fast-Food-Stände, *Nahrhafte Häppchen* und *Leckere Versuchung*. Der Stand *Nahrhafte Häppchen* bietet gesunde Ernährung, die unsere langfristigen und abstrakten Bedürfnisse wie eine schlanke Taille und körperliches Wohlbefinden anspricht. Es ist Nahrung für unser Gehirn oder zumindest für den vorderen Teil. *Leckere Versuchung* bietet dagegen Zucker und Fett in einem Dutzend frittierter Kombinationen und erregt sofort die

Gelüste unseres limbischen Systems. Wenn diese beiden Stände in einem Einkaufszentrum nebeneinanderstehen, welcher der beiden hat dann wohl größeren Zulauf? Um das beantworten zu können, müssen Sie keinen Marketingexperten befragen. Wenn Sie den Zucker auf der Zunge spüren, vergessen Sie, dass Sie ihn jahrelang auf der Hüfte tragen. Die *Nahrhaften Häppchen* sind die Wahl von morgen, sie sind das, was wir *in Zukunft* gern essen würden. Die *Leckere Versuchung* ist dagegen die Wahl von heute und das, was wir *hier und jetzt* wollen. Genau wie das überteuerte Kino-Popcorn hat der Stand von *Leckere Versuchung* außerdem eine erheblich bessere Rendite, denn impulsive Käufer vergleichen nicht lange Preise. *Nahrhafte Häppchen* wird vermutlich früher oder später dichtmachen, während der Eigentümer von *Leckere Versuchung* eine internationale Franchise-Kette gründet. Dabei handelt es sich nicht um eine Verschwörung, denn Unternehmen bedienen lediglich unsere stärksten Bedürfnisse, und die unsichtbare Hand unseres limbischen Systems schafft einen Markt der unbegrenzten Versuchungen. Die allgegenwärtige Überbetonung des Unmittelbaren und des Materiellen, des Augenblicks und des Konsums verleitet uns dazu, unsere langfristigen und letztlich befriedigenderen Ziele wie den Aufbau einer Karriere, Freiwilligenarbeit in der Gemeinschaft, Familiengründung oder Spiritualität aufzuschieben. Materialismus und Konsumismus sind jedoch nichts als ein Spiegel unserer Neurobiologie, die sich auf dem freien Markt austobt.

Die Verführung beginnt mit der hochentwickelten Wissenschaft der Marktforschung. Das weiß ich deshalb, weil ich meine Frau Julie kennenlernte, während sie auf diesem Gebiet ihre Magisterarbeit schrieb. Marktforschung findet die verschiedensten Anwendungen, von denen einige durchaus sinnvoll sind. Der akademische Betreuer meiner Frau erforschte beispielsweise die Frage, wie sich Warnhinweise auf Zigarettenschachteln so gestalten lassen, dass sie tatsächlich abschreckend wirken. Aber wie so vieles folgt auch die Marktforschung vor allem dem Geld, weshalb sich Marktforscher überwiegend mit der Frage beschäftigen, wie sich Produkte vom Kinderfernsehen bis zu politischen Parteien so gestalten lassen, dass sie uns gefallen und Bedürfnisse wecken. Dazu appellieren sie bewusst an unser limbisches System, indem sie Versuchungen schaffen. Vor allem die Nahrungsmittelindustrie schöpft alle Mittel der Marktforschung aus, um herauszufinden, was den Verbrauchern am besten schmeckt und wie man es am attraktivsten verpackt. In seinem Buch *The End of Overeating* (sinngemäß: »Das Ende des Überfressens«) beschreibt Dr. David Kessler, früherer Dekan der medizinischen Fakultät von Yale und späterer Vorsitzender der amerikanischen Lebensmittelaufsicht, den unglaublichen Einfallsreichtum, mit dem uns Nahrungsmittelhersteller dazu verleiten wollen, immer mehr von ihren billigen und minderwertigen Produkten zu futtern.[17] Es ist erstaunlich, wie viel Technologie aufgefahren wird, um optisch und geschmacklich ansprechende Lebensmittel herzustellen, die lecker knuspern, auf der Zunge zergehen oder im Mund herumrollen. Beispielsweise tarieren die Lebensmittelingenieure die Anteile von Zucker, Fett und Salz so aus, dass ein Produkt nicht das geringste Sättigungsgefühl erzeugt und wir immer mehr davon in uns hineinstopfen.

Auch die Präsentation eines Produkts zielt auf unser limbisches System. Die Werbung, die in den meisten Volkswirtschaften zwischen 1 und 2 Prozent des Bruttoinlandsprodukts ausmacht, betont vor allem die konkreten Aspekte eines Produkts, die unmittelbar ins Auge stechen.[18] Wenn Sie das nächste Mal in einen Supermarkt gehen, dann achten Sie spaßeshalber einmal darauf, wie prominent das Aussehen oder der Geschmack eines Produkts präsentiert wird und wie schwer es ist, etwas über den Nährwert in Erfahrung zu bringen oder Preise zu vergleichen, was vor allem unseren präfrontalen Kortex interessieren würde. Die Versuchung ist maximal, wenn das begehrte Produkt direkt verfügbar ist, denn dieses Vorhandensein fördert den impulsiven Spontankauf.[19] Da das Prinzip der sofortigen Verfügbarkeit die Rolle des limbischen Systems bei der Kaufentscheidung stärkt, wird es allenthalben in den Vordergrund gerückt. Verkaufsslogans wie »Kaufen Sie jetzt, zahlen Sie später« betonen das Hier und Jetzt. Verkaufsgurus wie »Zig« Ziglar betonen: »Wenn Sie wollen, dann genießen Sie es schon JETZT!«[20] Und David Mesla, Gewichtsforscher am Unilever Health Institute, schreibt: »Egal wo Sie auch hingehen, diese Nahrungsmittel sind immer und überall präsent und sofort verfügbar. Sie haben konstant Gelegenheit, sie zu konsumieren.«[21] Diese universelle Verfügbarkeit ist genau das Ziel – zwischen Kauf und Konsum soll so wenig Zeit wie möglich vergehen, damit jedes Produkt so impulsiv gekauft werden kann wie der Schokoriegel an der Supermarktkasse. Die ganze Welt wird zu einer einzigen unentrinnbaren Versuchung, und wenn Sie auch nur eine Sekunde lang schwach werden, dann reicht das schon aus, um Sie zu packen. Aber das ist noch längst nicht alles.

Marktforscher wollen ihr Produkt nicht nur Ihrem limbischen System schmackhaft machen, sondern sie tun auch alles, um Ihren lästigen präfrontalen Kortex auszuschalten. Gewohnheiten und Rituale sind für gewöhnlich die Mittel, mit dem sich der präfrontale Kortex umgehen lässt, weshalb Marktforscher alles tun, um diese bei den Konsumenten zu etablieren.[22] Viele unserer Kaufentscheidungen sind eigentlich gar keine Entscheidungen, sondern Reflexe, genau wie das leckere Aroma der elf besonderen Kräuter von Kentucky Fried Chicken darauf angelegt ist, einen plötzlichen Heißhunger auf frittierte Hähnchenteile zu wecken. Egal was wir uns vorher vorgenommen haben – auf den richtigen Reiz hin lassen sich unsere Emotionen kidnappen, und wir greifen fast automatisch zu einem Hamburger oder bestellen einen Kaffee mit diesem besonderen Röstaroma.[23] Dafür ist jeder von uns anfällig, ich eingeschlossen. Ich bekenne mich beispielsweise schuldig, regelmäßig das sündhaft teure Kino-Popcorn zu kaufen. Wie wissenschaftliche Erkenntnisse zeigen, treffe ich dabei keine bewusste Entscheidung, sondern vollziehe ein Ritual, das schon in dem Moment beginnt, in dem ich ein Kino betrete.[24] Brian Wansink, Professor für Verbraucherverhalten an der Cornell University, hat erforscht, *wie* verwundbar wir sind. Er zeigt, dass unser Essverhalten in der Hauptsache auf Routinen basiert, die nur sehr entfernt mit Hungergefühl zu tun haben und sehr viel mehr mit dem Kontext, etwa der Größe eines Tellers oder der Sichtbarkeit einer Leckerei. Er erhielt den Spaß-Nobelpreis für die Erfindung einer Suppenschüssel ohne Boden, die sich unauffällig immer wieder nachfüllt, während seine Versuchspersonen die Suppe löffeln.[25] Nach eigenen Angaben fühlten sich diese Esser nicht satter als Vergleichspersonen, die aus einer ganz normalen Suppenschüssel aßen, obwohl sie fast doppelt so viel verdrückt hatten. Angewohnheiten wie diese bestimmen rund 45 Prozent unserer täglichen Verrichtungen, und wem es gelingt, diesen Anteil durch einfache Optionen und verlockende Reize zu vergrößern, der kann das große Geschäft machen.[26]

Wie sehr wir an unseren Gewohnheiten hängen, zeigt sich beispielsweise in unserer neuen Abhängigkeit von den sogenannten Organizern oder Handhelds wie iPhone oder BlackBerry. Wir texten und telefonieren immer und überall, sogar beim Autofahren. Das ist ein gutes Beispiel dafür, wie der lustvolle Impuls unseren gesunden Menschenverstand ausschalten kann, denn Telefonieren (egal ob mit Freisprecheinrichtung oder nicht) beeinträchtigt unsere Reaktionszeit ganz erheblich.[27] Die Organizer haben ein derartiges Suchtpotenzial, dass »CrackBerry« 2006 in den Vereinigten Staaten zum »Wort des Jahres« gewählt wurde. Die Geräte sind inzwischen derart fest in unseren Alltag und unsere Gehirne integriert, dass sie schon fast zu Körperteilen geworden sind. Wenn das Handy einmal nicht greifbar ist, bekommen wir Phantomschmerzen und Entzugserscheinungen. So mancher Nutzer entwickelt Bewegungsstörungen wie den »BlackBerry-Daumen«, der von der amerikanischen Arbeitsschutzbehörde offiziell als Berufskrankheit anerkannt wird. Aber was stellen wir nur mit unseren Organizern an, dass sie unsere Gelenke und Sehnen derart strapazieren? Das Unternehmen comScore ermittelte unlängst die 25 beliebtesten iPhone-Anwendungen. Die einzige, die nichts mit Unterhaltung, Spielen oder Netzwerken zu tun hatte, war eine, mit der sich das Telefon als Taschenlampe verwenden lässt.[28]

Das Unbehagen der Zivilisation

Da haben Sie es. Wenn wir den Kampf gegen unsere Saum-seligkeit aufnehmen, dann müssen wir nicht nur gegen hundert Millionen Jahre der Evolution ankämpfen. Wir müssen gegen hundert Millionen Jahre der Evolution ankämpfen, die an jeder Ecke unserer Gesellschaft ganz bewusst ausgenutzt und gegen uns verwendet werden. Schon im Jahr 1958 warnte Aldous Huxley in seinem Buch *Wiedersehen mit der Schönen neuen Welt*: »Alle Ressourcen der Psychologie und der Sozialwissenschaften werden mobilisiert«, um »die Dummheit und Unvernunft der Menschen optimal auszunutzen« und uns auf diese Weise zu kontrollieren.[29] Der Kulturkritiker Neil Postman bezog sich direkt auf Huxley und schrieb 1985 angesichts des Hypes um Videospiele in seinem Buch *Wir amüsieren uns zu Tode*: »Die Rationalisten, die gegen jede Form der Tyrannei zu Felde ziehen, haben das nahezu unstillbare Unterhaltungsbedürfnis des Menschen übersehen.«[30] Eine weitere kritische Stimme ist Avner Offer, Professor für Wirtschaftsgeschichte in Oxford, der in seinem Buch *The Challenge of Affluence* (zu Deutsch sinngemäß: »Herausforderung Wohlstand«) aus dem Jahr 2006 beschrieb, warum der gegenwärtige Internetkonsum viele unserer heutigen Probleme verschärft.[31] Seiner Ansicht nach ist die Marktwirtschaft nur darauf ausgelegt, endlose Versuchungen bereitzustellen, die uns von weiterführenden Zielen ablenken.*

---

* Im selben Jahr schrieb der Psychologe Stuart Vyse in seinem Buch *Going Broke*: »Wann immer sich ein Bedürfnis regt, haben wir die Mittel, impulsiv darauf zu reagieren. Das ist eine Herausforderung, die alles bisher Dagewesene in den Schatten stellt. Kein Wunder also, dass uns die Schulden über den Kopf wachsen.«

Haben Huxley, Postman und Offer Recht? Schauen Sie sich doch um. Wie viele Mittel zur Befriedigung von Freizeit- und Unterhaltungsbedürfnissen stehen Ihnen zur Verfügung? In einem normalen Haushalt sind es Hunderte, von Flachbildfernsehern bis zu Internetzugängen. Nie zuvor in der Geschichte der Menschheit gab es so viele, so verführerisch gestaltete, so frei verfügbare und so geschickt vermarktete Versuchungen wie heute. Adam und Eva hatten es nur mit einem Apfel zu tun, der ihnen von einer Schlange schmackhaft gemacht wurde. Unser Apfel ist karamellisiert und in Schokolade getaucht, und er wird mit einer millionenschweren Werbekampagne im Fernsehen, Internet und in Zeitschriften lanciert.[32] Angesichts dieser verlockenden Angebote ist es nur zu verständlich, dass wir immer mehr aufschieben.

Wie's weitergeht

Wir können das Rad nicht zurückdrehen. Die Marktwirtschaft wird in der einen oder anderen Form weiterbestehen, und die neuen Versuchungen werden immer schneller auf uns einprasseln. Von einigen dieser Erfindungen werden wir bestimmt auch profitieren, aber nicht von allen. Die Ausbeutung unseres limbischen Systems ist ein integraler Bestandteil des Kapitalismus, und wenn wir den abschaffen wollten, würden wir damit auch diese gewaltige und wunderbare Wohlstandsmaschinerie abschalten. Irgendwo wird immer irgendjemand ein Produkt erfinden, das uns kurzfristig Lustgewinn verspricht und langfristig teuer zu stehen kommt – und zwar aus dem einfachen Grund, dass er immer Kunden dafür finden wird. Deshalb gehört es heute zu unserem Alltag, dauernd mit Versuchungen umgehen zu müssen, die uns von wichtigeren Dingen ablenken. Zum Glück lesen Sie dieses Buch. In späteren Kapiteln erfahren Sie, wie Sie mit diesen Versuchungen und Ihrer Aufschieberitis umgehen können. Aber vorher will ich Ihnen noch ein wenig Appetit machen und Ihnen vor Augen führen, was Ihnen und der Gesellschaft durch die Tändelei noch alles entgeht. Eine aufgeschobene Aufgabe ist kaum der Rede wert, aber wenn Sie erkennen müssen, wie sich das unterm Strich summiert, dann sehen Sie vermutlich ein, dass es sehr sinnvoll ist, den Kampf aufzunehmen. Ich habe viertausend Personen befragt, welche Aspekte ihres Lebens sie vor allem aufschieben. Im nächsten Kapitel können Sie nachlesen, was sie mir geantwortet haben und welchen Preis sie dafür bezahlen.

Kapitel 5

Der Preis der Ablenkung
Was wir verpassen, versäumen und
verlieren

*Wir haben unterlassen, was wir tun sollten,
und wir haben getan, was wir unterlassen
sollten.*
Anglikanisches Gebetbuch

Der englische Dichter Samuel Taylor Coleridge ist legendär für seine beispiellose Aufschieberitis. Er war einer der großen romantischen Dichter und hätte der größte werden können, doch dieser Titel geht an seinen einstigen Freund, den fleißigen William Wordsworth. Schuld ist allein Coleridges tragische Verzettelei. Er schob seine Arbeit und seine Verpflichtungen oft jahrzehntelang vor sich her. Selbst seine bekanntesten Gedichte tragen die Spuren der Aufschieberitis. »Kubla Kahn« und »Christabel« wurden als Fragmente veröffentlicht, zwanzig Jahre nachdem er sie begonnen hatte. »Der alte Seefahrer« wurde zwar fertig, kam aber mit fünf Jahren Verspätung in den Druck.

Seine Familie, seine Freunde und sogar Coleridge selbst erkannten das Problem. Sein Neffe und Herausgeber Henry schrieb, sein Onkel sei »Opfer seiner Trägheit«, und Coleridge selbst bezeichnet seine Saumseligkeit als »große moralische Schwäche ... Freiheitsliebe und Freude an der Spontaneität erklären diese Aufschieberei, aber sie entschuldigen sie nicht«. Die beste Beschreibung stammt von seinem Freund Thomas de Quincey, der Coleridge kaum nachstand und wie dieser stark drogenabhängig war (weshalb er seine Autobiografie treffend *Bekenntnisse eines englischen Opiumessers* nannte). De Quincey schrieb:

> Die übermäßige Saumseligkeit kennzeichnete Coleridges Leben bis in den Alltag hinein. Keiner seiner Freunde und Bekannten verließ sich je darauf, dass er eine Verabredung einhielt. Obwohl er stets beste Absichten hegte, gab niemand etwas auf seine Aussagen, die die Zukunft betrafen. Wer ihn zum Essen oder einer Gesellschaft einlud, schickte selbstverständlich eine Kutsche und holte ihn persönlich ab oder ließ ihn abholen. Waren Briefe nicht von einer weiblichen Hand geschrieben, die seine Zuneigung und Wertschätzung genoss, warf er sie ungeöffnet in eine Schublade.

Fast ebenso legendär wie Coleridges Aufschieberitis waren seine Ausreden. Seine Briefe sind voller Entschuldigungen, oft reiht sich eine an die andere. Ein Beispiel sind seine Schreiben an den Verleger Mr. Cottle, der die Rechte an einer Gedichtsammlung gekauft hatte – leider im Voraus. Besondere Erwähnung verdient auch jener mysteriöse »Mann aus Porlock«, der an Coleridges Tür klopfte und ihn während der Niederschrift seines Gedichts »Kubla Kahn« unterbrach, das auf einem Opiumtraum basierte. Das Gedicht besteht nicht wie geplant aus zweihundert oder dreihundert Zeilen, sondern nur aus vierundfünfzig. Der amerikanische Dichter Robert Pinsky meint, der »Mann aus Porlock« sei nur die berühmteste Ausrede einer ganzen Galerie von Schriftstellern, »die ein größeres Talent haben, Entschuldigungen zu erfinden, als zu schreiben«.

Aber was waren die Früchte von Coleridges Trägheit? In *A Bondage of Opium* (sinngemäß: »Gefangener des Opiums«) urteilt seine Biografin Molly Lefebure: »Sein Leben war ein endloser Sumpf aus Ablenkungen, Ausflüchten, Lügen, Schulden, Erniedrigungen und Versagen.« Ein Leben lang litt er unter Geldnot, und trotz aller Planung fing er die meisten seiner Projekte gar nicht erst an und brachte noch weniger zu Ende. Sein Gesundheitszustand war desolat, was zum Teil mit seiner Opiumsucht zusammenhing, aber er schob den Entzug ein Jahrzehnt lang vor sich her. Die Last der verstrichenen Abgabetermine nahm ihm jegliche Freude an der Arbeit: »Meine glücklichsten und schöpferischsten Momente werden unterbrochen von dem Gedanken, dass ich mich beeilen muss.« Wegen seiner Aufschieberei verlor er einzigartige Freunde wie Wordsworth, und seine Ehe zerbrach.

Coleridges Leid macht nur allzu deutlich, dass unsere Aufschieberitis sämtliche Bereiche unseres Lebens beeinträchtigen kann. Allerdings machen nur die hartgesottensten Aufschieber derart traurige Erfahrungen wie Coleridge. Die meisten von uns trödeln nur in ganz bestimmten Lebensbereichen. Um herauszufinden, was Menschen heute besonders gern aufschieben, stellte ich eine Umfrage auf meine Website, die von viertausend Besuchern ausgefüllt wurde. Ich bat die Teilnehmer, mir mitzuteilen, in welchen von zwölf zur Auswahl stehenden Bereichen sie am meisten trödelten und wo ihnen dadurch die größten Probleme entstanden.[1] Die Ergebnisse können Sie Tabelle 1 entnehmen. In der ersten Spalte steht der jeweilige Lebensbereich, in der zweiten die durchschnittliche Aufschieberitis der Teilnehmer (2 steht für selten, 3 für manchmal, 4 für häufig) und in der dritten der Anteil der Teilnehmer, die den betreffenden Bereich als eines der drei wichtigsten Probleme identifizieren. Achten Sie in der Tabelle vor allem auf Zeilen, in denen beide Zahlen hoch sind: Das sind die besonderen Problembereiche.

Die zwölf wichtigsten Lebensbereiche	durchschnitt-liche Aufschie-beritis (1 bis 5)	eines der drei größten Probleme
1. Gesundheit Sport, Diät, Gesundheits-vorsorge (z.B. »Ich schiebe Sport oder eine Diät auf.«)	3,4	42,2 Prozent
2. Beruf Arbeitsplatz, Arbeitslosig-keit, Eintritt ins Arbeits-leben (z.B. »Ich schiebe es auf, mich nach einem besseren Arbeitsplatz umzusehen oder mich um eine Lohner-höhung zu bemühen.«)	3,3	56,8 Prozent
3. Ausbildung Schule, Lernbereitschaft, Leistungen (z.B. »Ich schiebe Prüfungs-vorbereitungen oder meinen Abschluss auf.«)	3,3	32,9 Prozent
4. Gemeinschaft Freiwilligenarbeit, politi-sches Engagement (z.B. »Ich schiebe es auf, an-deren zu helfen oder ihnen meine Zeit zur Verfügung zu stellen.«)	3,2	12,1 Prozent

Die zwölf wichtigsten Lebensbereiche	durchschnittliche Aufschieberitis (1 bis 5)	eines der drei größten Probleme
5. Beziehung Liebe, Sex, Ehe (z.B. »Ich schiebe es auf, mich um eine Partnerschaft zu bemühen oder eine Beziehung zu beenden.«)	3,0	24,0 Prozent
6. Geld Finanzielle Entscheidungen (z.B. »Ich schiebe die Bezahlung von Rechnungen auf oder spare nicht für meine Rente oder eine große Anschaffung.«)	2,9	35,9 Prozent
7. eigene Person Persönliche Entwicklung, Arbeit an Einstellungen und Verhaltensweisen (z.B. »Ich vermeide es, Selbsthilfebücher zu lesen und mich zu verändern.«	2,9	29,6 Prozent
8. Freunde Pflege der Beziehung zu nahestehenden Personen (z.B. »Ich schiebe es auf, mehr Zeit mit Freunden zu verbringen oder sie zu mir nach Hause einzuladen.«)	2,9	23,5 Prozent
9. Familie Pflege der Beziehung zu Eltern und Geschwistern (z.B. »Ich schiebe es auf, mit meiner Mutter zu telefonieren oder meine Eltern zu besuchen.«)	2,7	18,9 Prozent

Die zwölf wichtigsten Lebensbereiche	durchschnittliche Aufschieberitis (1 bis 5)	eines der drei größten Probleme
10. Freizeit Verein, Erholung, Hobbys (z.B. »Ich schiebe es auf, mich einem Sportverein anzuschließen oder eine Urlaubsreise zu unternehmen.«)	2,7	11,4 Prozent
11. Spiritualität Religion, Philosophie, Sinn des Lebens (z.B. »Ich schiebe es auf, zu meditieren oder eine Kirche/Moschee/Synagoge zu besuchen.«)	2,5	8,5 Prozent
12. Kinder Aktivitäten mit den Kindern (z.B. »Ich schiebe es auf, mehr Zeit mit meinen Kindern zu verbringen oder mit der Familie in Urlaub zu fahren.«)	2,3	4,1 Prozent

Tabelle 1: Die wichtigsten Problembereiche

Die Aufschieberitis verursacht uns Probleme in der Ausbildung, bei der Arbeit und im Privatleben und hier vor allem, wenn es um unsere Gesundheit geht. 89 Prozent aller Teilnehmer gaben an, in mindestens einem dieser Bereiche größere Probleme zu haben, und ganze 9 Prozent näherten sich dem Niveau von Coleridge und nannten alle drei. Die Aufschieberei hatte Methode, denn bestimmte Muster kehrten immer wieder. Viele Teilnehmer, die Gelddinge vernachlässigten, waren auch in der Ausbildung und im Beruf säumig. Dieser Zusammenhang, den man unter dem Oberbegriff »Karriere« zusammenfassen könnte, wurde am häufigsten genannt.

Ein zweites Muster betraf die persönliche Entwicklung: Teilnehmer, die ihre Gesundheit vernachlässigten, schoben auch ihre spirituelle Suche, Freizeitaktivitäten und ihre persönliche Entwicklung auf die lange Bank. Zu diesem Cluster gehörte auch das Sozialleben, also das Engagement in der Gemeinschaft sowie das Beziehungsleben.

Eine letzte Gruppe von Problemfeldern waren die engsten Beziehungen zu Freunden, Familie und Kindern. Diese Gruppe war offenbar die unproblematischste. Zum Glück schoben nur wenige Teilnehmer die Kindererziehung auf – Kinder scheinen so dringlich zu sein, dass sie alles andere in den Schatten stellen.

Je nachdem, ob Sie sich um Ihre Karriere, Ihre persönliche Entwicklung oder Ihre engsten Beziehungen herumdrücken, zahlen Sie einen anderen Preis, denn jeder dieser drei Oberbereiche steht für eine andere Form der Lebensqualität: Wohlstand, Gesundheit oder Glück. Wer die Karriere vernachlässigt, hat weniger Geld zur Verfügung. Wer sich um die persönliche Entwicklung drückt, schadet seiner körperlichen und geistigen Gesundheit. Und wer seine engsten Beziehungen nicht pflegt, dessen Glück leidet (obwohl natürlich auch Karriere und persönliche Entwicklung einen gewissen Einfluss auf das Glück haben). In einer Metaanalyse von 1 200 Untersuchungen zum Thema Glück ermittelte ich, dass Glück vor allem mit erfüllten persönlichen Beziehungen zusammenhängt – Wohlstand und Gesundheit sind weniger beglückend, wenn man sie nicht mit anderen teilen kann.[2] Aber welche Bereiche auch immer Sie besonders gern vernachlässigen: Je mehr Sie aufschieben, desto höher der Preis, den Sie dafür bezahlen. Aber sehen wir einmal genauer hin.

Das Geld auf der langen Bank

Die beliebteste Ausrede von Aufschiebern am Arbeitsplatz lautet, sie seien unter Druck besonders kreativ. Es kann durchaus sein, dass sie diesen Eindruck von sich gewonnen haben: Wer seine ganze Arbeit auf den letzten Drücker erledigt, der hat natürlich auch dann seine Ideen. Leider sind diese Ideen vermutlich vergleichsweise dürr und dünn gesät, denn unsere Kreativität leidet in der Regel unter Zeitdruck.[3] Wer morgens um drei Uhr mit schweren Augenlidern über einem Projekt brütet, präsentiert am Schluss eher ein mittelmäßiges Konzept. Wirklich innovative Lösungen werden meist erst nach einer gründlichen Vorbereitung entwickelt, und dazu gehört eine mühsame Einarbeitung in das jeweilige Thema und eine längere Inkubationsphase.

Andere Trödler rechtfertigen ihre Saumseligkeit damit, dass sie mit einer Deadline im Nacken effizienter arbeiteten. Das stimmt schon eher. Kurz vor zwölf ist die Motivation tatsächlich größer. Aber das bedeutet keineswegs, wie Aufschieber damit indirekt behaupten, dass wir *nur* auf den letzten Drücker effizient arbeiten oder dass wir gar schlechtere Leistung bringen, wenn wir früher anfangen. Mit anderen Worten sagen sie nämlich, dass es schlechter ist, heute *und* morgen zu arbeiten, als nur morgen zu arbeiten, und das ist natürlich falsch.

Egal welchen Maßstab wir anlegen, Aufschieber bringen im Durchschnitt schlechtere Leistungen als Nicht-

Aufschieber. Die Aufschieberitis wirkt sich jeweils anders auf Ausbildung, Beruf und Einkommen aus, doch diese Unterschiede werden Ihnen kaum gefallen: Die Konsequenzen werden nämlich immer gravierender.[4] In der Schule und der Universität bringen nur 40 Prozent aller Aufschieber überdurchschnittliche Leistungen, die übrigen 60 Prozent liegen unter dem Durchschnitt. Wenn Sie zu den glücklichen 40 Prozent gehören, sollten Sie erkennen, dass Ihr Verhalten Ihnen schadet und dass Sie die negativen Folgen vermutlich durch andere Eigenschaften wie beispielsweise Ihre Intelligenz wettmachen. Verfallen Sie nicht in den Irrglauben, Ihr Laster könnte Ihr Erfolgsgeheimnis sein. Ich will ja nicht den ersten Stein werfen, aber… Bei unzähligen Prüfungen habe ich erst auf den letzten Drücker mit dem Lernen angefangen und versucht, die verlorene Zeit wieder gutzumachen, indem ich Nächte durchgebüffelt habe. Dank dieser Strategie bin ich einmal während einer Französischprüfung eingeschlafen und habe bis heute Bammel vor Fremdsprachen. Komisch, dass viele Leute ähnliche Geschichten erzählen können.

Studierende bringen etwa ein Drittel des Tages mit Freizeitaktivitäten zu, die sie selbst als Vermeidungsstrategien bezeichnen.[5] Selbst an den beiden Tagen vor einer Prüfung vertreiben sie sich im Durchschnitt acht Stunden lang mit solchen Beschäftigungen die Zeit.[6] Die Unfähigkeit zur Zeiteinteilung ist eines der am häufigsten genannten Probleme und einer der wichtigsten Gründe für einen Studienabbruch.[7] Dieser Zusammenhang wird eher noch gravierender, wenn mehr auf dem Spiel steht: Schlechtes Zeitmanagement ist einer der Hauptgründe, warum Doktoranden ihre Promotion nicht abschließen und ihr einziger Titel der »Cand.« (Kandidat) bleibt.[8] Diese Cands sind derart verbreitet, dass der Zeichner Jorge Cham ihnen eine ganze Komikserie mit dem Titel *PhD-Comic* widmet, in der er die Vermeidungsstrategien der Doktoranden durch den Kakao zieht. Es ist eigentlich kaum nachzuvollziehen: Nachdem die Doktoranden einen heiß begehrten Studienplatz ergattert, das intensive Kursprogramm absolviert, vielleicht sogar schon das Material für ihre Dissertation recherchiert haben und nur noch ihre Doktorarbeit schreiben und präsentieren müssen, gibt die Hälfte die Arbeit nicht ab. Und das trotz der attraktiven Belohnung, die den Titelträgern winkt (zum Beispiel ein um 30 Prozent höheres Gehalt).[9] Schuld ist meist nur die Aufschieberitis.

Im Beruf werden die Konsequenzen sogar noch gravierender. Nach Einschätzung ihrer Kollegen sind 63 Prozent aller Aufschieber unterdurchschnittliche Minderleister. Von Beginn an fällt es ihnen schwer, ihre berufliche Laufbahn anzupacken, weshalb sie die Arbeitsplatzsuche vertagen. Wenn sie ihren Arbeitsplatz verlieren, bleiben sie länger arbeitslos.[10] Und wenn sie schließlich einen Job finden, stellen sie schnell fest, dass die Arbeitswelt weniger tolerant ist als die Schule oder die Universität. Es steht mehr auf dem Spiel, und die Vorgesetzten und Kunden sind weniger bereit, Aufschub zu gewähren. Das musste beispielsweise Michael Mocniak, Chefsyndikus bei Calgon Carbon erleben, der entlassen wurde, weil er es versäumt hatte, Rechnungen zu verschicken – es handelte sich um die Kleinigkeit von 1,4 Millionen US-Dollar.[11] Im Beruf sind die Projekte meist umfangreicher und lassen sich nicht mehr auf den letzten Drücker erledigen; die Arbeit ist unberechenbarer, und es kann Ihnen passieren, dass Sie kurz vor der Deadline plötzlich eine andere dringende Sache auf den Tisch bekommen. Trotz ihrer charakterlichen Schwäche verdienen immer noch 37 Prozent aller Aufschieber mehr als der Durchschnitt – wer die Vorstandschefin am Frühstückstisch »Mama« nennt oder den Aufsichtsratsvorsitzenden »Papa«, der bringt es im Unternehmen einfach etwas weiter, egal welche Laster er mitbringt. Andere Aufschieber kommen in Berufen unter, in denen es kaum möglich ist, aufzuschieben – Berufe mit täglichen Deadlines wie Verkauf oder Journalismus. Wenn alles heute fällig ist, gibt es kaum Spielraum für Ablenkungsstrategien.

Beim finanziellen Gesamtergebnis schlägt die Aufschieberitis schließlich noch stärker durch. Nach eigener Einschätzung halten sich nur 29 Prozent aller Aufschieber für erfolgreich, während sich der Rest als unterdurchschnittlich erfolgreich bezeichnet. Die Aufschieberitis schlägt sich in dutzenderlei Weise auf dem Konto nieder.[12] Zum Beispiel verdient das amerikanische Finanzministerium Jahr für Jahr allein 500 Millionen US-Dollar an zu spät abgegebenen Steuererklärungen. Viele Aufschieber vergessen schlicht, die auf den letzten Drücker ausgefüllten Steuererklärungen zu unterschreiben, und müssen Strafzinsen berappen.[13]

Die Saumseligkeit beeinträchtigt Ihr Soll und Haben aber auch noch auf andere Weise. Ersparnisse wachsen durch ein Phänomen, das Albert Einstein als das achte Weltwunder bezeichnete: den Zinseszins. Ihre Ersparnisse erwirtschaften Zinsen, und auf diese erhalten Sie wieder Zinsen, genau wie Ihre Kinder wieder Kinder bekommen. Das hat beträchtliche Auswirkungen: Wenn Sie zwischen dem 20. und dem 30. Lebensjahr jedes Jahr 4000 Euro auf die hohe Kante legen, dann gehen Sie schließlich mit einem größeren Batzen in Rente, als wenn Sie nach dem 30. Lebensjahr jedes Jahr dieselbe Summe sparen. Oder stellen Sie sich die Indianer vor, die Manhattan für Glasperlen im Wert von 16 US-Dollar verkauft haben. Wenn sie dieses Geld angelegt hätten, dann könnten sie mit Zins und Zinseszins die Insel heute komplett zurückkaufen, die Weihnachtsbeleuchtung des Rockefeller Center und die Ledersessel in den Vorstandsetagen des Trump Tower inklusive.[14] Aufschieber wissen nur zu gut, dass sie Geld fürs Alter oder für schlechte Zeiten auf die Seite legen sollten, doch sie halten sich leider zu selten daran. In der bekannten Fabel von Äsop wären sie die Heuschrecke und nicht die Ameise. All diese Zinseszinsen und potenziellen Dividenden sind verloren und nicht wieder wettzumachen. Ein Artikel des *Financial Services Review* kam zu dem Schluss: »Sparer, die spät mit der Geldanlage beginnen, müssen mit Beiträgen rechnen, die nur noch für Großverdiener erschwinglich sind.«[15]

Zusätzlich neigen Aufschieber dazu, ihre Konten zu überziehen und ihre Kreditkarten stark zu belasten. Deswegen verwenden sie Monat für Monat das neue Einkommen darauf, die alten Schulden zu begleichen. Viele Haushalte schieben auf diese Weise einen Schuldenberg von annähernd 10000 Euro vor sich her.[16] Aufschieber zahlen grundsätzlich die höchsten Zinsen: In den Vereinigten Staaten zwischen 29 und 32 Prozent und in Mexiko sogar bis zu 113 Prozent pro Jahr. In vielen Ländern dürfen Banken die Zinsen sogar noch weiter anheben, wenn Sie auch nur eine einzige Rechnung zu spät bezahlen. Ein Ausrutscher, und Sie sitzen in der Falle. Sie fragen sich, wieso Kreditkartenunternehmen auch in Krisenzeiten Rekordgewinne erzielen? Fragen Sie die säumigen Zahler.[17] Sie sind nicht umsonst die Lieblingskunden der Branche.[18]

Von allen wissenschaftlichen Studien, die zeigen, wie schlecht die Aufschieberitis Ihrem Geldbeutel bekommt, finde ich eine besonders bemerkenswert. Sie untersuchte Wirtschaftsstudenten der University of Chicago, die große Stücke auf ihre Schläue gaben, und demonstrierte eindrucksvoll, wie sich Aufschieber selbst ein Bein stellen.[19] Nachdem die Teilnehmer an einer Reihe von Spielen teilgenommen hatten, bei denen sie bis zu 300 US-Dollar gewinnen konnten, durften sie entscheiden, wie ihr Gewinn ausgezahlt werden sollte. Sie hatten die Wahl, entweder sofort einen Scheck mitzunehmen oder lieber zwei Wochen zu warten und eine größere Summe zu erhalten. Und jetzt erfahren Sie, warum Aufschieber ärmer sind: Obwohl die meisten Teilnehmer ihren Gewinn sofort einstecken wollten, lösten sie ihren Scheck im Durchschnitt erst vier Wochen später ein. Sie schoben den Gang zur Bank also doppelt so lange auf, als sie auf den höheren Gewinn hätten warten müssen. Diese Mischung aus Säumigkeit und Ungeduld ist weit verbreitet: Zwei Drittel aller Teilnehmer wollten ihr Geld auf der Stelle.

Wenn es bei Ihnen immer noch nicht geklickt hat, dann will ich Ihnen ein letztes Beispiel mitgeben, das definitiv letzte Beispiel: Ihr Testament. Schon im Jahr 1848 schrieb ein gewisser Lewis Judson, Aufschieber liehen sich nicht nur übermäßig viel Geld, sie schöben auch ihren letzten Willen auf: »Die meisten Menschen warten mit ihrem Testament, bis sie auf dem Sterbebett liegen. Und selbst dann schieben sie es noch auf, bis sie schließlich zu schwach sind, ihre Verhältnisse zu ordnen, und die Anwälte mehr kassieren als die Erben.«[20] Seit damals hat sich wenig geändert: Ich möchte wetten, dass Sie entweder gar kein Testament haben oder dass es hoffnungslos veraltet ist.* Sie müssen die Konsequenzen Ihrer Aufschieberei zwar nicht mehr tragen, aber es ist vermutlich das schlimmste Erbe, das Sie Ihrer Familie und Ihren Freunden hinterlassen können.[21] Viele Menschen sterben ohne Testament – drei Viertel der Bevölkerung, um genau zu sein. Der amerikanische Komponist George Gershwin, der Rockmusiker Richie Valens, der Milliardär Howard Hughes, der Schlagzeuger Keith Moon und der Soulsänger Barry White, sie alle hinterließen keinen letzten Willen. Selbst Abraham Lincoln und Martin Luther King, die nicht nur gegen die Trägheit wetterten, sondern auch zahlreiche Morddrohungen erhielten, dachten nicht daran, ein Testament aufzusetzen.**

Die Konsequenzen sind in jedem Land andere. Wenn Sie ohne Testament sterben, könnte Ihr Vermögen an den Staat fallen, an einen verhassten Bruder oder an Ihren Exmann, von dem Sie sich zwar getrennt haben, aber noch nicht geschieden sind (nicht zu vergessen dessen neue Partnerin). Ihr neuer Lebensgefährte, Ihre beste Freundin oder die Stiftung Ihrer Wahl könnte leer ausgehen, und Ihre Familienerbstücke könnten zu Schnäppchenpreisen verramscht werden. Das Gesetz bevorzugt meist Nachfahren vor Ahnen, weshalb Ihren Kindern im extrem verantwortungsbewussten Alter von achtzehn Jahren Ihr gesamtes Vermögen zufallen könnte.

---

* Dass das bei mir anders ist, liegt nur daran, dass ich dieses Buch geschrieben habe. Ich habe mein Testament gemacht, kurz nachdem ich die erste Fassung dieses Kapitels fertig hatte.
** Weise Worte von Abraham Lincoln: »Für den Anwalt wie für jeden anderen Menschen ist Sorgfalt das oberste Gebot. Verschieben Sie nichts auf morgen, was Sie auch heute erledigen können.« Und von Martin Luther King: »Aus ›nicht jetzt‹ wird schnell ›niemals‹.«

Ich kümmere mich um meine Gesundheit –
ab morgen

Obwohl die Darmspiegelung eine wichtige Untersuchung ist, werden die meisten Menschen schon beim bloßen Gedanken daran nervös. Selbst eine Beschreibung, wie ich sie Ihnen gleich gebe, empfinden viele als unangenehm. Vor einer Darmspiegelung müssen Sie zunächst Ihren Dickdarm so gründlich wie möglich entleeren. Dazu müssen Sie in der Regel drei Liter eines starken Abführmittels trinken, bis das, was Sie ausscheiden, dem ähnelt, was Sie zuführen. Wenn Sie einen Einlauf benötigen, müssen Sie noch ein paar Liter zu sich nehmen, nur diesmal von der anderen Seite. Nachdem Sie also von oben und unten gut durchgespült sind, kann es losgehen. Sie fahren in die Klinik, ziehen einen Kittel an und erhalten ein Beruhigungsmittel. Sie sollten sich auf keinen Fall verkrampfen, wenn der Arzt Sie bittet, sich auf die Seite zu legen, und Ihnen das anderthalb Zentimeter lange Koloskop in den Hintern einführt. Üblicherweise wird Luft eingeblasen, um Ihren Dickdarm ein wenig aufzublähen und einen guten Rundumblick zu ermöglichen. Der Arzt sieht sich eine gute halbe Stunde lang in Ihnen um, und hinterher fühlt sich Ihr Hinterteil ein wenig schmierig an, aber das war's.

Ab einem Alter von fünfundfünfzig Jahren oder vielleicht auch schon früher sollten Sie diese Darmspiegelungen regelmäßig durchführen lassen. Aber erstaunlich viele Menschen schieben die Prozedur auf, darunter auch Onkologen. Selbst mein Schwiegervater, der ein großes Wissenschaftszentrum leitete und es eigentlich besser wissen sollte, wartete zu lange. So unangenehm es auch klingt, wenn man es aufschiebt, wird es nur schlimmer: Die mögliche Konsequenz ist ein Tod durch Darmkrebs, der nach dem Lungenkrebs die meisten Todesopfer fordert. Aber im Gegensatz zum Lungenkrebs ist der Darmkrebs relativ gut behandelbar, vorausgesetzt natürlich, dass er früh genug entdeckt wird. Man unterscheidet vier Stadien, und mit jedem Stadium sinken die Überlebenschancen drastisch. Der Hauptgrund, warum sich Menschen nicht untersuchen lassen, ist die Aufschieberitis. Aus Angst, Unbehagen oder Scham schieben selbst intelligente Menschen die empfohlene Darmspiegelung auf. Katie Couric, ehemalige Nachrichtensprecherin von *Today*, verlor auf diese Weise ihren Mann. Mein Vater verlor seine zweite Frau. Als sie schließlich zum Arzt ging, war keine Darmspiegelung mehr nötig, denn man konnte den Tumor schon durch die Bauchdecke tasten. Mit ansehen zu müssen, wie sie unter der Pflege meines Vaters ein Jahr lang allmählich dahinsiechte, war vielleicht das Schlimmste und Tragischste, was ich je erlebt habe. Bei vielen Krankheiten, Infektionen, Geschwüren und Gebrechen ist eine frühe Diagnose und Behandlung entscheidend, doch das hindert uns nicht daran, den Gang zum Arzt aufzuschieben. Nach dieser Vorrede erstaunt es Sie vermutlich nicht, wenn ich Ihnen mitteile, dass Aufschieber zu den ungesundesten Menschen überhaupt gehören.

Um noch ein wenig Salz in die Wunde zu reiben, will ich erwähnen, dass Aufschieber nicht nur die Behandlung hinauszögern, sondern dass sie mit größerer Wahrscheinlichkeit auch genau die Verhaltensweisen pflegen, die diese Behandlung überhaupt erst erforderlich machen. Aufschieber sind eine Risikogruppe, denn dank ihrer impulsiven Art sind sie besonders empfänglich für Laster und genießen die Freuden des Augenblicks, ohne an das spätere Leid zu denken. Andererseits sind sie den Tugenden weniger zugeneigt, also allem, was kurzfristig schmerzt und langfristig nutzt. Benutzen Sie zum Beispiel Zahnseide? Wenn Sie ein Aufschieber sind, dann nehmen Sie es sich vermutlich immer wieder vor, nur um es dann wieder zu vergessen.[22] Um besser zu verstehen, was dieses Versäumnis bedeuten kann, fragte ich meinen Zahnarzt nach dem schlimmsten Fall, der ihm je untergekommen war. Er erinnerte sich an einen Patienten, bei dem der Zahn unter dem Belag nicht mehr zu sehen gewesen war. Als er mir ein Bild zeigen wollte, lehnte ich dankend ab. Aber Aufschieber haben auch noch zahlreiche andere gesundheitsschädigende Angewohnheiten.

Wenn Sie ein hartgesottener Aufschieber sind, dann haben Sie vermutlich ein Päckchen Zigaretten in der Tasche. Immerhin sind es Tabak- und keine Haschzigaretten, obwohl Sie die vermutlich auch irgendwann mal geraucht haben. Und was passt besser zu einer Zigarette als ein alkoholisches Getränk, am besten hochprozentig. Aber nicht zu viele, denn Sie sollten auf keinen Fall beim Rauchen einschlafen, weil Sie den Feuermelder lange nicht überprüft und die Batterien nicht ausgetauscht haben. Und was Sie zu Abend gegessen haben, war vermutlich auch kein Salat, nicht bei den vielen Kalorien. Was erwarten Sie auch, wenn Sie es im Drive-Thru mitgenommen haben? Damit kommen wir zu Ihrem Fahrverhalten. Haben Sie eigentlich schon bemerkt, dass die meisten Leute es mit der Angst zu tun bekommen, wenn Sie hinterm Steuer sitzen? Das ist kein Grund, gleich zornig zu werden – obwohl Sie natürlich schnell zornig werden, oder?[23]

Rauchen, übermäßiger Alkoholgenuss, Drogenmissbrauch, Leichtsinn, Übergewicht, riskantes Fahrverhalten, Jähzorn, ganz zu schweigen von Geschlechtsverkehr mit wechselnden Partnern – das alles sind Aktivitäten, denen Aufschieber öfter nachgehen als andere. Impulsiv, wie sie sind, ist das Einzige, was sie nicht aufschieben, die Befriedigung. Wenn Sie nur die Hälfte dieser Laster pflegen, dann sind Sie nicht unbedingt ein Vorbild für einen gesunden Lebenswandel. Und wahrscheinlich werden Sie irgendwann die Quittung dafür bekommen.

Herr, mach mich fromm – aber bitte nicht gleich

Der heilige Augustinus lebte zwar im vierten Jahrhundert, doch er scheint auch heute noch so interessant zu sein, dass der Popmusiker Sting ihm ein Lied widmete. Vor seiner Bekehrung war Augustinus ein Anhänger der seinerzeit beliebtesten Religion des Mittelmeerraums, des Manichäismus, und er kannte die Sinnesfreuden besser, als man das von einem Heiligen erwarten sollte. Der Manichäismus war zwar gegen die Fortpflanzung – deshalb starb er schließlich auch aus –, doch gegen lustvollen Sex hatte er nichts einzuwenden, weshalb Augustinus und seine zahlreichen Geliebten ihm begeistert nachgingen.[24] Sein triebgesteuerter Lebenswandel erklärt, warum Augustinus der Schutzpatron des Biers beziehungsweise der Brauer wurde. Nachdem er sich im Jahr 386 dem Christentum zuwandte, hatte er seine liebe Not, sich aus den Armen der Frauen loszureißen. Sein berühmtestes Gebet war: »Herr, mach mich enthaltsam, aber bitte nicht heute!« Er schob das zölibatäre Leben auf und hatte das Gefühl, seiner

Dickfelligkeit völlig zu erliegen.* Als er eines Tages in seinem Garten saß, hörte er, wie Gott ihn durch die Stimme eines Kindes aufforderte: »Nimm und lies!« Er nahm die Bibel, öffnete sie nach dem Zufallsprinzip und fand den Brief des Apostels Paulus an die Römer: »Lasst uns ehrbar leben wie am Tage, nicht in Fressen und Saufen, nicht in Unzucht und Ausschweifung, nicht in Hader und Eifersucht; sondern zieht an den Herrn Jesus Christus und sorgt für den Leib nicht so, dass ihr den Begierden verfallt.« Diese Aufforderung schien direkt an ihn gerichtet zu sein, und er verstärkte seine Bemühungen um ein heiliges Leben.

Der heilige Augustinus war kein Einzelfall.** Die Weltreligionen gehen mit der Trägheit hart ins Gericht und sehen sie meist als ein Hindernis auf dem Weg zur Rettung oder Erleuchtung.[25] Ihre Haltung kommt nicht von ungefähr, denn wer das Gute aufschiebt, um sich der Sünde hinzugeben, der gefährdet sein Seelenheil.

Einer der zentralen Texte des Hinduismus ist die *Mahābhārata* und vor allem ein Abschnitt mit dem Namen *Bhagavad Gita*, eine Selbstoffenbarung des Gottes Krishna.[26] Im letzten Kapitel erklärt Krishna: »Wer fahrlässig, gemein und frech, heimtückisch, hinterlistig, faul, feig, saumselig ist – solch ein Täter gehört zum Reich der Finsternis.«

---

* Wie er selbst schreibt: »Und wenn du mir offenbartest die Wahrheit deines Wortes, so hatte ich, von der Wahrheit überzeugt, überhaupt keine Antwort als höchstens die träumigen und säumigen Worte: Im Augenblick, ja gleich, warte nur ein wenig! Aber dieser Augenblick hatte kein Ende, und dies ›Warte ein wenig!‹ zog ich in die Länge.«

** Ein weiteres Beispiel ist der heilige Gabriel Possenti, der bei jeder Krankheit schwor, er werde ins Kloster gehen, wenn er sie überlebe, und der sein Gelöbnis immer wieder vergaß, kaum dass er sich vom Krankenbett erhoben hatte. Nach einigen Krankheiten hielt er schließlich Wort, nur um im Kloster mit Tuberkulose infiziert zu werden und kurz darauf zu sterben.

Im Islam wird das Aufschieben einer guten Tat als *taswif* bezeichnet.[27] Die Hadithen, die Gesetzbücher des Islam, breiten sich ausführlich über die Saumseligkeit aus und lassen kein gutes Haar an ihr.[28]

Der Buddhismus sieht die Aufschieberei ähnlich, auch wenn er im Westen gern als anspruchslose Wohlfühlreligion missverstanden wird. Seit den ältesten buddhistischen Schriften des Pali-Kanon, die im ersten Jahrhundert unserer Zeitrechnung aufgezeichnet wurden, ist die Botschaft klar und eindeutig.[29] Der in den Vereinigten Staaten lebende Lama Surya Das erklärt beispielsweise: »Wir müssen aufhören, aufzuschieben und so zu tun, als hätten wir ewig Zeit, um das zu tun, was wir wollen, und das zu sein, wonach wir uns sehnen.«[30]

Doch die Religion, die am schärfsten mit der Trägheit ins Gericht geht, ist das Christentum. Unzählige Prediger wettern gegen sie, was unter anderem damit zusammenhängt, dass die Religion von ihren Gläubigen Umkehr und Reue fordert.* Selbst wenn die Gläubigen ein sündiges und selbstsüchtiges Leben geführt haben, können sie noch auf dem Sterbebett um Vergebung bitten und erlöst werden – sie tun gewissermaßen auf den letzten Drücker noch etwas für die letzte große Prüfung vor dem Jüngsten Gericht.

Die Religionen beschäftigen sich deshalb so sehr mit der Aufschieberei, weil wir nicht wissen, wann wir sterben werden. Deshalb müssen wir sofort umkehren, ein gottge-

---

* Reverend Edward Irving bezeichnet die Prokrastination beispielsweise als »Entführer der Seelen und Werber des Teufels«, und der Prediger Reverend John Aughey wettert: »Die Saumseligkeit hat die Hölle gefüllt. All diejenigen, die aus dem Reich Gottes vertrieben und verdammt wurden, sind Opfer dieser verderblichen und schändlichen List des Teufels. Aufschieben ist eine Torheit.«

fälliges Leben führen und uns dem Guten zuwenden. Ein Gleichnis aus der hinduistischen *Mahābhārata* verdeutlicht diese Sicht. Der Held Yudhisthira verspricht, einem Bettler am nächsten Tag ein Almosen zu geben. Als sein jüngerer Bruder Bhima dies hört, läutet er die Siegesglocken des Palastes. »Warum läutest du die Glocken?«, fragt ihn Yudhisthira erstaunt. Und Bhima erwidert: »Um ein solches Versprechen geben zu können, musst du das Leben besiegt haben. Wie könntest du sonst wissen, was der morgige Tag bringt?« Dieser Gedanke steckt auch hinter einem Satz, den Ali, der vierte der rechtgeleiteten Kalifen des Islam, schrieb: »Jeder, der vom Tod geholt wird, bittet um mehr Zeit, aber jeder, der noch Zeit hat, sucht nach Entschuldigungen für seine Säumigkeit.« Wenn die Uhr plötzlich stehenbleibt, dann sind unsere Seelen verloren, wenn wir gute Taten, Meditationen und Abbitten aufgeschoben haben.

Der Heilige Krieg wird also nicht gegen die Kräfte des Bösen geführt, sondern gegen die Kräfte der Natur, genauer gesagt der menschlichen Natur. Sämtliche Religionen bekämpfen die Aufschieberei ihrer Anhänger, denn das Gelobte Land oder die versprochenen Belohnungen werden erst in ferner Zukunft gewährt. Das Seelenheil ist also in einem gewissen Nachteil gegenüber den sündigen Freuden, die sofort verfügbar sind. So sehr sich die Religionen ansonsten unterscheiden, in ihrer Warnung vor dem Aufschieben sind sie sich einig.

Ach, wenn nur ...

Aufschieber sind tendenziell nicht nur ärmer und unge-
sünder als Soforterlediger, sie sind oft auch weniger glücklich. Ein Grund ist natürlich der Stress, den ihnen die
Aufschieberei verursacht, und die damit einhergehenden
Schuldgefühle. Das Leid, das sie beim Aufschieben durch-
machen, ist oft größer als das Leid, das ihnen die Arbeit
verursacht hätte. Wenn sie die Aufgabe schließlich angehen, sind sie oft erleichtert und müssen sich eingestehen,
dass es gar nicht so schlimm war, wie sie dachten. Rita
Emmett, Autorin des Buchs *Was du heute kannst besorgen*,
meint sogar, es handele sich um ein Naturgesetz: »Die
Angst vor der Erledigung einer Aufgabe kostet mehr Zeit
und Kraft als die Erledigung selbst.«

In zahllosen Internetforen schildern Aufschieber,
welches Leid ihnen ihre Trägheit verursacht. Ich habe ein
halbes Dutzend Beispiele aus den Foren *Procrastinators
Anonymous* und *Procrastination Support* zusammenge-
stellt:

Ich bin in vieler Hinsicht ein erfolgreicher Mensch und
habe in meinem Leben viel erreicht. Doch der Weg
dorthin ist schrecklich: Ich schiebe auf, ich fühle mich
schuldig, ich stürze in Depressionen, ich arbeite wie
verrückt, ich gelobe Besserung und fange dann wieder
mit dem Aufschieben an. Im Beruf habe ich inzwischen
so viel aufgeschoben, dass sich die Arbeit bis unter
die Decke türmt und ich nicht weiß, wie ich wieder aus
diesem Loch herauskommen soll, das ich mir selbst geschaufelt habe.

Vor zwei Wochen hat das neue Schuljahr angefangen, und zuerst war alles prima. Ich habe meine Hausaufgaben rechtzeitig gemacht und hatte eine Menge Freizeit. Inzwischen bin ich wieder im alten Trott. Ich befürchte das Schlimmste, und in zwei Monaten gibt es Zwischenzeugnisse. Ich bin nicht so schlecht, wie meine Zeugnisse sagen, aber ich schaffe es einfach nicht, meine Arbeit zu organisieren.

Wenn ich anderen erzähle, dass ich ein furchtbarer Aufschieber bin, dann lachen sie und sagen, sie seien das auch. Aber bei ihnen scheint alles in Ordnung zu sein, es sieht nicht so aus, als würden sie wegen ihrer Aufschieberei am Rande des Abgrunds stehen, so wie ich. Kann mir irgendjemand weiterhelfen?

Ich will einfach nur das tun, was ich tun soll, und zwar wann ich es tun soll. Ohne Krampf, wie normale Menschen auch. Es tut mir weh, dass ich das einfach nicht schaffe.

Ich schäme mich so, dass ich zu so was greifen muss. Was bin ich nur für ein Mensch, dass ich mich so wenig im Griff habe? Ich habe jahrelang gekämpft und gekämpft und gekämpft. Ich habe das Gefühl, ich kann einfach nicht gewinnen.

Ich habe lange so getan, als wäre diese Angewohnheit lustig, aber das ist sie nicht. Sie ist sogar ziemlich tragisch. Ich brauche Monate, um E-Mails zu beantworten. Ich zahle einen immensen persönlichen, gesellschaftlichen und finanziellen Preis. Das Einzige, was ich je zu Ende bringe, ist der Nachtisch.

Schuldgefühle und schlechte Leistungen sind leider nur die eine Seite der Medaille. Aufschieber verlangen nach sofortiger Befriedigung. Wie das reiche, verwöhnte Mädchen Veruca Salt aus *Charlie und die Schokoladenfabrik* wollen sie es *jetzt*, egal wie. Sofortige Befriedigung geht jedoch oft auf Kosten einer größeren Belohnung in der Zukunft. Deshalb ist Aufschieben so, als würden Sie Ihr emotionales Konto überziehen. Sie müssen Ihre Schulden zwar nicht sofort zurückzahlen, aber am Ende bekommen Sie die Rechnung mit Zinsen präsentiert. Wir vergeuden unsere Zeit mit kleinen Freuden wie Fernsehen und Computerspielen, Internetsurfen und Sudoku-Rätseln, und am Ende stehen wir mit leeren Händen da. Die Reue ist vorprogrammiert.

Auf kurze Sicht bereuen wir das, was wir tun, aber auf lange Sicht bereuen wir das, was wir liegen lassen. Nichtstun verursacht größeres Leid. Die Reue darüber, etwas nicht getan, nicht versucht oder aufgeschoben zu haben, ist so verbreitet, dass sie vermutlich zum Menschsein gehört, weshalb jeder von uns mehr oder weniger darunter leidet. Vermutlich trifft Ihre Reue mindestens einen der drei Lebensbereiche Beruf, persönliche Entwicklung und Beziehungen.[31] Rückblickend stellen wir häufig fest, dass es sich vielleicht doch gelohnt hätte, uns um diesen Abschluss zu bemühen; uns im Unterricht mehr anzustrengen; den Mut aufzubringen, eine Zurückweisung zu riskieren und jemandem unsere Gefühle zu erklären; oder unsere Mutter anzurufen. Wir werden von den Gespenstern der Leben verfolgt, die wir hätten führen können. Was nicht alles hätte sein können: Ach, hätte ich nur – aber ich habe nicht.[32]

Ich bin leider keine Ausnahme. Mein Bruder Toby litt unter Sarkoidose. Als meine Familie beschloss, die lebenserhaltenden Maßnahmen einzustellen, und auf seinen letzten Atemzug wartete, war ich am Boden zerstört, denn mir war bewusst, wie leichtfertig ich mit meiner Zeit umgegangen war. Ich machte mir Vorwürfe für jedes seiner Theaterstücke, das ich nicht gesehen hatte. Ich bereute es, ihn nicht früher im Krankenhaus besucht zu haben. Ich bereute selbst Kleinigkeiten wie die Tatsache, dass ich mir nie die Zeit genommen hatte, einen schlechten Film im Fernsehen mit ihm zu sehen und dazu eine Tüte Kartoffelchips zu futtern. Er war der klügste und witzigste Mensch, den ich je kennengelernt habe, aber ich hielt das einfach alles für selbstverständlich. Wie das Leben so spielt, las ich kurz nach der Beisetzung meines Bruders in einer Zeitung ein Gedicht von Mary Jean Iron. Ich schnitt es aus, um mich an meine Achtlosigkeit zu erinnern. Bis heute liegt es in meiner Schreibtischschublade und wartet auf diesen Moment:

Normaler Tag, mach mir bewusst, welcher Schatz du bist.
Lass mich von dir lernen, dich lieben und dich segnen, ehe du gehst.
Lass mich nicht an dir vorübergehen auf der Suche nach dem perfekten Morgen.
Lass mich dich festhalten, solange ich kann, denn das ist vielleicht nicht immer so.
Eines Tages werde ich die Nägel in den Boden krallen oder mein Gesicht im Kissen vergraben,
Mich strecken oder die Hände zum Himmel recken
Und mir nichts sehnlicher wünschen als deine Rückkehr.

Legen Sie dieses Buch weg, und fangen Sie an. Warten Sie nicht: Rufen Sie Ihre Mutter an; schreiben Sie den Essay, den Sie im Kopf haben; laden Sie diesen besonderen Menschen ein, den Sie schon so lange im Auge haben. Jetzt ist der Moment, auf den Sie gewartet haben.

Wie's weitergeht

Sie haben das Buch wirklich weggelegt? Das hatte ich auch nicht erwartet. Aber machen Sie sich keine Sorgen. Ich weiß, wie schwer das ist. Die konkreten Hinweise finden Sie ab Kapitel 7. Zuvor wollen wir uns aber noch einmal mit dem Preis der Saumseligkeit beschäftigen. Im nächsten Kapitel sehen wir uns den gesellschaftlichen und wirtschaftlichen Preis des Aufschiebens an. Die Summe übertrifft vermutlich Ihre schlimmsten Vermutungen.

Kapitel 6

Die Kosten
des Aufschiebens
Was wir als Gesellschaft verlieren

Geldgier und unmittelbare Interessen
beherrschen das menschliche Verhalten in
sehr viel stärkerem Maße als allgemeine
und ferne Erwägungen wie Strategie, Nutzen
oder Gerechtigkeit.
Alexander Hamilton

In Sachen Aufschieberitis können wir von den Vereinigten Staaten mehr lernen als von jeder anderen Nation. Das liegt daran, dass etwa zwei Drittel aller Untersuchungen zu diesem Thema mit amerikanischen Bürgern durchgeführt wurden. Das ist kein Wunder, wenn man bedenkt, wie teuer die Aufschieberei das Land zu stehen kommt. Die Kosten lassen sich ganz einfach berechnen. Die erste Frage lautet: Wie viele Arbeitnehmer gibt es in einem Land? In den Vereinigten Staaten sind es mehr als 130 Millionen, aber um uns die Berechnung zu erleichtern, runden wir diese Zahl auf 130 Millionen ab. Die zweite Frage lautet: Wie viel verdienen diese Arbeitnehmer im Jahr? Manche Experten sprechen von einem Durchschnittsverdienst von 50 000 Dollar, aber wir halten uns an die konservativste Schätzung von 40 000 Dollar pro Jahr. Und die letzte Frage lautet: Wie lange arbeiten diese Arbeitnehmer im Jahr? Nach Angaben der OECD sind es 1703 Stunden oder etwas mehr als

212 Achtstundentage pro Jahr.[1] Bleibt nur noch die Frage, wie viele Stunden pro Tag diese Arbeitnehmer Dinge aufschieben. Die beiden Unternehmen AOL und Salary.com haben sich zusammengetan, um mehr als zehntausend Menschen nach ihren Gewohnheiten am Arbeitsplatz zu befragen. Dabei stellte sich heraus, dass Arbeitnehmer im Durchschnitt mehr als zwei Stunden mit Nichtstun zubringen, die Mittagspause nicht eingerechnet. Runden wir das für unsere Berechnung wieder auf glatte zwei Stunden ab.[2]

Wenn wir jetzt die volkswirtschaftlichen Verluste durch das Aufschieben ermitteln, dann denken Sie daran, dass wir konservative Schätzungen und *ab*gerundete Zahlen verwenden. Wir gehen davon aus, dass 130 Millionen Menschen an jedem ihrer 212 Arbeitstage zwei Stunden lang nichts tun, macht 414 Stunden pro Jahr. Jede Arbeitsstunde ist mindestens 23,49 Dollar wert (also 40 000 Dollar dividiert durch 1703 Stunden), obwohl die Arbeitgeber natürlich deutlich mehr pro Arbeitsstunde verdienen, denn sie wollen schließlich einen Gewinn erzielen. Nach dieser Rechnung kostet die Trödelei ein Unternehmen 9724 Dollar pro Arbeitnehmer und Jahr (23,49 Dollar mal 414 Stunden).[3] Wenn man diese Summe nun mit der Gesamtzahl der Arbeitnehmer in den Vereinigten Staaten multipliziert, kommt man auf 1 264 120 000 000 Dollar. Das heißt, die amerikanische Volkswirtschaft verliert pro Jahr etwas mehr als eine Billiarde Dollar durch das Arbeitsvermeidungsverhalten der Arbeitnehmer. Und das sind konservative Zahlen. So riesig Ihnen diese Summe erscheinen mag, einen Wirtschaftswissenschaftler überrascht sie nicht. Nobelpreisträger Gary Becker meint: »In einer modernen Volkswirtschaft ist das Humankapital [also die Arbeitsleistung der Arbeitnehmer] das wichtigste Kapital bei der Schaffung von Wohlstand und Wachstum.«[4] Wenn die Arbeitnehmer ein Viertel ihres Arbeitstages verplempern, ist die Aufschieberitis eine teure Angelegenheit.

Wenn Sie dieser Zahl nicht trauen, dann kann ich das verstehen. Sie können gern jeden Faktor auf einen Wert korrigieren, der Ihnen realistischer erscheint. Halbieren Sie die Zahl der vergeudeten Stunden, und setzen Sie meinetwegen alle Arbeitnehmer auf den Mindestlohn – aber egal auf welche Summe Sie kommen, multipliziert mit 130 Millionen bleibt unterm Strich immer ein ziemlich deftiger Betrag. Ich für meinen Teil bin überzeugt, dass uns das Aufschieben sogar noch sehr viel mehr kostet als eine Billiarde Dollar. Es geht nämlich nicht nur um die verlorenen Arbeitsstunden.[5] Auch unsere Fähigkeit, Geld zu sparen oder rechtzeitig die richtigen politischen Entscheidungen zu treffen, wird durch unsere Saumseligkeit beeinträchtigt, und auch hier dürften die Verluste bei gut einer Billiarde Dollar liegen. Aber sehen wir uns das genauer an.

Mehr Zeit ist weniger Geld

Je mehr wir am Arbeitsplatz bummeln, umso teurer kommt uns das zu stehen. Aber nicht nur Berufseinsteiger leiden unter der Aufschieberitis, sondern auch Manager und Vorstände. Ein gutes Beispiel ist die Young Presidents Organisation, ein Club für Manager unter 45, die Unternehmen mit einem Umsatz von mehr als zehn Millionen Dollar führen. In einer Umfrage unter 950 Mitgliedern war

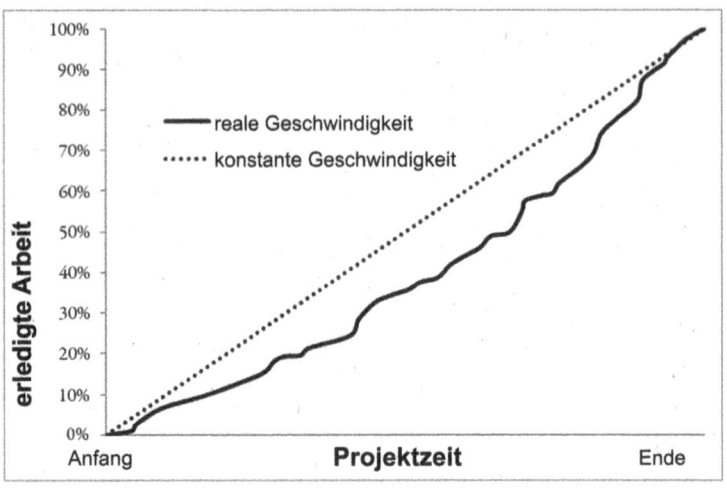

das meistgenannte Problem die Unfähigkeit, »Aufgaben anzupacken, die aus verschiedenen Gründen als unangenehm empfunden werden«.[6] Und meine eigenen Untersuchungen haben ergeben: Auch Teams, Arbeitsgruppen und Einsatzkommandos schieben auf.[7] Die obere Grafik zeigt das durchschnittliche Arbeitstempo von Teams im Verlauf eines Projekts (durchgezogene Linie) und daneben ein (theoretischer) stetiger Verlauf (gestrichelte Linie). Die Grafik hat große Ähnlichkeit mit der Grafik zum Aufschieberverhalten bei Studierenden aus Kapitel 2. Studierende und Teams haben denselben Arbeitsrhythmus, sie fangen langsam an und legen gegen Ende zu.

Wie kam es, dass sich die Aufschieberitis in jedem Winkel der Unternehmenswelt festsetzen konnte? Einer der wichtigsten Gründe ist eine Einrichtung, die auch Studierende am Lernen hindert: das Internet. Surfen im Internet ist eine derjenigen Aktivitäten, mit der Arbeitnehmer die meiste Zeit verschwenden.[8] Etwa jeder Vierte gibt zu, am Arbeitsplatz Online-Spiele zu spielen. In der Tat geht der Verkehr auf Spielseiten um Punkt siebzehn Uhr, wenn die meisten Büroangestellten ihre Rechner abschalten, stark zurück.[9] Auch Internet-Videos haben ein gewaltiges Ablenkungspotenzial. Der Zugriff auf Video-Seiten schnellt zwar zur Mittagspause in die Höhe, doch sie erhalten den ganzen Tag über zahlreiche Besucher und könnten demnächst rund die Hälfte des Internetverkehrs ausmachen.[10] Miguel Monteverde, Chef von AOL Video, meint: »Wenn ich mir die Zugriffsraten ansehe, dann mache ich mir Sorgen um die Produktivität unseres Landes.«[11] Auch Pornoseiten sind eine beliebte Ablenkung: Rund 70 Prozent aller Besucher greifen während der Arbeitszeit zu.[12] Und nicht zu vergessen die sozialen Netzwerke. Das Unternehmen Talkswitch ist ein schönes Beispiel: Die Unternehmensleitung wusste, dass etwas nicht stimmte, als sie feststellte, dass alle 65 Mitarbeiter Facebook benutzten – gleichzeitig.[13]

Um diesen Tsunami der Arbeitsvermeidung einzudämmen, versuchen viele Unternehmen, die Internetnutzung einzuschränken, doch das ist leichter gesagt als getan. Arbeitnehmer stellen ihre Computerbildschirme so auf, dass sie von der Tür ihres Büros aus nicht einsehbar sind; das gibt ihnen Zeit, eine andere Anwendung zu öffnen, wenn jemand hereinkommt. Inzwischen gibt es eine Vielzahl von Programmen, mit denen sich das unerwünschte Surfen tarnen lässt, zum Beispiel einen Internetbrowser, der aussieht wie ein Textverarbeitungsprogramm. Die Website »Can't You See I'm Busy« bietet Spiele an, die geschickt in Grafiken und Tabellen versteckt sind. Zwei Drittel aller Unternehmen reagieren darauf, indem sie ihre Server mit einer Firewall schützen und den Internetzugang ihrer Mitarbeiter einschränken. Bei WebSense, einem Hersteller von Internetfiltern, wird die Internetnutzung der Mitarbeiter beobachtet; sie werden automatisch aus dem Netz geworfen, wenn sie mehr als zwei Stunden privat surfen. Andere Unternehmen haben ein generelles Verbot für Spiele, Pornos, Videos und soziale Netzwerke erlassen.[14]

Die Aufschieberitis lässt sich mit dem Internetverbot allerdings nur zum Teil in den Griff bekommen. Sie hat viele Gesichter und findet viele Ventile. Bei den meisten Versionen des Betriebssystems Windows wird das Kartenspiel Solitär mitgeliefert, weshalb es das beliebteste Computerspiel aller Zeiten wurde. Sogar der frühere Präsident George W. Bush war ein begeisterter Solitärspieler.[15] Auch Handys und BlackBerrys werden mit Spielen geliefert und bieten außerdem Zugang zum Internet. Sie können es natürlich mit den Managern der alten Schule halten und einen großen Bogen um den Computer machen. Viele Menschen fangen ihren Tag noch immer mit der Zeitung an. Wenn ich meine Schwester besuche, streiten wir uns regelmäßig um die Seite mit dem Sudoku. Bill Clinton löst jeden Tag das Kreuzworträtsel in der *New York Times*.

Aber die Spiele tragen nicht die Alleinschuld für unsere Aufschieberei. Der amerikanische Humorist Robert Benchley meinte einmal: »Jeder Mensch kann jede beliebige Menge Arbeit tun, vorausgesetzt, es ist nicht die, die er gerade tun soll.« Wir schieben wichtige Aufgaben auf und beschäftigen uns mit unwichtigen. Wir schreiben zum Beispiel E-Mails, was heute gut 40 Prozent unserer Arbeitszeit ausmacht.[16] Sobald ein »Ping« ertönt, lassen wir alles stehen und liegen, um die neueste elektronische

Nachricht zu lesen. Nur ein Bruchteil der E-Mail-Flut ist wirklich wichtig, der Rest ist Müll. Dabei ist Spam in Form von unerwünschten und automatischen Massenmails nicht einmal das schlimmste Problem. Eine viel größere Bedrohung ist der Müll, den uns die lieben Freunde und Kollegen schicken, die uns in ihren Rundmails über jede Veranstaltung, jeden neuen Virus, jeden Großstadtmythos, jedes Trivialhäppchen und jede noch so winzige Veränderung der Unternehmenspolitik informieren. Da jede dieser Mails wichtige Informationen enthalten könnte, wollen sie natürlich gelesen werden. Dazu kommen die Nebeneffekte der E-Mail. Microsoft fand heraus, dass die Mitarbeiter des Unternehmens nach der Unterbrechung durch eine E-Mail eine geschlagene Viertelstunde benötigen, um sich wieder voll auf ihre eigentlichen Aufgaben zu konzentrieren.[17] Wenn man weiß, dass Arbeitnehmer der Informationsbranche mehr als fünfzigmal am Tag ihre E-Mails checken und daneben noch durchschnittlich 77 Chat-Nachrichten schreiben, dann fragt man sich, wann denn überhaupt noch gearbeitet wird.[18] Die Unternehmensberater von Basex bemessen die Unterbrechungen und Erholungszeiten etwas realistischer auf etwas mehr als ein Viertel des Arbeitstages (also etwa zwei Stunden).[19] Dazu passen Untersuchungen zum Multitasking, die belegen, dass der Wechsel der Aufmerksamkeit von einer Aufgabe auf die andere die Leistung erheblich beeinträchtigt.[20] Auch wenn das Schreiben von E-Mails den Arbeitnehmern das Gefühl vermittelt, sie würden arbeiten, lassen sie dafür vermutlich gerade etwas Wichtigeres liegen.

Mit unserer Trägheit fügen wir uns nicht nur deshalb finanziellen Schaden zu, weil wir unsere produktive Zeit verplempern. Wir nutzen auch die Früchte unserer Produktivität nicht optimal. Unser Wohlstand hängt nicht nur davon ab, was wir einnehmen, sondern auch davon, was wir auf die Seite legen. Sparen ist ein bewährter Weg zum Reichtum, denn jeder Euro auf Ihrem Sparkonto erwirtschaftet Zinsen und Zinseszinsen. Und da die Bank Ihre Spargroschen investiert, helfen Sie obendrein der Wirtschaft und kurbeln das Wachstum an. Sparen kann große Früchte tragen. Das beweisen zum Beispiel die Einwohner von Singapur, die dank ihrer Sparsamkeit inzwischen zu den wohlhabendsten Menschen der Welt gehören.[21] Doch wenn eine Gesellschaft sich der Aufschieberitis hingibt, wird Sparen die Ausnahme und Leihen die Regel. Dieser Trend führt leicht in den wirtschaftlichen Ruin. Das beste Beispiel ist Ihre Altersvorsorge.

Abgesehen von Ihrem Plan, im Lotto zu gewinnen, steht Ihre Altersvorsorge auf drei Beinen. Das erste ist die staatliche Rentenversicherung, doch aufgrund der veränderten Bevölkerungsstruktur wird diese selbst das Wenige, das sie verspricht, kaum halten können. Im Jahr 2040 werden die Rentner der Vereinigten Staaten nur noch zwei Drittel dessen bekommen, was man ihnen heute verspricht, und aufgrund der jüngsten Finanzkrise wird dieser Anteil vermutlich noch schrumpfen.[22] Das zweite Standbein sind die Unternehmen und ihre betriebliche Altersversorgung. Diese beruht oft auf freiwilliger Basis, und Sie können selbst entscheiden, wie viel oder wie wenig Sie einzahlen möchten; der Arbeitgeber gibt oft denselben Betrag dazu. Das dritte Standbein sind schließlich Sie selbst beziehungsweise eine private Zusatzrente, die Sie abschließen können. Das ist vielleicht noch die verlässlichste Option – vorausgesetzt natürlich, Sie können sich auf sich selbst verlassen.*

Doch als Gesellschaft von Aufschiebern haben wir inzwischen alle drei Standbeine angesägt.[23] Die wenigsten haben eine private Zusatzrente abgeschlossen oder zahlen in betriebliche Rentenkassen ein, obwohl sie dafür Geld von ihrem Arbeitgeber geschenkt bekommen würden. Die meisten Rentner stehen auf einem einzigen, wackeligen Standbein, nämlich der staatlichen Rentenversicherung. In den Vereinigten Staaten ist die Situation besonders prekär. Die Sparquote ist in den letzten Jahren immer weiter zurückgegangen und im Jahr 2005 schließlich in den negativen Bereich gerutscht. Das heißt, wir legen nicht mehr das Geld von heute für morgen auf die Seite, sondern wir geben das Geld von morgen schon heute aus. Wir nehmen nicht nur Hypotheken auf unsere Häuser auf, sondern hinterlegen auch noch unsere privaten Zusatzrenten als Sicherheit.[24] Schlimmer noch, einige dieser Kredite waren sogenannte Lügenkredite, die zunächst bezahlbar erscheinen, aber schließlich in den finanziellen Ruin führen. Flexible Hypothekenzinsen verleiten Hausbesitzer, weit über ihre Mittel zu leben, und Kontoüberziehungen bieten den Verzweifelten kurzzeitig Erleichterung, nur um sie langfristig vor noch größere Probleme zu stellen. Am Ende zahlen die Kreditnehmer ein Vielfaches der Kreditsumme zurück.[25] Diese und ähnliche Finanzprodukte sprechen vor

---

* Anmerkung des Übersetzers: Das System der Altersvorsorge ist in Deutschland im Detail anders geregelt als in den Vereinigten Staaten, doch das Prinzip bleibt dasselbe.

allem Aufschieber an, doch der kurzfristige Nutzen kommt sie langfristig extrem teuer zu stehen.

Experten sind sich einig, dass diese Situation alles andere als ideal ist. Wir sollten zumindest ein bisschen fürs Alter auf die hohe Kante legen; über 40-Jährige sollten etwa 10 bis 20 Prozent ihres Einkommens sparen.[26] Schon vor der Finanzkrise des Jahres 2008, die allein die zu erwartende Rente um ein Fünftel sinken ließ, waren immer mehr Amerikaner der Ansicht, dass sie nicht genug fürs Alter auf die Seite legten.[27] Und damit hatten sie Recht. Wenn sie ins Rentenalter kommen, werden acht von zehn Amerikanern feststellen, dass sie nicht genug gespart haben, doch dann ist es zu spät, um noch etwas zu tun.[28]

Wer die Altersvorsorge aufschiebt, läuft Gefahr, die vermeintlich goldenen Jahre in finsterer Armut zu erleben. Viele werden auf ihre Kinder angewiesen sein, vorausgesetzt, sie haben welche und diese wollen sich auch um sie kümmern. Um Altersarmut vorzubeugen, greifen Regierungen in aller Welt immer häufiger zu psychologischen Tricks. Steuererleichterungen für private Zusatzrentenversicherungen sind ein guter Anfang, aber noch besser ist es, wenn diese Steuererleichterungen mit einer eindeutigen Deadline verbunden sind, denn nur das wirkt bei Aufschiebern. Am sinnvollsten ist es, wenn die Beitragszahlungen jährlich erfolgen müssen, denn auf diese Weise wird die Geldanlage in eine Abfolge von Etappenzielen heruntergebrochen.[29] Da das oft immer noch nicht ausreicht, wenden viele Staaten eine andere Methode an: automatische Mitgliedschaft in betrieblichen Rentenversicherungen.[30] Ähnlich wie Buchclubs, von denen man sich abmelden muss, können Unternehmen ihre Angestellten automatisch in die betriebseigene Rentenkasse aufnehmen. Die Mitarbeiter können sich zwar abmelden oder eine andere Anlageform wählen, aber klassische Aufschieber lassen sich mit dieser Entscheidung Zeit. Die Folge ist ein gewaltiger Mitgliederzuwachs.[31] Einen anderen Trick ließen sich die beiden Verhaltensökonomen Richard Thaler und Shlomo Benartzi einfallen und sogar patentieren.[32] Dabei nutzten sie die Tatsache, dass sich Aufschieber kaum Gedanken über die Zukunft machen: Die Arbeitnehmer können sich *heute* entscheiden, *später* zu sparen.* Das heißt, sie müssen dieses Jahr festlegen, was sie nächstes Jahr beiseitelegen, und wie im Falle der automatischen Mitgliedschaft werden Aufschieber kaum die Formulare ausfüllen, die nötig sind, um ihre Entscheidung zu revidieren.

Aufschieberitis als Politikerkrankheit

Auch Regierungen haben die schlechte Angewohnheit, mehr Geld auszugeben, als sie einnehmen. In aller Welt erreicht die Staatsverschuldung heute Rekordhöhen, in vielen Ländern beträgt sie schon mehr als Hälfte des Bruttoinlandsprodukts. Die Vereinigten Staaten werden demnächst die 100-Prozent-Marke knacken, das heißt, sie schulden alles, was sie in einem Jahr erwirtschaften. Das sind erstaunliche 16 Billiarden Dollar. Wie konnte es so weit kommen? Unter anderem, weil sich Regierungen ge-

---

* Die Sparsumme hängt nicht vom momentanen Lohn ab, sondern stammt aus den angenommenen künftigen Lohnerhöhungen. Dieser Trick basiert auf der sogenannten »Lohnillusion«. In der Regel ist die Lohnerhöhung nicht mehr als ein Inflationsausgleich und macht uns nicht reicher. Trotzdem fühlt es sich so an, als hätten wir mehr Geld in der Tasche, und dieses Mehr fließt in die Rentenkasse.

nauso lange Zeit lassen, ihre guten Absichten in die Tat umzusetzen, wie alle Aufschieber: Sie geloben, sparen zu wollen, aber wenn es so weit ist, überlegen sie es sich anders. Die Vereinigten Staaten haben wiederholt versucht, die Neuverschuldung per Gesetz zu deckeln und so ihre Ausgaben einzuschränken.[33] Das ist ungefähr so, als würde ein Alkoholiker seine Schnapsvorräte wegschließen und den Schlüssel stecken lassen. Politiker heben die Beschränkung einfach mit einem neuen Gesetz wieder auf und verabschieden einen Nachtragshaushalt.

Regierungen sind dauernd damit beschäftigt, aktuelle Brände zu löschen, und über das Dringende vergessen sie das Wichtige. Das ist keine neue Erkenntnis. Schon die Gründerväter der Vereinigten Staaten kannten das. Ich habe diesem Kapitel ein Zitat von Alexander Hamilton vorangestellt, einem der Verfassungsväter der Vereinigten Staaten, der auf dem Zehn-Dollar-Schein abgebildet ist. James Madison, einer der Mitautoren der »Bill of Rights«, stieß in dasselbe Horn, als er schrieb: »Weile am Anfang und Eile am Ende – das ist typisch für Staatsorgane.« Und schon George Washington warnte vor der galoppierenden Staatsverschuldung: »Die Mängel in unserem System der staatlichen Kreditaufnahme werden durch Aufschieben nicht besser. Daher sollten wir für die Kreditaufnahme eine unverrückbare Obergrenze festschreiben und die staatsgefährdende Anhäufung von Schulden verhindern.«

Die Gründerväter der Vereinigten Staaten hatten Recht: Sehen Sie sich nur folgende Grafik an, die erstaunliche Ähnlichkeit mit dem Verhalten der bummelnden Studierenden und Arbeitsgruppen hat. Die Grafik zeigt, wie viel Zeit der amerikanische Kongress in den Jahren 1947 bis 2000 im Durchschnitt für die Verabschiedung

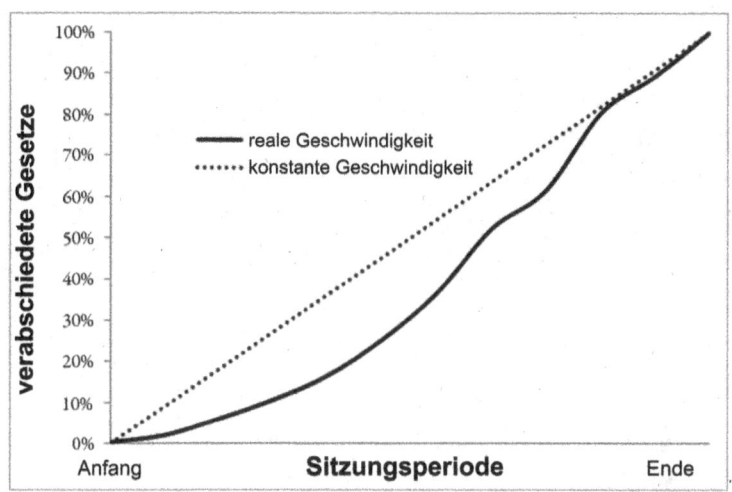

seiner Gesetze benötigte.[34] Sitzungsperiode für Sitzungsperiode wurde die Mehrzahl der Gesetze auf den letzten
Drücker durchgepeitscht.

Einige Gesetze werden zwar durch gezielte Verzö-
gerungstaktiken hinausgeschoben, aber der eigentliche
Grund für dieses Muster ist die Saumseligkeit unserer Politiker. Anhand der bisherigen Grafiken lässt sich auch ermitteln, welche der untersuchten Gruppen am säumigsten ist.
Vergleichen Sie nur die Differenz zwischen dem stetigen
und dem realen Arbeitstempo (den gestrichelten und den
durchgezogenen Linien). Wenn es ums Aufschieben geht,
schlägt der Kongress sogar die Studierenden um Längen.

Diese Verschleppung führt nicht nur dazu, dass niemand den Abbau der Staatsverschuldung anpacken will.
Alle langfristigen Ziele werden aufgeschoben oder einfach
liegen gelassen, egal wie dringend sie sind. Schon der amerikanische Unabhängigkeitskrieg wurde durch die Aufschieberitis entschieden. In einer entscheidenden Schlacht

musste General George Washington den Delaware überqueren, um eine Garnison hessischer Soldaten anzugreifen, die im Dienste der britischen Kolonialherren standen. Colonel Rahl, der Befehlshaber der Garnison, hatte eine Nachricht erhalten, die ihn vor dem Angriff warnte, doch er ließ den Brief ungeöffnet liegen, um eine Runde Karten zu spielen. Er sollte die Runde nicht mehr zu Ende bringen.[35] Auch der britische Premierminister Winston Churchill und der amerikanische Präsident Dwight Eisenhower, die ihren Nationen in Kriegszeiten vorstanden, hatten mit der Aufschieberei ihrer Parlamente zu kämpfen, die Vorbereitungen für den Krieg mit Deutschland beziehungsweise den Kalten Krieg mit Russland vor sich herschoben.[36]

Das mit Abstand drängendste Problem unserer Generation ist die fortschreitende Ausbeutung und Zerstörung der Umwelt. Wir befinden uns mitten in zahlreichen schleichenden Umweltkatastrophen, die voraussichtlich sämtlich um das Jahr 2050 ihren Höhepunkt erreichen werden. Das klingt so, als wäre es noch weit weg, doch Umweltthemen sind wie Supertanker: Sie sind schwer aufzuhalten und müssen Jahrzehnte im Voraus angegangen werden; wenn sie erst einmal Kurs aufgenommen haben, sind sie nicht mehr zu bremsen. Doch die Regierungen in aller Welt schieben das Thema vor sich her, bis es zu spät ist.[37] Eines der Probleme ist die Erosion des Bodens unter unseren Füßen.[38] Schon heute sind rund 40 Prozent der landwirtschaftlichen Nutzflächen geschädigt oder unfruchtbar, und keiner weiß, wie die Situation im Jahr 2050 aussieht, wenn mit der verbleibenden Fläche neun Milliarden Menschen ernährt werden müssen. Aber selbst wenn dieses Problem gelöst wird, ist fraglich, ob im Jahr 2050 überhaupt noch genug Wasser zur Verfügung steht, um die erforderliche Menge an Nahrungsmitteln anbauen zu können; Wissenschaftler gehen heute davon aus, dass zur Jahrhundertmitte drei Viertel aller Länder mit Wassermangel zu kämpfen haben werden.[39] Auf dem Meer sieht es kaum anders aus.[40] Etwa 40 Prozent der Meere sind verschmutzt und überfischt, in aller Welt verschwinden mehr und mehr Arten. Wirklich schlimm wird es aber erst um das Jahr 2050, wenn nach wissenschaftlichen Schätzungen die letzten Fischreserven abgefischt sein werden.

Diese bevorstehenden Umweltkatastrophen machen die Diskussion um die Klimakatastrophe beinahe überflüssig. Die Aussichten sind finster. Selbst ein Zukunftsoptimist wie Freeman Dyson, der an der Erderwärmung zweifelt, kommt zu dem Schluss: »Wir leben auf einem Planeten, der zunehmend kleiner und verwundbarer wird und der sich dank unserer mangelnden Voraussicht rasch in einen Slum verwandelt.« Wenn die Klimaprognosen stimmen, steigt die weltweite Durchschnittstemperatur bis zum Jahr 2050 um rund 1,5 Grad Celsius.[41] Ganz egal wo Sie leben, dieser Temperaturanstieg wird Ihnen keine Vorteile bringen. Ganze Ökosysteme wie der Regenwald im Amazonasgebiet könnten zusammenbrechen, ein Drittel aller Tier- und Pflanzenarten unseres Planeten werden verschwinden, und Milliarden Menschen werden auf der Flucht vor dem Hunger darum kämpfen, nicht als Erste auf der Strecke zu bleiben. Da Sie oder Ihre Kinder das Jahr 2050 vermutlich noch erleben werden, könnten Sie sich vielleicht in einer stillen Minute einmal ausmalen, wie dieses Morgen für Sie aussehen könnte.

Regierungen wissen schon lange um die bevorstehenden Probleme. Im Jahr 1992 unterschrieben 1700 führende

Naturwissenschaftler aus aller Welt, darunter die meisten lebenden Nobelpreisträger, eine »Warnung an die Menschheit«, in der es heißt: »Wenn wir menschliches Leid verhindern und unsere Heimat auf diesem Planeten nicht unwiederbringlich zerstören wollen, müssen wir unsere Verantwortung für die Erde und das Leben auf ihr auf eine neue Art und Weise wahrnehmen.« Im Grunde wissen wir schon sehr viel länger, was wir dagegen unternehmen können. Leider schieben wir die Umsetzung dieser Erkenntnisse immer weiter vor uns her.[42] Die Umweltprobleme hätten sich vermeiden lassen, wenn wir vorausschauend gehandelt hätten. Dass wir das unterlassen haben, liegt nicht daran, dass es uns an Information oder Technologie gefehlt hätte. Was uns fehlt, ist die Motivation.

Andererseits können wir dankbar sein, dass unsere Regierungen nicht noch säumiger sind. Da die Gründerväter der Vereinigten Staaten das Problem erkannten, versuchten sie, die Konsequenzen zu mildern. Weil sie wussten, wie leicht das Machbare über das Wünschenswerte siegt, richteten sie ein Parlament mit zwei Kammern ein, um die Versuchung so weit wie möglich zu verringern. Seither müssen die Gesetze beide Häuser passieren. George Washington erklärte Thomas Jefferson, warum das Parlament aus einem Senat und einem Abgeordnetenhaus bestehen sollte:

»Warum gießt man Kaffee in eine Untertasse?«, fragte Washington.
»Um ihn abzukühlen«, erwiderte Jefferson.
»Eben«, sagte Washington. »Und wir gießen unsere Gesetzgebung in die Untertasse des Senats, um sie abzukühlen.«[43]

Abgesehen davon, dass es nicht die feine Art ist, Kaffee aus der Untertasse zu schlürfen, handelt es sich um eine solide Strategie, die in vielen Ländern übernommen wurde.[44] Wenn Entscheidungen impulsiv gefällt werden können, ist die Motivation gering, sie gründlich zu auszuarbeiten. Mit der zweiten Kammer als Bremse wird der Faktor Zeit ausgeschaltet. Da ein Gesetz länger auf dem Weg ist, spielen bei der Entscheidung andere Faktoren eine Rolle als die unmittelbare Verfügbarkeit.

Wie's weitergeht

Noch wird unsere Impulsivität vor allem von denen gewürdigt, die sie für ihre Zwecke ausnutzen wollen. Doch das ändert sich. Die Verhaltensökonomik, die unsere Unvernunft mit einkalkuliert, gewinnt immer mehr Einfluss auf die Politik. Beispielsweise hat das Marktforschungsinstitut Gallup unlängst ein internationales Forum für Verhaltensökonomik abgehalten. Veranstaltungen wie diese machen Manager und Politiker jeder Couleur auf das Thema aufmerksam: David Cameron, der Chef der britischen Konservativen, interessiert sich genauso für Verhaltensökonomik wie der amerikanische Präsident Barack Obama.[45] In seiner Antrittsrede mahnte Obama beispielsweise, wir müssten »Probleme anpacken und sie nicht an künftige Präsidenten und Generationen weiterreichen«. Einiges hat er bereits umgesetzt, aber es muss noch sehr viel geschehen.

Als Individuen und als Gesellschaft zahlen wir einen hohen Preis für unsere Trägheit, heute genauso wie in der Vergangenheit. Doch wir können die Jahrtausende des

Säumens heute beenden. Wenn Sie weiterlesen, ist das schon ein guter Anfang, denn in den folgenden Kapiteln stelle ich Ihnen Methoden vor, die Sie konkret für sich umsetzen und mit denen Sie die Aufschieberitis in den Griff bekommen können. Egal wie und warum Sie aufschieben – weil es Ihnen an Selbstbewusstsein mangelt, weil Sie Ihre Arbeit nicht mögen oder weil Sie impulsiv handeln –, jetzt können Sie erprobte Maßnahmen ergreifen. Vielleicht wünschten Sie sich, dass Ihnen jemand diese Ratschläge früher gegeben hätte, aber wie wir alle wissen, ist Vorarbeiten sowieso nicht unser Ding. Vielleicht sind wir ja jetzt bereit.

Kapitel 7

Mit Optimismus ans Werk

Wie Sie das richtige Maß an Selbstbewusstsein finden

$$\text{Motivation} = \frac{\text{Erwartung} \times \text{Wert}}{\text{Impulsivität} \times \text{Verzögerung}}$$

Mit einer positiven Einstellung können Sie zwar nicht alle Probleme lösen, aber Sie können so viele Leute damit ärgern, dass es sich allemal lohnt.
Herm Albright

Die schlimmste Zeit, die ich je durchgemacht habe, war vermutlich die der Jobsuche während einer wirtschaftlichen Flaute. Die Arbeitssuche kann eine erniedrigende Erfahrung und eine schwere persönliche Prüfung sein. Wenn Sie eine Absage nach der anderen in Ihrem Briefkasten finden und ein Monat der Arbeitslosigkeit auf den anderen folgt, werden Ihre Selbstzweifel immer größer. Und wenn sich die unbezahlten Rechnungen häufen, steigt der Druck, Ihre Ansprüche herunterzuschrauben und eine Arbeit anzunehmen, die Sie eigentlich für unter Ihrer Würde halten. Aber wenn Sie sich schließlich aufraffen und sich um diesen Job bewerben, dann kann es Ihnen passieren, dass Sie selbst den nicht bekommen. An diesem Punkt zeigt sich, wie wichtig der Glaube sein kann – ob an sich selbst oder an die göttliche Vorsehung.

Obwohl alles gegen Sie zu sprechen scheint, müssen Sie daran glauben, dass das nächste Vorstellungsgespräch, die nächste Stellenanzeige oder der nächste Tag den Erfolg bringen wird. Dieses Selbstvertrauen unterscheidet den erfolgreichen Menschen vom Aufschieber, denn ohne diese Zuversicht lassen Sie sich von den Verlockungen der Couch und des Fernsehens überwältigen, und Ihre Zukunftsträume verwandeln sich in wehmütige Erinnerungen an das, was hätte sein können.[1] Viele Aufschieber zweifeln daran, dass sie Erfolg haben werden, und stellen daher ihre Bemühungen ein. Wenn das passiert, ist das Scheitern vorprogrammiert.

Glaube versetzt deshalb Berge, weil er unsere Erwartungen positiv beeinflusst. Diese wiederum sind einer der Eckpfeiler der Motivation in unserer Aufschiebeformel. Je weniger Sie an Ihren eigenen Erfolg glauben, desto schwächer wird Ihre Motivation und desto schwerer fällt es Ihnen, sich auf eine Aufgabe zu konzentrieren. Oft werden Ihre Selbstzweifel geweckt, wenn Sie mit einer neuen und schwierigen Aufgabe konfrontiert sind. Aber die Zweifel können durchaus auch chronisch sein: Sie gehen grundsätzlich davon aus, dass Sie scheitern. Diese Selbstwahrnehmung kann sich in eine Prophezeiung verwandeln, die sich selbst erfüllt: Wir scheitern, weil wir es von vornherein nicht anders erwarten und deshalb gar nicht erst alles geben. Da Glaube Fakten schaffen kann, benötigen wir eine gehörige Portion Optimismus, um uns zum Erfolg zu motivieren.

Zu viel Optimismus ist allerdings auch nicht gut.[2] Erinnern Sie sich an Äsops Fabel vom Wettlauf zwischen dem Hasen und der Schildkröte? Der schnelle Hase war sich seines Sieges so sicher, dass er auf halber Strecke ein Nickerchen einlegte. Die Schildköte, die langsam, aber unaufhaltsam vorankroch, überholte den schlummernden Konkurrenten und gewann das Rennen. In diesem Sinne schreiben die Psychologen und Optimismusexperten Michael Scheier und Charles Carver: »Es ist durchaus möglich, auf unproduktive Weise optimistisch zu sein. Ungebremster Optimismus kann uns beispielsweise dazu verführen, die Hände in den Schoß zu legen und darauf zu warten, dass das Glück vom Himmel fällt. Damit schmälern wir unsere Erfolgsaussichten natürlich ganz erheblich.«[3]

Wir sind besonders häufig überoptimistisch, wenn wir schätzen sollen, wie viel Zeit bestimmte Aufgaben in Anspruch nehmen werden. In diesem Zusammenhang spricht man auch von einer Planungsfalle. Die meisten Menschen haben Probleme vorherzusehen, wie viel Zeit sie selbst für alltägliche Erledigungen benötigen.[4] Wenn Sie schätzen sollen, wie lange Sie brauchen, um Weihnachtsgeschenke zu kaufen, einen Anruf zu tätigen oder einen Aufsatz zu schreiben, dann gibt es eine einfache Daumenregel: »Es dauert länger, als Sie meinen.« Während ich letzte Hand an dieses Kapitel lege, ist der Abgabetermin meines Verlegers schon sehr viel näher, als mir lieb ist. Wir können kaum anders: So funktioniert unser Gedächtnis. Wenn wir schätzen sollen, wie lange uns eine anstehende Aufgabe beschäftigen wird, erinnern wir uns an ähnliche Fälle in der Vergangenheit. Aber im Rückblick erscheint uns die Zeit kürzer, und wir vergessen gern, mit welchen Schwierigkeiten wir zu kämpfen hatten. Dadurch werden die negativen Auswirkungen des Aufschiebens nur noch schlimmer. Wenn Sie fünf vor zwölf anfangen, haben Sie in Wirklichkeit viel weniger als fünf Minuten.

Wir müssen also den richtigen Punkt zwischen Pessimismus und irrationalem Überschwang finden. Jeffrey Vancouver, Motivationsforscher und Psychologe an der University of Ohio, hat den goldenen Mittelweg entdeckt. Er meint, in Sachen Motivation seien wir Geizhälse, die sich so wenig wie möglich anstrengen wollen; deshalb überprüfen wir ständig, mit welcher Wahrscheinlichkeit wir scheitern, um bei Bedarf ein Scheit nachzulegen.* Sehen Sie sich die Grafik auf der nächsten Seite an.[5] Die senkrechte Achse entspricht unserer Motivation und die waagrechte unserem Optimismus (also unserer Wahrnehmung, wie schwer oder wie leicht eine Aufgabe zu lösen ist). Natürlich wollen wir den größtmöglichen Erfolg mit dem geringstmöglichen Einsatz erzielen. Wir beginnen auf der linken Seite der Grafik mit Aufgaben, die unmöglich zu bewältigen sind. Warum sollten wir unsere Energie auf Dinge verschwenden, die wir ohnehin nicht erreichen? Von links nach rechts werden die Aufgaben immer leichter, und unser Optimismus wird größer. Irgendwann erreichen wir eine kritische Schwelle. Die Motivation explodiert regelrecht, und wir glauben, dass wir Erfolg haben können, auch wenn es uns große Anstrengungen kostet. Aber mit zunehmendem Optimismus wird unsere Motivation ganz allmählich wieder schwächer. Ganz rechts kommen schließlich die Aufgaben, die wir unserer Ansicht nach spielend erledigen. Wir sind nicht motiviert, diese Aufgaben überhaupt anzupacken, weil wir überzeugt sind, dass wir sie

* Sportler kämpfen ständig mit diesem Problem. Viele Mannschaften meinen, der letzte Erfolg sei schon ein Garant für den nächsten. Bill Russell, der fünfmal zum besten Spieler der amerikanischen Basketballliga gewählt wurde, sagte: »Es ist schwerer, einen Titel zu verteidigen, als ihn zu gewinnen. Man glaubt allzu leicht, dass man mit der letzten Meisterschaft auch schon die nächste gewonnen hat.«

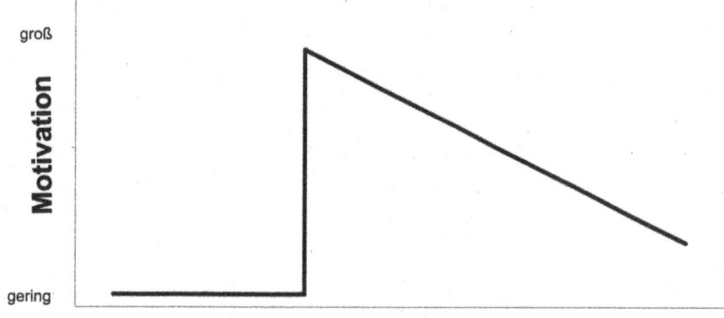

mit links bewältigen. Die meisten Aufschieber befinden sich auf der linken Seite der Grafik, weil sie ihre Fähigkeiten unterschätzen. Doch es gibt auch einige auf der rechten Seite, die sich für besser halten, als sie wirklich sind.[6]

Da die meisten Aufschieber weniger Selbstbewusstsein mitbringen als die Nichtaufschieber, wollen wir uns zunächst ansehen, was wir tun können, um unseren Optimismus zu stärken. Dieser spielt eine ganz entscheidende Rolle, weil er unsere Erwartung prägt. Dann wenden wir uns den Aufschiebern mit dem überdimensionierten Selbstbewusstsein zu und sehen uns an, wie sie vorsichtig ein wenig die Luft aus ihren übersteigerten Erwartungen lassen können.

Realistischer Optimismus

Ein gesunder Optimismus hilft uns, bei schwierigen Aufgaben nicht gleich das Handtuch hinzuwerfen. Nächstes Mal klappt's bestimmt!, könnten Sie optimistisch denken. Dieser Glaube bringt Sie weiter als die Vorstellung, dass Sie zwei Dutzend Anläufe brauchen, auch wenn diese Einschätzung vielleicht realistischer wäre. Aber woher soll man diese positive Einstellung nehmen? Sprüche wie »Denk positiv!« sind so beliebt wie wirkungslos. Sie funktionieren für Leute, die sowieso schon ein sonniges Gemüt mitbringen, für die anderen können sie eher entmutigend wirken.[7] Aber das ist kein Grund zu verzweifeln. Nach mehr als einem halben Jahrhundert der wissenschaftlichen Arbeit haben Motivationsforscher drei wirkungsvolle Methoden gefunden, um unseren Optimismus zu steigern: Erfolgsspiralen, die Erfolge anderer und Wunscherfüllung.

ERFOLGSSPIRALEN

Egal ob Sie ein Fan von Fußball, Tischtennis oder irgendeiner anderen Sportart sind – Ihre Lieblingssportler sind vermutlich ein gutes Beispiel dafür, wie das Prinzip der Erfolgsspiralen funktioniert. Seit ich Mitte der neunziger Jahre mit Taekwondo angefangen habe, bin ich ein begeisterter Fan von Kampfsportarten. Obwohl ich mir bald eine Knieverletzung zuzog und den Sport nicht mehr aktiv betreiben konnte, schaue ich mir bis heute die Wettkämpfe an. Ich war ein Fan von Royce Gracie und Matt Hughes, zwei scheinbar unschlagbaren Kämpfern, die den Sport eine Zeitlang mühelos dominierten und um Jiu Jitsu und Ringkampftechniken bereicherten. Jeder ihrer Kämpfe war jedoch immer auch eine Lektion für die Konkurrenten, die schließlich die Techniken der Champions kopierten und sie zu Fall brachten. Wer vor fünf Jahren einen Titel gewann, gehört heute vermutlich längst nicht mehr zu den Besten. Einer der wenigen Spitzenkämpfer, die sich gehalten haben, ist Georges St. Pierre. St. Pierre schreibt seinen Erfolg einer lange zurückliegenden Niederlage zu, als er von Matt Serra k.o. geschlagen wurde. »Diese

Niederlage war vielleicht das Beste, was mir passieren konnte«, meint St. Pierre. »Technisch bin ich heute besser als je zuvor.« In einer Neuauflage des Kampfs musste der Ringrichter den Kampf abbrechen, weil Serra den Angriffen von St. Pierre nichts entgegenzusetzen hatte.

George St. Pierre ist vor allem deshalb so zäh, weil er immer wieder erfolgreich Hindernisse überwunden hat, nicht zuletzt seine schwierige Kindheit in Montreal. Dank seiner Hartnäckigkeit verwandelte er eine Niederlage in einen Erfolg, und das wiederum gab ihm die Zuversicht, weiterzumachen und sich weiter zu verbessern.[8]

Das ist ein schönes Beispiel für eine Erfolgsspirale: Wir setzen uns ein anspruchsvolles, aber erreichbares Ziel nach dem anderen und steigern so unsere Motivation. Auf diese Weise geben wir einer Leistung einen Sinn, weil wir ablesen können, wie wir unsere Fähigkeiten immer weiterentwickeln. Jeder Erfolg, den wir uns hart erarbeitet haben, verleiht uns ein neues Selbstwertgefühl und weckt den Wunsch, noch mehr zu erreichen. Ähnlich muss es den polynesischen Entdeckern bei ihrer Besiedlung des Südpazifiks gegangen sein. Von ihrem Heimathafen aus sahen sie in der Ferne eine andere Insel – ein neues Ziel –, die sie erreichen konnten, wenn sie sich gut genug vorbereiteten. Also stachen sie in See und gingen schließlich auf der neuen Insel an Land, nur um von dort aus in der Ferne ein weiteres Eiland zu erkennen. Jeder Schritt nach vorn wird durch den vorhergehenden Schritt ermöglicht.[9]

Für chronisch mutlose Menschen, die nur Niederlagen erwarten, sind Erfolgsspiralen eine gute Methode. Der Trick besteht darin, sich zum ersten Schritt zu bewegen, denn der Alltag bietet nur selten Möglichkeiten zu einer strukturierten Abfolge von Erfolgen, die das Selbstbewusstsein stärken. Doch es gibt hervorragende Möglichkeiten, zum Beispiel Wildnis- oder Abenteuerkurse. Ähnlich wie die Kandidaten der Fernsehserie *Survivor* werden Managementtrainees oder jugendliche Straftäter auf Ausflüge in die Natur geschickt, wo sie unter Anleitung schwierigste Aufgaben bewältigen. »Outward Bound« ist der älteste und beliebteste Anbieter von Wildniskursen. In kleinen Gruppen unternehmen Teilnehmer anspruchsvolle Expeditionen zu Land oder zu Wasser, darunter Wildwasserfahrten, Segeln, Klettern, Reiten, Höhlenexpeditionen oder Orientierungsmärsche. Sie müssen Probleme lösen, Verantwortung übernehmen und Entscheidungen treffen. In zahlreichen Untersuchungen wurde nachgewiesen, dass diese Wildniskurse die Selbstwahrnehmung verbessern und vor allem das Selbstbewusstsein steigern.[10]

Diese Programme sind unter anderem deshalb so wirkungsvoll, weil sie den Teilnehmern ein greifbares Erfolgserlebnis bieten, das sie nach Hause mitnehmen können: Einen Fluss zu überqueren, einen Felsen zu erklimmen oder auf eine unvorhergesehene Situation zu reagieren ist eine konkrete, mit Händen fassbare Erfahrung. Diese persönlichen Triumphe haben oft auf Jahre hinaus positive Auswirkungen auf die Einstellung der Teilnehmer. »Ich habe es geschafft!« wird zu: »Ich kann es schaffen!« In Nachtreffen berichteten Teilnehmer, ihr Selbstbewusstsein werde nach wie vor größer: Nachdem sie in der freien Natur Aufgaben bewältigt haben, die sie zuvor für vollkommen unmöglich gehalten hatten, setzten sie sich auch zu Hause ehrgeizigere Ziele. Und genau das ist das Wesen der Erfolgsspirale: Ein Erfolg stärkt das Selbstbewusstsein, und dies wiederum motiviert für neue Erfolge.

Eltern können diese Erfolgsspiralen schon in ihren Kindern anstoßen. Organisierte außerschulische Aktivitäten setzen einen positiven Kreislauf des Selbstbewusstseins in Gang und bieten einen geschützten Ort, an dem die Kinder Erfolge erleben können. Dies wirkt sich oft positiv auf die schulischen Leistungen und die Selbstwahrnehmung der Kinder aus und verringert die Wahrscheinlichkeit des Drogenkonsums, der Kriminalität und des Schulabbruchs.[11] Vor allem Pfadfinder haben ein vorbildliches System, um den Kindern konkrete Herausforderungen zu bieten, die das Selbstbewusstsein fördern.[12] Mit dem Motto »Learning by Doing« stellen die Pfadfinder den Kindern immer schwierigere Aufgaben, die sie mit Abzeichen belohnen.[13] Feuer machen, ein Zelt aufbauen, campen in der freien Natur, ein Essen für die Gruppe zubereiten – all das sind Leistungen, von denen Kinder ihren Eltern berichten können und an die sie sich vor allem selbst gern erinnern. Kleine Erfolge wie diese setzen sich nach und nach zu einer ganzen Erfolgsgeschichte zusammen, die den Kindern hilft, immer neue Herausforderungen anzugehen.*

An dieser Stelle kann ich auch eine Geschichte aus meinem Bekanntenkreis einfließen lassen. Einer meiner besten Freunde hat einen ausgesprochen ängstlichen Sohn mit einem schwach ausgeprägten Selbstvertrauen: Da er von vornherein davon ausgeht, dass er sowieso keinen Erfolg haben wird, verliert er schnell die Motivation und gibt auf. Also brachten ihn seine Eltern in eine strenge Taek-

---

* Ein weiteres Beispiel ist die Jugendorganisation International Farm Youth Exchange. Mit dem ähnlichen Motto »Learn by Doing« fördern sie die persönliche Entwicklung der Jugendlichen. Seit ihren Anfängen in der Landwirtschaft hat sich die Organisation erheblich weiterentwickelt und unterstützt Jugendliche in den verschiedensten Spezialgebieten, vor allem in den Naturwissenschaften. Fragen Sie ehemalige Teilnehmer nach ihren Erfahrungen; die meisten werden Ihnen bestätigen, wie positiv sie sich auf ihr Selbstbewusstsein ausgewirkt haben.

wondo-Schule. Der Junge benötigte einige Anläufe, um den gelben Gürtel zu bekommen, aber schließlich schaffte er es. Das war eine entscheidende Erfahrung, die ihn sehr veränderte. Und zwar nicht nur, weil er ein besserer Taekwondo-Kämpfer wurde. Immer, wenn er versucht war, in anderen Bereichen, vor allem in der Schule, das Handtuch zu werfen, erinnerten ihn seine Eltern daran, wie hartnäckig er sein musste, um den gelben Gürtel zu bekommen, und wie gut er sich gefühlt hatte, als er ihn sich schließlich umbinden konnte. Nachdem er in der Vergangenheit Hindernisse überwinden konnte, bemüht er sich heute mehr, neue Schwierigkeiten zu meistern.

Es kann natürlich sein, dass Sie keine Möglichkeit haben, an einem Wildniskurs teilzunehmen, oder dass Sie sich nicht für Kampfsportarten interessieren – und für die Pfadfinder sind Sie vermutlich ein bisschen zu alt. Aber machen Sie sich keine Sorgen, Sie haben genug Möglichkeiten, eine Erfolgsspirale in Gang zu setzen. Das Geheimnis besteht darin, klein anzufangen; Ihre schrittweisen Lernerfolge anzuerkennen; umfangreiche und einschüchternde Aufgaben in kleine, machbare Häppchen herunterzubrechen; und bewusst einige frühe Erfolgserlebnisse einzuplanen. Wenn es Ihnen zu schwierig erscheint, einen ganzen Bericht auf einmal zu schreiben, dann suchen Sie sich eine kleine Teilaufgabe, die Sie bewältigen können. Könnten Sie die Überschriften formulieren? Ein paar passende Zitate zusammenstellen? Oder einen ähnlichen Bericht lesen, der Sie inspiriert oder Ihnen beim Erstellen der Gliederung weiterhilft? Wenn Sie keinen Kilometer joggen können, dann joggen Sie hundert Meter. Hören Sie auf, wenn Sie die hundert Meter gelaufen sind, und joggen Sie beim nächsten Mal zweihundert. Notieren Sie Ihre Fortschritte und beobachten Sie, wie schnell Sie bei einem Kilometer angekommen sind. Sie müssen niemandem von Ihren kleinen Erfolgen erzählen: Behalten Sie dieses kleine Geheimnis für sich und lassen Sie sich davon anspornen. Der Trick besteht darin, Ihre schrittweisen Verbesserungen anzuerkennen und Ihre Leistung zum Beispiel in einer Art Logbuch festzuhalten.

Denken Sie daran, es gibt immer eine Möglichkeit, Fortschritte zu machen, und seien sie noch so klein. Und je besser Sie diese kleinen Etappen auf Ihr Ziel hin registrieren, umso größer ist die Wahrscheinlichkeit, dass Ihr Selbstvertrauen weiter wächst.[14] Erfolg schafft Erfolg.

Um Ihnen zu helfen, die Vorschläge in diesem Buch in die Tat umzusetzen, finden Sie in diesem und den beiden folgenden Kapiteln Abschnitte mit konkreten Vorschlägen, wie Sie das Gelesene einfach und ohne Aufschub in die Praxis umsetzen können.

Bringen Sie die Erfolgsspirale in Gang!

Nehmen Sie sich einen Lebensbereich vor, der Ihnen wichtig ist, und bemühen Sie sich, Ihre derzeitigen Fähigkeiten auszubauen. Mit zunehmendem Selbstbewusstsein können Sie sich aus Ihrer Komfortzone herauswagen und in anderen Bereichen aktiv werden. Was halten Sie beispielsweise von folgenden Vorschlägen (die Sie gern ergänzen können):

◊ Übernehmen Sie freiwillig mehr Verantwortung, ob im Job oder in der Gemeinschaft. Wenn harte körperliche Arbeit gefordert ist wie beispielsweise beim Bau von Unterkünften für Obdachlose, umso besser. Ihr Muskelkater wird Sie an Ihren Einsatz und Ihren Erfolg erinnern.

◊ Reisen Sie an einen Ort, den Sie schon immer kennenlernen wollten, obwohl Sie nie dachten, dass Sie diesen Traum verwirklichen würden. Geben Sie sich ein paar Extrapunkte, wenn Sie die Landessprache nicht beherrschen.

◊ Nehmen Sie an einem Abenteuerkurs teil, zum Beispiel Wildwasserfahrten, Bergsteigen, Bungeejumping oder Fallschirmspringen.

◊ Lernen Sie etwas Neues. Melden Sie sich zu einem Koch-, Kickboxen-, Foto- oder Musikkurs an. Beobachten Sie während des Kurses Ihre kleinen Fortschritte, und verbuchen Sie diese als Erfolge.

◊ Fordern Sie sich selbst heraus und entwickeln Ihre Fähigkeiten in einem Hobby weiter. Wenn Sie joggen, trainieren Sie für ein Rennen; treten Sie einem Verein bei, oder spielen Sie schwierigere Solos auf Ihrem Instrument.

◊ Brechen Sie schwierige Aufgaben in immer kleinere Schritte herunter. Notieren Sie Ihre Fortschritte, und freuen Sie sich über Ihre Erfolge.

Die Erfolge anderer

Als ich ein Kind war, gab es in den Zoos noch keine Freilaufgehege, sondern richtige Käfige, in denen die Tiere wie Sträflinge gehalten wurden. Einmal hat mein Vater mir die Elefanten gezeigt. Im Käfig standen eine Mutter und ihr Junges, beide waren mit dem Hinterbein an den Boden gefesselt. Das Junge war mit einer schweren Kette angebunden und die Mutter mit einem dünnen Strick. »Warum ist das so?«, fragte ich meinen Vater. »Sollte nicht der große Elefant die schwere Kette haben?« – »Nein«, antwortete er. »Der kleine Elefant braucht die schwere Kette, weil er sich noch befreien will. Irgendwann akzeptiert er, dass er die Kette nicht zerreißen kann. Dann hört er auf, genau wie die Mutter. Wenn der kleine Elefant glaubt, dass er nicht freikommt, ist der dünne Strick so wirkungsvoll wie der stärkste Käfig.«

Ich habe die Anekdote in der ersten Person erzählt, aber im Grunde ist es eine Motivationsgeschichte, die ich zahllose Male in unterschiedlichen Variationen gehört habe. Sie will uns sagen, dass wir über unbekannte Kräfte verfügen, aber dass wir irgendwann gebrochen und gezähmt wurden und nicht erkennen, wie einfach wir unser Potenzial wiedererlangen können, wenn wir es nur versuchen. Wenn ich diese Geschichte höre, verspüre ich nach wie vor den Wunsch, meine eigenen metaphorischen Ketten zu sprengen. Es gibt eine Menge ähnlicher Motivationsgeschichten, angefangen von der St.-Crispins-Rede, mit der der Titelheld Heinrich V. in Shakespeares Stück seine Soldaten motiviert, bis zu Winston Churchills Rede »We Shall Fight on the Beaches«. Aber am motivierendsten wirken Biografien von erfolgreichen Menschen, denen Sie sich irgendwie verwandt fühlen.

Auch die Unternehmerin Kaaydah Schatten ließ sich von einer solchen Geschichte motivieren. Obwohl sie in großer Armut und mit alkoholkranken Eltern aufwuchs, ist sie heute Multimillionärin und Eigentümerin einer internationalen Franchise-Kette. Als einen der Gründe für diesen Wandel nennt sie eine Inspiration aus ihrer Kindheit. Als Jugendliche las Schatten die Lebensgeschichte von Katharina der Großen, und da sie eine Gemeinsamkeit in der Herkunft erkannte – Kaaydah stammt aus der Häuptlingsfamilie des Stammes der Quakiutl –, nahm sie sich die russische Zarin zum Vorbild. Auch wenn kein blaues Blut in Ihren Adern fließt, finden Sie bestimmt eine passende Biografie, die Lebensgeschichte eines Menschen, die gewisse Ähnlichkeiten mit der Ihren hat und Ihnen helfen kann, Ihr Potenzial zu wecken.

Wenn Sie ein sehr schwaches Selbstbewusstsein haben, benötigen Sie vermutlich einen etwas stärkeren Anschub, um den ersten Schritt zu unternehmen. Pessimisten neigen dazu, sich sogar ihre Erfolge kleinzureden: »Das kann doch jeder«, »das war nur Glück« oder »das passiert bestimmt nicht noch einmal«, sagen sie sich.[15] Sie benötigen ein stärkeres Feedback, um zu erkennen, dass sie sich ihren Erfolg selbst erarbeitet haben und dass sich ihre Anstrengung lohnt. In der Regel bekommen wir diesen Ansporn von sozialen Unterstützern: Kollegen, Freunden oder Vorbildern. Von Jugend an sind Freunde ein wichtiger Faktor in unserer Entwicklung.[16] Die falschen Freunde können uns in unserer Entwicklung behindern. Die richtigen Freunde können uns dagegen mit ihren Erfolgen anspornen und uns das Gefühl vermitteln: »Wenn sie das können, dann kann ich das auch!« Einstellungen wirken ansteckend, weshalb es vernünftig ist, sich mit optimistischen Menschen zu umgeben. Unsere Freunde haben großen Einfluss auf das, was wir selbst für möglich halten und welche Ziele wir uns setzen. Aufgeben oder weiterkämpfen – beides ist ansteckend.[17]

Es gibt soziale Gruppen, die besonders gut geeignet sind, eine positive Einstellung zu schaffen. Beispielsweise engagieren sich in gemeinnützigen Vereinigungen wie den Rotary oder Lions Clubs weltweit Millionen von Mitgliedern für ihre Gemeinschaft. Die Auswahl ist groß. Meine Frau ist Mitglied einer Frauenvereinigung in Calgary, die regelmäßig Weiterbildungen für Frauen veranstaltet. Ich gehöre dem Vortragsring Toastmasters an, dessen Mitglieder öffentliche Vorträge halten. Sie können natürlich auch Ihren eigenen Club gründen.[18] Benjamin Franklin taufte seinen Freundeskreis den »Club der Lederschürzen«. Jeden Freitag trafen sie sich zu ein paar Bier in ihrer Stammkneipe und diskutierten, was sie für ihre Gemeinschaft tun könnten.

Profitieren Sie von den Erfolgen anderer!

Lassen Sie sich durch Motivationsgeschichten oder besser noch durch soziale Gruppen inspirieren. Es ist einfacher, an sich selbst zu glauben, wenn Sie sich mit Menschen umgeben, die an sich selbst glauben – oder an Sie. Was halten Sie zum Beispiel hiervon:

◊ Sehen Sie inspirierende Filme. Mir fallen zum Beispiel folgende ein: *Men of Honor, Mein linker Fuß, Apollo 13, Invictus – Unbezwungen* oder *Hotel Ruanda*.

◊ Lesen Sie inspirierende Biografien oder Autobiografien. Am besten ist es, wenn sie etwas mit Ihrer eigenen Geschichte zu tun haben. Gehen Sie in einen Buchladen, und bitten Sie die Buchhändlerin, Ihnen bei der Auswahl einer geeigneten Biografie zu helfen.

◊ Besuchen Sie inspirierende Veranstaltungen. Bekannte Persönlichkeiten aus Sport, Wirtschaft und öffentlichem Leben halten regelmäßig Vorträge, in denen sie ihre Erfahrungen beschreiben. Suchen Sie danach.

◊ Treten Sie einem gemeinnützigen Verein, einer sozialen Vereinigung oder einer Berufsorganisation bei. Wenn Sie sich mit Menschen umgeben, die sich und ihre Welt verbessern wollen, färbt der Optimismus ab.

◊ Gründen Sie Ihre eigene Unterstützergruppe. Das kann eine Laufgruppe, eine Lektüregruppe oder ein Stammtisch sein, solange es sich um Freunde handelt, die sich gegenseitig ermutigen.

WUNSCHERFÜLLUNG

Profisportler arbeiten oft mit Visualisierungen, um ihre Ziele zu erreichen. Vor dem Einschlafen stellen sie sich den perfekten Golfabschlag oder die perfekte Landung nach dem dreifachen Axel vor. Wenn wir uns einen Handlungsablauf im Detail vor Augen führen, aktivieren wir die Spiegelneuronen in unserem Gehirn fast so intensiv, als würden wir diese Handlung tatsächlich verrichten.[19] Die Visualisierung ist auch ein gutes Mittel im Kampf gegen das Aufschieben.

Gabriele Oettingen von der New York University ist Visualisierungsexpertin. Sie hat eine Methode entwickelt, die sie »mentalen Vergleich« nennt.[20] Stellen Sie sich zunächst vor, was Sie erreichen wollen. Wenn es sich um ein Auto handelt, dann malen Sie sich aus, wie Sie hinter dem Steuer sitzen und damit durch die Gegend fahren. Wenn Sie einen neuen Arbeitsplatz suchen, dann stellen Sie sich in Ihrem Traumjob vor. Haben Sie ein konkretes Bild vor Augen? Gut.

Jetzt kommt der entscheidende zweite Schritt. Vergleichen Sie das, was Sie sich wünschen, mit dem, was Sie momentan haben. Stellen Sie sich die verbeulte Rostlaube vor, die Sie jetzt fahren, oder Ihre langweilige Arbeit und Ihr lächerliches Gehalt. Auf diese Weise erkennen Sie Ihre gegenwärtige Situation als Hindernis auf dem Weg zur Erfüllung Ihrer Träume. Dieser mentale Vergleich macht Sie zwar nicht optimistischer, aber er hilft Ihnen, Ihren vorhandenen Optimismus zu nutzen, Energie und Motivation aufzubauen und die Planung einzuleiten. Menschen, die diese Methode praktizieren, machen sich fast postwendend an die Verwirklichung ihrer Träume, statt sie immer weiter vor sich herzuschieben.

Was passiert, wenn Sie den zweiten Schritt auslassen und es allein bei Ihren positiven Vorstellungen bewenden lassen? Genau das schlagen nämlich die Vertreter der »kreativen Visualisierung« vor. Ihrer Ansicht nach reicht es schon, wenn Sie sich Ihre Träume nur lebendig genug ausmalen, um sie Wirklichkeit werden zu lassen. Oettingen, die sich seit zwanzig Jahren mit dem Thema beschäftigt, ist dagegen der Ansicht, dass die Visualisierung für sich allein genommen sogar das Gegenteil bewirkt: Sie demotiviert.* Das Einzige, was Sie durch kreative Visualisierung gewinnen, ist eine reiche Phantasie. Aber wenn es darum geht, sich auf Prüfungen vorzubereiten, einen Arbeitsplatz zu finden, sich von einer Operation zu erholen, mit dem Rauchen aufzuhören, einen attraktiven Fremden kennenzulernen oder persönliche Beziehungen zu verbessern, schnitten nach Oettingens Erkenntnissen diejenigen am schlechtesten ab, die nur ihre positiven Phantasien bemühten. Dann ist es sogar besser, überhaupt nicht zu visualisieren.[21]

---

* Schon Sigmund Freud kam zu einem ähnlichen Schluss. Die Phantasie ist ein Prozess, in dem wir uns ein Bild vom Objekt unserer Begierde machen und allein darüber schon befriedigt werden. Es funktioniert ein bisschen wie Internetpornografie, bei der Pixel an die Stelle von Menschen treten.

Wenn Sie bereits die kreative Visualisierung praktizieren, müssen Sie nicht damit aufhören. Es reicht, wenn Sie einen weiteren Schritt hinzufügen. Behalten Sie Ihre positiven Affirmationen bei, aber machen Sie sich danach klar, wo Sie jetzt stehen. So funktioniert die Wunscherfüllung Schritt für Schritt:

◊ Suchen Sie sich einen ruhigen Ort, und machen Sie Ihren Kopf frei. Stellen Sie sich vor, welches Leben Sie leben wollen.

◊ Wählen Sie ein konkretes Detail dieser Zukunft aus, und konzentrieren Sie sich auf einen einzigen Ihrer Wünsche. Das könnte eine Beziehung, eine neue Arbeit, ein neues Zuhause oder ein gesunder Körper sein.

◊ Stellen Sie sich im Detail vor, was Ihnen an diesem Bild gefällt. Dazu können Sie ein Tagebuch verwenden, eine Bildercollage erstellen oder sich einfach nur in einer ruhigen Umgebung darauf konzentrieren.

◊ Vergleichen Sie dann diese Zukunft mit Ihrer momentanen Situation. Konzentrieren Sie sich auf den Unterschied. Visualisieren Sie diesen Unterschied mit derselben Lebendigkeit, mit der Sie sich Ihre ideale Zukunft vorgestellt haben.

◊ Wenn Sie nach diesem mentalen Vergleich weiterhin optimistisch sind, dass Sie Ihren Traum verwirklichen können, finden Sie mehr Motivation, Ihr Ziel umzusetzen. Die Aufschieberitis verschwindet, und Sie versuchen aktiv, die Lücke zwischen Ihrer Wirklichkeit und Ihrer idealen Zukunft zu schließen. Sie wissen, was zu tun ist, und Sie haben die Energie, es zu tun.

Zu viel Selbstbewusstsein ist genauso schädlich wie zu wenig. Anderthalb Monate vor dem Angriff auf den Irak behauptete der damalige amerikanische Verteidigungsminister Donald Rumsfeld, der Krieg werde »sechs Tage oder sechs Wochen, keinesfalls sechs Monate« dauern. Die amerikanischen und britischen Truppen würden als Befreier gefeiert werden. Die Kosten des Krieges? Bestenfalls fünfzig oder sechzig Milliarden Dollar – jedenfalls nicht annähernd die Billiarden, die er bisher verschlungen hat. Das war nur einer von vielen Fällen, in denen vor Selbstbewusstsein strotzende Politiker ein Land in einen langen und verlustreichen Krieg stürzten.[22]

In Unternehmen führt übertriebenes Selbstbewusstsein immer wieder zu ähnlichen Problemen. Firmenzusammenschlüsse ziehen sich länger hin und werden teurer als geplant.[23] Auch der Absturz der Concorde am 25. Juli 2000 wurde durch falsches Selbstbewusstsein mit verursacht, denn obwohl die Maschine nicht profitabel war, hielten Air France und British Airways an ihr fest.[24] Unternehmer sind oft wandelnde Beispiele für dieses Phänomen und unterstreichen die Erkenntnis von Jeffrey Vancouver, dass Optimismus ausgewogen sein muss.[25] Natürlich benötigt man eine gehörige Portion Selbstbewusstsein, um ein Unternehmen zu gründen, und Unternehmer bringen oft mehr davon mit als der Rest der Menschheit. Doch wie in Grafik auf Seite 161 gut zu erkennen ist, können allzu optimistische Unternehmer leicht auf die Nase fallen. Ist das Selbstbewusstsein nämlich übergroß und unbegründet, dann fördert dies nur die Trägheit. Deshalb nehmen Menschen mit einem überdimensionierten Ego schwerwiegende Probleme oft nicht ernst und reagieren erst, wenn es schon zu spät ist.[26]

Grenzenloser Optimismus wird gelegentlich nach dem naiven Lehrer Pangloss aus Voltaires Roman *Candide* als »Panglossianismus« bezeichnet. Eine Reihe von philosophischen Bewegungen fördert diese Einstellung sogar noch und verschärft damit das Problem des übertriebenen Selbstbewusstseins. Spontan fallen mir dazu Phineas Quimby mit seiner Neugeist-Bewegung des 19. Jahrhunderts oder Norman Vincent Peale und sein Bestseller *Die Kraft des positiven Denkens* ein.[27] Das jüngste Beispiel des Panglossianismus ist das Buch *The Secret – Das Geheimnis* von Rhonda Byrne, einer australischen Fernsehmanagerin. Byrne behauptet, Gedanken hätten eine magnetische Anziehungskraft: Denk positiv, und das Positive kommt zu dir. Diese Philosophie hat inzwischen Millionen von Anhängern, aber ich bin keiner davon.[28] Das Gesetz der Anziehung trennt Denken und Handeln und lässt den Glauben frei im Raum schweben. Das Motto ist nicht mehr »Ich kann es schaffen«, sondern »Es wird passieren«. Das ist ein gewaltiger Unterschied.*

Damit wir nicht zu optimistisch werden, hilft eine kleine Dosis Pessimismus. Wenn wir nach der besten Umsetzung unserer Ziele suchen, dürfen wir das Realitätsprinzip nicht vergessen, wie Freud es nennen würde,

---

* Das Phänomen ist nicht ganz neu. In seinem Buch *Der Weg zum Reichtum* schrieb Benjamin Franklin, wie wichtig harte Arbeit ist. Rund 150 Jahre später veröffentlichte Wallace Wattles sein Buch *The Science of Getting Rich*, das die Vorlage für *The Secret* abgab. Wenn man das magische Denken tatsächlich ernst nehmen wollte, dann müsste es allerdings genau andersherum wirken, wie Byrne behauptet. Magneten ziehen in der Regel ihr Gegenteil an, Positiv zieht Negativ an. Wenn man das zu Ende denkt, bedeutet das, dass sich ein positives Ereignis mit umso geringerer Wahrscheinlichkeit einstellt, je mehr wir es herbeidenken oder -reden wollen.

und müssen die Wirklichkeit anerkennen, so wie sie ist. Ein gesunder Realismus ist ein Zeichen dafür, dass wir aus unserer kindischen Impulsivität herausgewachsen sind und anerkennen, dass unsere Träume ihren Preis haben. Dazu müssen wir zum Beispiel in der Lage sein, uns vorzustellen, dass die Dinge auch schiefgehen können, und uns Strategien zu überlegen, um mögliche Fallstricke zu vermeiden. Nach diesem Prinzip handelte auch Neil Armstrong während seiner Mondspaziergänge: »Wir haben alles getan, um nicht zu selbstbewusst zu sein, denn wenn man zu selbstbewusst wird, dann passiert meistens irgendwas.«

Der Abgleich mit der Realität gehört zu jedem Krisenmanagement. Das kennen wir schon aus Redewendungen wie »Vorsicht ist besser als Nachsicht«.[29] Es gibt zwei Möglichkeiten, das Realitätsprinzip auf das Aufschieben anzuwenden: »Rechnen Sie mit dem Schlimmsten und hoffen Sie auf das Beste« und »Erkennen Sie an, dass Sie Ihrem Problem gegenüber machtlos sind«.

RECHNEN SIE MIT DEM SCHLIMMSTEN, UND HOFFEN SIE AUF DAS BESTE

Nur wenige verwirklichen umwälzende Veränderungen des Lebens auf Anhieb, die meisten Menschen benötigen mehrere Anläufe. Das beste Beispiel sind unsere Neujahrsvorsätze: Oft brauchen wir mehr als fünf Anläufe, ehe wir sie länger als ein halbes Jahr durchhalten.[30] Ich selbst habe mehrfach versucht, mit dem Rauchen aufzuhören, ehe ich es schließlich geschafft habe. Bei ernsteren Alkohol- oder Drogenproblemen ist das noch deutlich ausgeprägter. Egal was Sie ändern wollen, denken Sie daran, dass es sich um einen Prozess mit schmerzhaften Wiederholungen handelt. Wenn Sie sich dem reinen Wunschdenken hingeben, dann verstärken Sie damit nur Ihren Hang zum Aufschieben.

Die Psychologen Janet Polivy und Peter Herman beschrieben diesen dysfunktionalen Überoptimismus als »Syndrom der falschen Hoffnung«. Wer den Umfang, die Geschwindigkeit und die Realisierbarkeit größerer Veränderungen allzu optimistisch einschätzt, der scheitert eher. Wer unrealistische Erwartungen hegt, für den sind kleine Fortschritte bedeutungslos. Sie haben *nur* fünf Kilo abgenommen. Sie haben auf einer Party ein paar Zigaretten geraucht. Sie waren eine Woche lang nicht im Fitnessstudio. Wer das schon als Scheitern sieht, der ist demotiviert, gibt auf und fühlt sich hinterher schlechter als vorher. Diese Desillusionierung ist ein verbreitetes Phänomen, was auch daran liegt, dass die Selbsthilfebranche unrealistische Erwartungen weckt und das Blaue vom Himmel verspricht. Wenn Sie zu der großen Mehrheit der Menschen gehören, die sich nicht so schnell verändert wie versprochen, dann bekommen Sie leicht das Gefühl, dass die Schuld bei Ihnen liegt und nicht der Methode.

Das beste Erfolgsrezept ist eine gesunde Mischung aus Optimismus und Realismus: Es wird ein harter Kampf, und Sie werden Rückschläge erleben, aber Sie können immer wieder in die richtige Spur zurückkommen.[31] Während ich mit dem Rauchen aufgehört habe, habe ich auf zwei Faktoren geachtet: wie viele Zigaretten ich während eines Ausrutschers geraucht habe und wie viel Zeit zwischen diesen Ausrutschern verging. Solange die erste Zahl kleiner wurde und die zweite größer, wusste ich, dass ich auf dem richtigen Weg war.

Sie sollten also nicht von sich erwarten, dass Sie Ihre Aufschieberitis ein für alle Mal und vollständig in den Griff bekommen; gehen Sie lieber davon aus, dass Sie sie verringern können. Verlangen Sie nicht von sich, nie wieder aufzuschieben – nehmen Sie sich lieber vor, immer mehr Projekte ein kleines bisschen früher anzupacken. Mit kleinen Schritten können Sie sehr weit kommen. Einige meiner Studenten fangen zwei Tage vor einer Prüfung mit dem Lernen an, aber wenn sie auch nur einen einzigen Tag früher anfangen würden, könnten sie schon 50 Prozent mehr pauken. Louis L'Amour rät daher: »Fortschritte werden nicht in Kilometern, sondern in Zentimetern gemessen. Arbeiten Sie sich jetzt ein Stückchen vor, halten Sie sich da, und arbeiten Sie sich später wieder ein Stückchen vor.«

So rechnen Sie mit dem Schlimmsten und hoffen auf das Beste!

Erwarten Sie kein perfektes Ergebnis, sondern gehen Sie immer davon aus, dass Sie auf Schwierigkeiten stoßen und Rückschläge erleiden. Wenn es dann tatsächlich so weit ist, werden Sie nicht so leicht aus der Bahn geworfen. Und so können Sie eine gesunde Portion Pessimismus entwickeln:

◊ Machen Sie sich klar, was auf dem Weg zu Ihrem Ziel alles schiefgehen kann. Bewerten Sie vergangene Erfahrungen ehrlich, und suchen Sie Rat bei anderen, die ähnliche Schwierigkeiten gemeistert haben. Lesen Sie zum Beispiel Online-Foren zum Thema Aufschieben.

◊ Erstellen Sie eine Liste, wann, wo und wie Sie aufschieben, und hängen Sie diese sichtbar an Ihrem Arbeitsplatz auf.

◊ Vermeiden Sie Situationen, die Sie als riskant erkannt haben. Wenn Ihr Problem beispielsweise SMS sind, dann schalten Sie Ihr Handy oder BlackBerry ab, ehe Sie ins Büro kommen.

◊ Legen Sie sich vorab einen Notfallplan zurecht. Wenn Sie rückfällig werden und beispielsweise nicht ins Fitnessstudio gehen, welche Reißleine können Sie dann ziehen? Haben Sie einen Freund, der Sie motivieren kann? Können Sie einen Coach engagieren, der Sie wieder auf Kurs bringt?

◊ Wenn Sie feststellen, dass Sie nicht mehr motiviert sind, greifen Sie auf Ihren Notfallplan zurück. Konzentrieren Sie sich darauf, die Intensität und Dauer Ihrer Motivationsflaute zu verringern.

AKZEPTIEREN SIE, DASS SIE IHREM PROBLEM GEGENÜBER MACHTLOS SIND

Wenn Ihre Aufschieberitis wirklich ernst wird, dann helfen Ihnen kleine Schritte vermutlich nicht mehr. Dann brauchen Sie eine durchschlagende Technik. Dazu können Sie sich von den Anonymen Alkoholikern und ihrem Programm der Zwölf Schritte inspirieren lassen. Der erste Schritt dieses Programms lautet: »Wir erkennen an, dass wir unserem eigenen Problem gegenüber machtlos sind.« Man könnte meinen, dass dieses Eingeständnis nicht gerade dabei hilft, ein Leben ohne Alkohol zu führen. So hoffnungslos pessimistisch, wie es klingt, scheint es die Wahrscheinlichkeit eher noch zu vergrößern, dass jemand nach einem einzigen Tropfen Alkohol jede Selbstbeherrschung verliert und wieder zur Flasche greift.[32] Paradoxerweise hilft es jedoch, die eigene Machtlosigkeit anzuerkennen, um den Alkohol beziehungsweise das Aufschieben zu besiegen.

Eine gesunde Portion Pessimismus kann uns in der Tat helfen, uns besser zu beherrschen. Wie das gehen kann? Wenn wir anerkennen, dass wir in einem einzigen Moment der Willensschwäche jegliche Kontrolle über uns selbst verlieren, dann wirkt dies sehr viel motivierender, als wenn wir annehmen, dass wir kleine Ausrutscher im Griff haben.[33] Vollständige Abstinenz ist ein besseres Gegenmittel als die Rationalisierung und Entschuldigung jedes kleinen Ausrutschers. Da ein Bier, ein Schokoriegel, eine Zigarette an sich keine Konsequenzen haben, können wir uns selbst betrügen und uns einreden, dass sie keinerlei Bedeutung haben. Wenn wir uns dem Glauben hingeben, dass ein Tag Aufschub schon nicht so schlimm ist, dann kommt das Morgen, an dem wir endlich mit der Arbeit anfangen, nie.[34] Maury Silver und John Sabini, die sich in den siebziger Jahren mit dem Aufschieben beschäftigt haben, beschrieben das Problem aus Sicht eines typischen aufschiebenden Studierenden:[35]

Nehmen wir an, Sie sollen sich entscheiden, was Sie in den nächsten fünf Minuten machen: Sie haben die Wahl, entweder an Ihrem Aufsatz zu arbeiten oder eine Runde Flipper zu spielen. Der Aufsatz kann noch ein Spiel lang warten – die langfristigen Kosten sind zu vernachlässigen. Auf kurze Sicht verschaffen Ihnen fünf Minuten Flippern einen sehr viel größeren Lustgewinn als fünf Minuten Arbeit an Ihrem Aufsatz, und überhaupt, wie viel können Sie schon in fünf Minuten schreiben? Also spielen Sie eine Runde Flipper. Das

Spiel ist um, und nun müssen Sie entscheiden, was Sie in den nächsten fünf Minuten machen. Die Situation ist im Grunde dieselbe wie eben, also kommen Sie zu demselben Schluss. Sobald Sie angefangen haben, die Möglichkeit des Flipperns ernst zu nehmen, und Ihren Abend in Fünf-Minuten-Intervalle eingeteilt haben, sind Sie dazu verdammt, so lange zu spielen, bis Ihnen das Geld ausgeht, die Maschine beschädigt wird oder Ihnen jemand den Flipper streitig macht. Selbst fünf Minuten haben reale Auswirkungen auf Ihren Aufsatz. Eine Runde Flippern ist zwar nur kurz, aber äußerst verführerisch.

Wenn Sie die Wahl zwischen Arbeiten und Aufschieben haben, dann fallen Ihnen reihenweise Entschuldigungen ein, warum Sie der Versuchung nachgeben sollten. Morgen sind die Bedingungen besser, also fange ich morgen an. Wenn ich jetzt etwas esse, dann arbeite ich nachher umso besser. Ich fange an, wenn ich diesen Level durchgespielt, diese Sendung fertig gesehen oder diese E-Mail geschrieben habe. Diese Party/Fernsehsendung/Freizeitbeschäftigung ist so gut, dass es unfair wäre, wenn ich darauf verzichten müsste. Ich habe mir eine Pause verdient, denn ich habe so hart gearbeitet. Andere arbeiten ja auch nicht, warum sollte ich mich dann krumm machen? Es ist ja nur dieses eine Mal, und einmal ist keinmal. Außerdem habe ich ja noch genug Zeit. Und überhaupt, es ist schon viel zu spät, um jetzt noch anzufangen. Das sind alles nachgeschobene Rechtfertigungen, die nur dazu dienen, unsere Sorgen und Schuldgefühle zu beschwichtigen.

Es gibt nur *eine* wirklich sichere Methode, um zu verhindern, dass Sie immer neue Ausreden fürs Aufschieben finden: Dulden Sie keine Ausnahme.* Genau das ist das Prinzip der Anonymen Alkoholiker. Sie stärken Ihren Vorsatz, früh anzufangen, denn Sie wissen, dass jeder Aufschub katastrophale Folgen hat. Morgen wird nicht anders sein als heute: Wieder stehen Sie vor der Versuchung, eine kleine, sofort verfügbare Befriedigung mitzunehmen. Der Preis erscheint Ihnen gering, aber er summiert sich. Wenn Sie heute aufschieben, dann schieben Sie auch morgen auf, und die Konsequenzen werden immer gravierender. Aufschub ist ein Pakt mit dem Teufel. Deshalb lässt Johann Wolfgang von Goethe in der Vorrede zum *Faust* seinen leidgeprüften Theaterdirektor sagen:

Was heute nicht geschieht, ist morgen nicht getan,
Und keinen Tag soll man verpassen,
Das Mögliche soll der Entschluss
Beherzt sogleich beim Schopfe fassen,
Er will es dann nicht fahren lassen
Und wirket weiter, weil er muss.

So akzeptieren Sie, dass Sie Ihrem Problem gegenüber machtlos sind!

Wenn Sie unter chronischer Aufschieberitis leiden und regelmäßig mit einer kleinen Entschuldigung nach der anderen in lange Phasen des Aufschiebens verfallen, dann

---

* Diese Maxime stammt aus dem Buch *Principles of Psychology*, das William James im Jahr 1890 veröffentlichte. Eine ähnliche Empfehlung stammt vom schottischen Philosophen Alexander Bain: »Sie dürfen keine einzige Schlacht verlieren. Jeder Sieg des Gegners macht viele Ihrer Erfolge zunichte.« William James formulierte eine weitere, ähnlich wichtige Maxime: »Nutzen Sie die erstbeste Gelegenheit, um Ihren Vorsatz auszuführen.«

könnte dies genau die richtige Methode für Sie sein. Die Aufschieberitis hat Sie im Griff, und um sie zu besiegen, müssen Sie zuerst bescheiden genug sein, diese Tatsache anzuerkennen.

◊ Überlegen Sie, wie oft Sie sich selbst in Schwierigkeiten gebracht haben, weil Sie sich dazu überredet haben, Ihre Vorhaben liegenzulassen. Führen Sie ein Tagebuch, um Ihre Aufschiebegewohnheiten festzuhalten.

◊ Gestehen Sie es sich ein: Ihre Willensschwäche ist Ihr größtes Problem, und Sie werden wieder versuchen, sich einzureden, dass es ja nur »dieses eine Mal« ist.

◊ Akzeptieren Sie, dass Ihnen schon der erste Aufschub die Möglichkeit gibt, alle weiteren zu rechtfertigen. Wenn Sie sich das eingestehen, wird es sehr viel unwahrscheinlicher, dass Sie diesen ersten Aufschub zulassen.

Wie's weitergeht

Dieses Kapitel richtete sich in erster Linie an die Eddies mit der geringen Erwartung, die mehr Selbstbewusstsein benötigen, um ihre Aufgaben anzugehen. In der Geschichte in Kapitel 2 glaubte Verkäufer Eddie nicht mehr daran, dass er einen Abschluss tätigen würde, und dank seiner Selbstzweifel war sein Scheitern bereits vorprogrammiert. Hätte er sich auf seine kleinen Fortschritte konzentriert, dann hätte er eine Erfolgsspirale in Gang setzen können. Und wenn er diesen Schwung verstärkt hätte, indem er sich eine Unterstützergruppe gesucht hätte, dann hätte er anhand der Erfolge anderer Energie gewinnen und ein erfolgreicher Verkäufer werden können. Vielleicht haben auch Sie den Glauben verloren, dass Sie beruflich, privat oder gesundheitlich Fortschritte machen können. Sie nehmen sich fest vor, sich zu verändern, aber Sie glauben nicht, dass Sie Ihre Pläne wirklich umsetzen können. Suchen Sie Ihre Ergebnisse aus dem Fragebogen in Kapitel 2 hervor. Wenn Sie auf der Erwartungsskala weniger als 24 Punkte erzielt haben, dann sollten Sie sich die Techniken in diesem Kapitel genauer ansehen.

Wenn Sie dagegen zu den wenigen Menschen mit einem übersteigerten Selbstbewusstsein gehören, dann sind Sie ähnlich gefährdet. Zuversicht und Optimismus funktionieren ein bisschen wie Vitamin A: Zu wenig macht blind, und zu viel ist tödlich. Der Trick besteht darin, das Gleichgewicht zwischen dem Schwarzseher und dem Hans-im-Glück zu finden – den Punkt, an dem Sie Ihren Fähigkeiten vertrauen, sich aber nicht überschätzen und deshalb weiterhin anstrengen. Aber egal, ob Ihre Erwartungen gesteigert oder gedämpft werden müssen, Sie haben Glück. Die in diesem Kapitel beschriebenen Techniken sind solide und wissenschaftlich überprüft. Sie wirken sofort, und mit ein bisschen Übung werden Sie immer besser. Vertrauen Sie mir.

Kapitel 8

Lieben statt Schieben
Wie Sie Sinn in Ihrer Arbeit finden

$$Motivation = \frac{Erwartung \times Wert}{Impulsivität \times Verzögerung}$$

*Wenn die Zeit wie im Flug vergeht, während
Sie sich amüsieren, dann zündet sie die
Raketenstufe, wenn Sie einen Termin haben.*
Jef Malett

In meinem Motivationskurs lasse ich
meine Studenten gern eine Aufwärmübung machen, die
ich »Mein Job ist schrecklicher als deiner« nenne. Da mit-
geteiltes Leid halbes Leid ist, macht das Spiel eine Menge
Spaß. Wir suchen die katastrophalste Erfahrung mit dem
Arbeitsleben und nehmen sie dann auseinander, um zu
sehen, warum sie so schlimm war. Die Studierenden stöh-
nen vor Mitgefühl, wenn Kommilitonen berichten, wie
sie einen Sommer lang Schweinemist geschippt oder
unter sengender Sonne Bäume gepflanzt haben. Zu den
schlimmsten Jobs werden aber üblicherweise nicht die
körperlich anstrengenden Arbeiten gekürt, sondern die
hirntötend langweiligen. Ein hochintelligenter junger
Mann nutzte beispielsweise sein Potenzial, um einen ganzen Sommer lang Pappkartons auszurichten, die sich auf
einem Fließband verschoben hatten. Ich hatte mal einen
Job als Rettungsschwimmer an einer Wasserrutsche und
war dazu verdammt, wochenlang auf dasselbe winzige Becken am Ende der Rutsche zu starren.

In Jobs wie diesen verbringen wir unsere Zeit damit, auf die Uhr zu starren und darauf zu warten, dass die nächste Minute vergeht.[1] Da die Arbeitsabläufe bis ins letzte Detail vorgegeben sind, haben wir keinen Einfluss darauf, wie und wann wir eine Tätigkeit erledigen, und keine Möglichkeit zur Initiative oder Innovation. Stumpfsinnig wiederholen wir ein und denselben Handgriff. Niemand bemerkt, ob wir unsere Arbeit gut erledigen oder nicht, bis wir einen Fehler machen. Filme wie *Moderne Zeiten* und *Alles Routine*, in denen die Hauptfiguren dieser Hölle der Arbeitswelt entkommen, sind Klassiker. Die preisgekrönte Fernsehserie *Das Büro* wurde in einem halben Dutzend Versionen in aller Welt ausgestrahlt. Die Serie ist vor allem deshalb so erfolgreich, weil sie zeigt, wie Menschen dem Trott der stupiden Arbeit ein Schnippchen schlagen. Die Arbeit in Fabrik und Büro war aber nicht immer so.

Dass der moderne Arbeitsplatz so ist, wie er ist, verdanken wir vor allem Frederick Winslow Taylor, dem Erfinder des wissenschaftlichen Managements.[2] Vor seiner Zeit wurde die Arbeit vor allem von Facharbeitern ausgeführt, die ihr Handwerk in einer jahrelangen Lehre erlernt hatten. Daher konnte sie kaum vom Management überwacht werden: Die Manager hatten nur eine ungefähre Vorstellung davon, wie die Arbeiter ihre Aufgaben ausführten, und die Arbeiter hatten kein Interesse daran, es ihnen auf die Nase zu binden.[3] Taylor zerstückelte die Arbeit in kleine, leicht zu überwachende Abschnitte und streng festgelegte Routinehandgriffe. Als dieses System, der Taylorismus, zu Beginn des zwanzigsten Jahrhunderts eingeführt wurde, galt es als ein Fluch, der den menschlichen Geist verkrüppelte und der Arbeit jeden Sinn und jede Freude raubte. Der Taylorismus war derart verhasst, dass die Arbeiter der staatlichen Rüstungsfabrik in Water-town, Massachusetts, bei seiner Einführung die Arbeit nie-derlegten. Ein parlamentarischer Ausschuss untersuchte den Streik und kam zu dem Schluss, dass »ein System, das den Menschen behandelt wie ein Tier oder eine Maschine«, zutiefst unmenschlich sei und in staatlichen Betrieben nicht zum Einsatz kommen dürfe. Als der Autohersteller Henry Ford ein ähnliches System einführte, verzehnfachte sich die Fluktuationsrate unter seinen Arbeitern – kaum jemand hielt die Arbeit am Fließband länger als einen Mo-nat aus. Ford musste schließlich die Löhne verdoppeln, um Arbeitskräfte zu finden, aber dank der Effizienzsteigerung konnte er die Produktionskosten trotzdem fast halbieren. Dank des Taylorismus konnten sämtliche Güter billiger hergestellt werden, und es entstand eine neue Mittel-klasse, die sie sich leisten konnte. Das macht die Fließ-bandarbeit jedoch nicht interessanter.

Die Aufgaben, die wir nicht mögen, stehen für gewöhn-lich ganz oben auf unserer Aufschiebeliste. Seit der Taylo-rismus die Industriearbeit in standardisierte, sich wieder-holende und streng kontrollierte Handgriffe zerlegt hat, ist der Hass auf die Arbeit ein verbreiteter Zustand. Das ist die unvermeidliche Folge, wenn mechanische Abläufe und nicht die Motivation der Arbeitnehmer im Mittelpunkt der Arbeit stehen.[4] Was können wir dagegen tun? Wir können natürlich von einer längst vergangenen Zeit träu-men, in der unsere Aufgaben und unsere Wünsche iden-tisch waren, aber das wäre nicht sonderlich realistisch. Selbst wenn Sie Ihr eigener Chef sind und sich selbst Vor-gaben machen können, müssen Sie immer noch Aufgaben erledigen, die Ihnen keinen Spaß bringen, und genau diese Aufgaben schieben wir gern auf die lange Bank. Vielleicht wäre es sinnvoller, wenn wir uns überlegen würden, wie wir uns motivieren können, sie zu erledigen. Wer seine Arbeit nicht liebt, der schiebt.

Spiele und Ziele

Egal wer Sie sind: Wenn Sie etwas zu Tode langweilt, dann schieben Sie es auf. Langeweile ist ein Signal, dass die Aufgabe unwichtig ist, und deshalb lassen Sie sich leicht von ihr ablenken.[5] Kein Wunder, dass Aufschieber ihre Arbeit häufiger als Schinderei beschreiben als Nichtaufschieber. Es gibt viele langweilige Aufgaben, aber ganz oben auf der Hassliste der meisten Menschen steht der Papierkram. Es scheint uns oft sinnlos, Zeiterfassungsbögen auszufüllen, Spesenrechnungen einzureichen und all die Informationen zu liefern, die Unternehmen und Behörden andauernd von uns verlangen. Oft ist es allerdings gar nicht so sinnlos, wie es scheint. Erinnern Sie sich an Michael Mocniak, der gefeuert wurde, weil er Rechnungen im Wert von 1,4 Millionen Dollar nicht ausgestellt hatte? Zum Glück gehört Langeweile zu keiner Stellenbeschreibung. Alles lässt sich interessanter gestalten, wenn wir es richtig anfassen.[6] Denken Sie nur an Tom Sawyer, der die Dorfjungen dazu brachte, ihn dafür zu bezahlen, dass sie Tante Pollys Zaun streichen durften. Wie er das schaffte? Indem er ihnen erklärte, dass die Arbeit besondere Fähigkeiten erforderte, und sie dazu brachte, ihn um seine lästige Arbeit zu beneiden. Im Folgenden finden Sie einige effektive Tricks, um bleierne Aufgaben zu Gold zu machen.

Um keine Langeweile aufkommen zu lassen, steigern Sie den Schwierigkeitsgrad Ihrer Aufgaben. (Übertreiben

Sie es aber nicht: Wenn sie zu schwer werden, kann das frustrierend wirken.)[7] Das Gleichgewicht zwischen der Schwierigkeit einer Aufgabe und Ihren Fähigkeiten ist das Geheimnis des *Flow*, des Zustands der völligen Hingabe.[8] Flow stellt sich nicht automatisch ein, da die Anforderungen in den meisten Jobs immer dieselben bleiben und Sie mit zunehmender Übung immer besser werden. Wenn eine Aufgabe neu ist und Ihre Fähigkeiten übersteigt, dann fühlen Sie sich überfordert und gestresst. Wenn Sie besser werden, können Sie sich für Ihre Arbeit begeistern, doch diese Motivation legt sich irgendwann wieder. Denn wenn Sie die Aufgabe vollständig beherrschen, macht sich Langeweile breit, weil Sie nun jeden Handgriff im Schlaf ausführen können. Verhindern Sie dies mithilfe von einigen einfachen Spielen. Stellen Sie sich eigene Anforderungen, geben Sie sich selbst Feedback, und versuchen Sie, Ihre eigenen Leistungen zu übertreffen. Können Sie eine Aufgabe in der halben Zeit erledigen? Mit einer Hand? Mit geschlossenen Augen? Die Comedytruppe Broken Lizard drehte einen Film zu diesem Thema, der unter dem Titel *Die Superbullen* in die Kinos kam: Fünf Polizisten des Bundesstaats Vermont gestalten sich ihren eintönigen Arbeitsalltag mit Spielen und Streichen abwechslungsreicher. Eine Arbeiterin in einer Kartoffelchips-Fabrik hält sich bei Laune, indem sie merkwürdige Kartoffelscheibchen sammelt, die sie an berühmte Persönlichkeiten erinnern.[9] Wettschwimmer vertreiben sich die Langeweile, indem sie sich vorstellen, dass Haie sich im Becken tummeln.

Ich stelle übrigens gerade fest, dass Sie immer noch dieses Buch lesen, obwohl Sie vermutlich Dutzende andere Bücher zur Auswahl haben. Ich nehme an, dass entweder Sie oder irgendjemand in Ihrer Familie Probleme mit dem

Aufschieben hat und Sie das Thema deshalb persönlich interessiert. Sie könnten das Buch jederzeit beiseitelegen, aber es ist Ihnen so wichtig, dass Sie weiterlesen. Das ist bei anderen Aufgaben nicht anders: Je sinnvoller uns eine Aufgabe erscheint und je mehr sie mit unseren persönlichen Themen und Zielen zu tun hat, umso weniger schieben wir sie auf.[10] Unsere Motivation ist umso geringer, je weniger die Aufgaben mit unseren selbstgesetzten Zielen in Einklang stehen.[11] Diese Aufgaben werden uns aufgezwungen, und wir erledigen sie nur widerwillig. Viele Manager gehen nach einem langen Arbeitstag im Büro noch an die Universität, um dort einen weiterführenden Studiengang zu absolvieren. Ich stelle mir vor, dass ihre Motivation ungefähr so aussieht:

- Sie lesen ihre Kurslektüre, um sich auf eine Prüfung vorzubereiten.
- Sie bereiten sich auf die Prüfung vor, um den Kurs mit einer guten Note abzuschließen.
- Sie wollen den Kurs mit einer guten Note abschließen, um den Titel zu erwerben.
- Sie wollen den Titel erwerben, um befördert zu werden.
- Sie wollen befördert werden, um mehr Geld zu verdienen und mehr Spaß an ihrer Arbeit zu haben.

Sämtliche Unterziele sind dem letzten untergeordnet – befördert zu werden und mehr Spaß an einer interessanteren Arbeit zu haben.[12] Sie benötigen eine Reihe von in die Zukunft gerichteten Zielen, die Sie als motivierend empfinden und denen Sie Ihre momentanen Tätigkeiten unterordnen können. Wird diese Motivationskette an irgendeiner Stelle unterbrochen, hat sie keinen Anker mehr, die Selbstverpflichtung verliert sich, und die Aufmerksamkeit schwebt mit dem leisesten Luftzug davon wie ein Luftballon.

Der Faktor Relevanz ist der Grund, warum wir mit zunehmendem Alter immer weniger aufschieben. Je reifer wir werden, desto besser begreifen wir unser Leben als zusammenhängendes Ganzes und erkennen Gründe für Dinge, die uns früher sinnlos vorkamen. Wenn Ihnen übergreifende Ziele oder Lebensaufgaben fehlen, dann sollten Sie sich jetzt auf die Suche machen. Die Welt ist groß, und Sie sollten zumindest einen Teil davon kennenlernen. In der Zwischenzeit will ich Ihnen ein allgemeines Ziel vorgeben, mit dem Sie jeder Tätigkeit mehr Sinn verleihen können. Sehen Sie einfach jede Aufgabe, die Sie aufschieben, als Prüfung für Ihre Willenskraft. Und um sich zusätzlich zu motivieren, erzählen Sie Freunden und Bekannten von Ihrem Vorsatz, früh anzufangen. Das Ziel, sich selbst treu zu bleiben und anderen von Ihrer wachsenden Willenskraft zu erzählen, kann Sie motivieren, tatsächlich bei einer Sache zu bleiben und Versuchungen zu widerstehen.[13] Mit seiner öffentlichen Ankündigung, er wolle mit dem Rauchen aufhören, gelang es Barack Obama, auf seine Zigaretten zu verzichten, von einigen wenigen Ausnahmen abgesehen.[14]

Um Ihre intrinsische – also Ihre innere, ureigenste – Motivation zu stärken, sollten Sie Ihre langfristigen Ziele als etwas formulieren, das Sie erreichen wollen, also als positive Ziele und nicht als etwas, was Sie vermeiden wollen, also als negative Ziele. Wer sich positive langfristige Ziele setzt, schiebt weniger auf und bringt bessere Leistung.[15] Ratschläge wie »Fall nicht!« oder »Vergiss deinen

Text nicht!« machen es nur wahrscheinlicher, dass das unerwünschte Ergebnis eintritt. Es ist also besser zu denken
»Ich will, dass dieses Buch gut besprochen wird« als »Hoffentlich bekomme ich keinen Verriss«. Und »Ich möchte,
dass ich ihm oder ihr gefalle« ist besser als »Hoffentlich bekomme ich nicht wieder einen Korb«. Jedes Ziel lässt sich
als etwas formulieren, das wir erreichen wollen.[16] Sehen
Sie sich die folgende Liste an:

	Negative Ziele sind:	Positive Ziele sind:
1	Ich will nicht zu Hause versauern.	Ich will die Welt kennenlernen.
2	Ich will nicht dauernd müde sein.	Ich will mehr Energie haben.
3	Ich will nicht in diesem öden Job bleiben.	Ich will meine Berufung finden.
4	Ich will nicht vor jeder Rechnung zittern.	Ich will mehr Geld verdienen.
5	Ich will nicht, dass das Glas leer bleibt.	Ich will das Glas füllen.
6	Ich will nicht spät anfangen.	Ich will früh anfangen.

Auf welcher Seite stehen Sie? Denken Sie während einer
Diät nur daran, dass Sie keine Süßigkeiten essen dürfen,
oder wollen Sie sich gesünder ernähren? Denken Sie darüber nach, wie Sie das Aufschieben vermeiden oder wie Sie
früher anfangen können? Das habe ich mir gedacht. Also:
keine negativen Ziele mehr! Ups. Nur noch positive Ziele!

Laut Shakespeare ist nichts an sich gut oder schlecht, es sei denn, wir wollen es. Der Dichter übertreibt vielleicht ein wenig, aber im Grunde hat er Recht. Gestalten Sie Ihre Aufgaben sinnvoll – ihr Wert hängt davon ab, was Sie von ihnen halten.

◊ Lassen Sie keine Langeweile aufkommen, und fordern Sie sich selbst heraus. Erfinden Sie Ihre eigenen Spiele, und lassen Sie Ihrer Phantasie freien Lauf. Sie können fast jede Aufgabe in einen Wettlauf mit Ihren Kollegen oder mit sich selbst verwandeln.

◊ Stellen Sie eine Verbindung zwischen Ihren Aufgaben und den langfristigen Zielen her, die Sie motivieren. Wenn Sie ein geselliger Mensch sind, könnten Sie sich beispielsweise beim Hausputz sagen, dass Sie ein einladendes Ambiente für Freunde und Verwandte schaffen wollen.

◊ Formulieren Sie Ihre Ziele als etwas, das Sie erreichen wollen, nicht als etwas, das Sie vermeiden wollen. Denken Sie also »Ich will Erfolg haben« und nicht »Ich will nicht scheitern«.

Energiekrise

Als ich nach Minnesota zog, um meine Doktorarbeit zu schreiben, ergatterten meine Frau und ich eine Traumwohnung: die Dachetage einer umgebauten Fabrikhalle. Die Miete war günstig genug für den studentischen Geldbeutel, und die Wohnung lag ganz in der Nähe meiner

Universität und des Arbeitsplatzes meiner Frau. Besser noch, zwischen unserem Haus und dem Mississippi lag nur eine blühende Wiese. Aber nichts ist perfekt: Ich reagierte allergisch auf die Gräserpollen. Zuvor hatte ich nur sporadisch Probleme mit Allergien gehabt und nie Medikamente genommen, aber nach meiner dritten Großpackung Taschentücher besorgte ich mir in der Apotheke ein paar Tabletten. Plötzlich kam ich morgens kaum noch aus dem Bett. Die Arbeit wurde unendlich zäh, und ich fühlte mich, als würde ich durch knietiefen Pulverschnee waten. Was war los mit mir? War ich deprimiert? Überfordert? Irgendwann kam ich auf den Gedanken, mir den Beipackzettel des Medikaments genauer anzusehen: »Kann Müdigkeit verursachen.« Später erfuhr ich, dass Medikamente gegen Allergien im Wesentlichen aus Antihistaminen bestehen, die wiederum denselben Wirkstoff enthalten wie einige Schlafmittel. Kein Wunder, dass es mir schwerfiel, meine Arbeit anzupacken.

Egal was der Grund für die Mattigkeit sein mag, sie ist der meistgenannte Grund der Aufschieber: 28 Prozent aller Betroffenen geben an, sie hätten nicht genug Energie, um ihre Arbeit anzugehen.[17] Nach Feierabend, wenn die Arbeit den größten Teil Ihrer Kraft aufgezehrt hat, werden Sie bestimmt nicht anfangen, die Garage aufzuräumen. Müdigkeit verstärkt das Vermeidungsverhalten, schwächt das Interesse und macht ohnehin schon unangenehme Aufgaben vollends zur Qual.[18] Ihre Muskeln sind matt, Ihr Gehirn ist leer, und Sie fühlen sich ausgepowert.[19] Wenn Sie müde sind, wird es noch schwerer, unliebsame Aufgaben anzugehen. Die Mattigkeit schwächt Ihre Willenskraft, denn die Ausübung des Willens – und damit die Selbstbeherrschung und Selbstmotivation – erfordert

Energie. Wenn Sie einen widerstrebenden Impuls bekämpfen müssen, dann erschöpfen Sie Ihre Energiereserven und Ihren Willen. Wenn Sie sich zwingen müssen, dieses Plätzchen nicht zu essen, dann zehrt dies an Ihrer Willenskraft. Ebenso, wenn Sie ein Gefühl wie Lachen oder Ärger unterdrücken oder wenn Sie sich in einer Stresssituation befinden. Nach schwierigen Entscheidungen verlieren wir einen Teil unserer Selbstbeherrschung. Deshalb kann der Kleiderkauf für Menschen ohne stilsicheres Modebewusstsein zur Tortur werden: Die schrägen Klamotten, die in Ihrem Schrank vergammeln, haben Sie wahrscheinlich am Ende einer solchen Einkaufstour gekauft.

Wir sollten einfach akzeptieren, dass unsere körperlichen und geistigen Kräfte begrenzt sind, genau wie unsere Motivation. Jeder versteht, warum wir keine zwei Marathonläufe hintereinander schaffen, aber die wenigsten sehen ein, dass geistige Tätigkeiten genauso anstrengend sein können. Vielleicht haben wir deshalb ein Aufschiebeproblem, weil wir zu viel in einen Tag packen wollen. Und vielleicht hätten wir mehr Energie, wenn wir ein langsameres Leben mit weniger Stress führen würden. Leider haben wir das oft nicht selbst in der Hand. Was können wir also tun, wenn uns die Energie ausgeht?

Wenn wir erkennen, dass unsere Energiereserven begrenzt sind, können wir sie strategisch einsetzen und immer wieder auftanken. Achten Sie darauf, nie bis an die Grenze der Erschöpfung zu gehen, denn in diesem Zustand geben Sie Ihren Impulsen nach. Deshalb sollten Sie während einer Diät darauf achten, nie Hunger aufkommen zu lassen, denn dann greifen Sie vermutlich zu den primitivsten Kombinationen aus Fett und Kohlenhydraten, die unsere Welt zu bieten hat. Ironischerweise gibt Ihnen ein Zuckerschub gerade genug Willenskraft zurück, dass Sie Ihren Ausrutscher bereuen können.[20] Schützen Sie sich also vor Ablenkungen, indem Sie in Momenten, in denen Sie viel Energie haben, langfristige Techniken der Selbstbeherrschung umsetzen und vor allem potenzielle Versuchungen beseitigen.[21] Das ist das Schöne an einem Büro. Wenn Sie die Versuchungen vor die Tür gesetzt haben, kann es sich in einen wahren Tempel der Produktivität verwandeln, und Ihre Arbeit erfordert deutlich weniger Willenskraft.

Deswegen ist es nicht sonderlich ratsam, am Ende eines Arbeitstages, wenn Sie ohnehin schon ausgelaugt sind, einen Bericht schreiben zu wollen. Machen Sie sich an die Arbeit, wenn Sie Energie haben – wann das ist, hängt ganz von Ihrem persönlichen Rhythmus ab.[22] Es gibt die Frühaufsteher, die schon vor dem ersten Sonnenstrahl munter und gut gelaunt sind und schon vor der Arbeit die Fitnessstudios bevölkern. Nachtmenschen kommen dagegen erst spät in Gang. Sie gehören eher zu den Aufschiebern, denn dank ihrer inneren Uhr werden sie oft erst nach Büroschluss aktiv; um sich einen unnatürlichen Rhythmus aufzuzwingen, putschen sie sich morgens mit Koffein auf und schalten abends mit Alkohol ab.[23]

Egal wie Ihr Rhythmus aussieht, planen Sie den Bericht etwa drei Stunden nach Ihrer Aufstehenszeit ein, denn dann arbeitet Ihr Gehirn rund vier Stunden lang mit maximaler Effizienz.[24] Wenn Sie um 7 Uhr aufstehen, haben Sie Ihre beste Zeit zwischen 10 und 14 Uhr, was nicht allzu viel ist. Aber wenn Sie in dieser Zeit alles Unwichtige beiseiteschieben, Ihr E-Mail-Programm beenden und die Tür schließen, dann können Sie eine Menge leisten. Mit einem

kurzen Nickerchen von höchstens zwanzig Minuten können Sie diese Phase der Effizienz noch verlängern, aber im
Büro ist das für gewöhnlich recht schwierig. Stattdessen
können Sie sich in der Mittagspause mit einem kurzen
Spaziergang erfrischen. Es ist trotzdem sinnvoll, am Nachmittag zu weniger kreativen Routinetätigkeiten überzuge-
hen, denn um diese Zeit schwächelt Ihr Gehirn. Wenn Sie
nach Hause kommen, haben Sie vielleicht gerade noch genug Energie, um sich zu entscheiden, ob Sie zur Entspan-
nung ein Glas Wein oder eine Flasche Bier trinken. Aber
das Timing ist perfekt: Zwölf Stunden nach dem Aufstehen verarbeitet Ihre Leber den Alkohol am besten.

Unter Stress entwickeln viele von uns ein typisches
Muster: Wir treiben weniger Sport, schlafen weniger und
kompensieren dies mit schlechter Ernährung und Auf-
putschmitteln wie Zucker, Koffein und Nikotin. Kurzfristig können wir uns damit vielleicht ankurbeln, aber langfristig schadet es unserem Energiehaushalt. Nicht nur, weil
die Aufputschmittel irgendwann nicht mehr wirken, sondern auch, weil sie der sportlichen Betätigung und der guten Nachtruhe im Weg stehen können. Sie arbeiten immer
länger, leisten immer weniger, und irgendwann sitzen Sie
nachts am Schreibtisch, wenn Sie eigentlich schlafen sollten. Das ist kein guter Umgang mit Ihrer Energie.

Vermutlich wissen Sie längst, was Sie tun können, um
diese Probleme zu beheben. Wer regelmäßig Sport treibt,
schiebt erwiesenermaßen weniger auf.[25] Wenn Sie, wie so
viele Menschen in den Industrienationen, nicht mehr ausreichend schlafen, möchte ich Ihnen dringend ans Herz legen, sich mit Schlafhygiene zu beschäftigen. Auf keinen
Fall sollten Sie den Stress des Tages mit ins Bett nehmen:
Ihr Schlafzimmer sollte ein Ort sein, an dem Sie vor dem

Alltag Zuflucht finden.[26] Schlafhygiene war das Einzige, das meiner Frau geholfen hat, die aus einer Familie mit chronischen Schlafproblemen kommt.

Bewältigen Sie Ihre Energiekrise!

Müdigkeit ist die meistgenannte Ursache des Aufschiebens. Ihre Energiereserven sind begrenzt, aber erneuerbar. Das heißt, Sie sollten sie bewusst aufladen und sich Ihre Kräfte klug einteilen.

◊ Halten Sie sich Ihren Leistungshöhepunkt am Vormittag und frühen Nachmittag für Ihre anspruchsvollsten Aufgaben frei.
◊ Achten Sie darauf, dass Sie keinen Hunger bekommen. Essen Sie daher zwischendurch kleine, nahrhafte Mahlzeiten.
◊ Treiben Sie mehrmals pro Woche Sport.
◊ Regeln Sie Ihren Schlaf, legen Sie sich jeden Tag zur selben Zeit schlafen, und entwickeln Sie eine Entspannungsroutine.
◊ Respektieren Sie Ihre Grenzen. Wenn Sie trotz aller Maßnahmen zu müde sind, um Ihre Aufgaben zu bewältigen, dann verringern Sie Ihr Pensum oder suchen Sie Unterstützung.

Teufel und Beelzebub

Die Schatten werden länger, die Sonne versinkt hinter dem Horizont, und die Nacht zieht herauf. Die Pupillen weiten sich, doch die Finsternis wird immer undurchdringlicher. Unsicherheit umgibt uns, und aus dem Dunkel könnte alles auftauchen. Wir sind dem grenzenlosen Unbekannten ausgeliefert und spüren, wie uns die Furcht die Kehle abschnürt. Die Nacht ist die Zeit der Ungeheuer. Sie ziehen sich die Bettdecke über den Kopf und geben keinen Mucks von sich, wenn Ihnen Ihr Leben lieb ist.

Wie drei Viertel aller Kinder hatte ich Angst vor der Dunkelheit. Diese Furcht haben wir von unseren Vorfahren geerbt.[27] Als die Nacht wirklich noch gefährlich war, sorgte die Furcht vor Geistern und Ungeheuern dafür, dass sich die Kinder nicht rührten und in Sicherheit blieben. Eingebildete Ängste gehörten in jeder Kultur zur Anpassung.[28] Die Inuit im ewigen Eis erzählten ihren Kindern vom Qallupilluit, der sich die Kinder schnappt, die dem Rand des Eises zu nahe kommen. Die Japaner haben den Kappa, ein Wassermonster, das Kinder frisst. Vielleicht können wir ja unsere eigenen Monster erfinden, um unsere Aufschieberitis zu verscheuchen.

Die Technik des kreativen Aufschiebens könnte ein solches Monster sein. Der Trick ist altbekannt und wurde schon im 17. Jahrhundert von dem englischen Denker und Staatsmann Francis Bacon empfohlen. Er schlug vor, »Leidenschaft mit Leidenschaft zu begegnen und die eine mit der anderen zu bezwingen, so wie wir ein Tier mit dem anderen jagen«. Kreatives Aufschieben ist am Werk, wenn Menschen ihre wertvolle Zeit nutzen, um Bleistifte zu spitzen, den Herd zu schrubben oder das Schlafzimmer

aufzuräumen, während sich drohend ein Abgabetermin
nähert. Obwohl sie rein äußerlich wie Besessene wirken,
handelt es sich bei diesen Formen des Vermeidungsverhaltens zumindest nicht um völlige Zeitverschwendung.[29]
Sie tun immerhin etwas, wenn auch nicht das Richtige.[30]
Psychoanalytiker würden von Verdrängung sprechen: Wir
verschieben unseren Handlungsdrang auf ein ähnliches,
aber weniger bedrohliches Ventil und fangen beispielsweise Streit mit einem Kollegen an, nachdem wir von unserem Chef gerügt wurden. Verhaltenspsychologen meinen, wir seien bereit, jede noch so schlimme Tätigkeit zu
verrichten, wenn wir dadurch etwas noch Schlimmeres
vermeiden können.

Das kreative Aufschieben ist keine perfekte Methode –
wir schieben zwar nach wie vor auf, doch der Preis ist
geringer. Statt gar nichts zu tun, während wir das wichtige Projekt liegen lassen, erledigen wir immerhin unseren
Kleinkram. Das ist zwar nicht so produktiv wie unsere
eigentliche Arbeit anzugehen, aber damit räumen wir
wenigstens den Schreibtisch frei und können umso besser
loslegen, wenn wir so weit sind. Doch früher oder später müssen wir dem Ungeheuer, das wir meiden, ins Auge
sehen.

Treiben Sie den Teufel mit dem Beelzebub aus!

Wenn Sie schon nicht perfekt sind und immer pünktlich
Ihre eigentlichen Aufgaben erledigen, dann sollte Sie dies
nicht daran hindern, gut zu sein und kreativ aufzuschieben. Kommen Sie Ihrem Hang zum Aufschieben ein wenig
entgegen und nutzen Sie Ihre Pause kreativ: Lassen Sie die

eine Aufgabe liegen, um sich voller Energie einer anderen zuzuwenden.

◊ Identifizieren Sie eine Aufgabe, die Sie eigentlich erledigen sollten, aber vor sich herschieben.
◊ Identifizieren Sie Tätigkeiten, die mit dieser Aufgabe zu tun haben, die Sie ebenfalls erledigen müssten und die vergleichsweise angenehmer sind. Vielleicht schieben Sie diese ja auch gerade auf.
◊ Lassen Sie die eigentliche Aufgabe liegen, aber kümmern Sie sich um diese randständigen Aufgaben. Wenn Sie schließlich zu Ihrer eigentlichen Aufgabe vordringen, sind Sie zumindest besser vorbereitet.

Arbeit und Belohnung

Wir kennen alle diese kleinen Freuden, die wir mit schlechtem Gewissen genießen. Wenn Sie sich den ganzen Tag lang für andere abgerackert haben, wenn die Kinder im Bett sind, das Geschirr gespült ist und Sie endlich eine Stunde für sich haben. Sie ziehen Ihre Büro- oder Arbeitskleidung aus, schlüpfen in den Bademantel, schenken sich ein Glas Wein ein und … schalten den Fernseher ein, um eine Reality-Show zu sehen. Wie herrlich ist hirnlose Unterhaltung! Jeder von uns hat die Fähigkeit, sich selbst zu belohnen, ob mit einem Schundroman, einer Schüssel Schokoladeneis oder einem teuren Luxusobjekt. Wir sollten dieses Talent viel besser nutzen.

Viele Aufschieber haben das Problem, dass sie sich nicht belohnen, wenn sie eine Aufgabe zu Ende gebracht haben, und dass sie ihre eigenen Anstrengungen oft nicht würdigen.[31] Sie finden nach einer gut gemachten Arbeit kein anerkennendes Wort für sich selbst, und sie haben keine Belohnung eingeplant. Das ist schade, denn solche Belohnungen sind ganz einfach umzusetzen. Was sich jeder zuraunt oder gönnt, unterscheidet sich natürlich von einem zum anderen. Ob Sie sich eine stilles »Gut gemacht!« oder »Du bist die Größte!« zuflüstern, ein kleines Selbstlob ist eine einfache Möglichkeit, sich für die nächste Herausforderung anzufeuern. Und egal ob Sie sich mit einem guten Abendessen oder einem Urlaub verwöhnen, wenn am Ende eine Belohnung winkt, motiviert uns das, die Arbeit auf uns zu nehmen und ein Projekt abzuschließen. Diese Belohnung zahlt sich doppelt aus, denn sie motiviert uns bei neuen Projekten.

Diese Technik wird auch als »erlernter Fleiß« bezeichnet: Wir können lernen, unsere Arbeit zu lieben.[32] Die angenehmen Emotionen, die durch das Selbstlob und durch Belohnungen hervorgerufen werden, wirken nämlich auf unsere Anstrengungen selbst zurück. Das heißt, wir empfinden unsere Tätigkeiten selbst als angenehm und lohnend. Geld ist das beste Beispiel für dieses Phänomen, denn es erhält seinen Wert aus dem, was wir später damit kaufen. Wir können auch harte Arbeit durch ihr Ergebnis mit positiver Bedeutung aufladen und damit die Anstrengung selbst als lohnend empfinden. Erfolgreiche Menschen setzen auf diese Weise eine positive Selbstverstärkung in Gang: Die erwarteten Gewinne machen die Arbeit angenehmer, und dieses Gefühl trägt wiederum zum Erfolg bei. Die Zukunft färbt die Gegenwart, und Sie können Ihren Erfolg genießen, während Sie noch an ihm arbeiten. Das ist eine schöne Sache, aber es ist nicht ganz einfach, diesen Selbstverstärkungseffekt in Gang zu setzen. Möglicherweise benötigen

Sie ein paar Zyklen aus Anstrengung und Belohnung, ehe Sie die Anstrengung selbst als lohnend empfinden.

Während Sie darauf warten, dass dieser positive Kreislauf in Gang kommt, können Sie die Arbeit auf direktere Weise lustvoller gestalten: Mischen Sie einfach ein bisschen Honig unter die bittere Medizin.[33] Finden Sie eine passende Kombination aus einem langfristigen Interesse und einem kurzfristigen Impuls. Wenn Sie eine unangenehme Tätigkeit mit etwas Angenehmem verbinden, dann könnte Sie diese Mischung vielleicht motivieren. Um Sport zu treiben, könnten Sie sich beispielsweise einen Partner suchen. Oder um sich besser auf Ihren Zeiterfassungsbogen oder Ihre Budgetplanung zu konzentrieren, könnten Sie sich einen Cappuccino gönnen. Die Methode birgt natürlich gewisse Risiken. Wenn Sie einen Partner suchen, um einen Bericht zu schreiben oder für eine Prüfung zu lernen, dann können Sie sich Abende lang köstlich unterhalten, ohne dass das Geringste dabei herauskommt. Das Prinzip ist trotzdem vernünftig. In Adam Sandlers Film *Billy Madison – Ein Chaot zum Verlieben* muss die Hauptfigur innerhalb von vierundzwanzig Wochen noch einmal die ganze zwölf Jahre umfassende Schulzeit absolvieren, um ein Erbe anzutreten. In seiner Verzweiflung heuert er eine attraktive Tutorin an, die für jede Frage, die er richtig beantwortet, ein Kleidungsstück auszieht.

Belohnen Sie sich!

Nehmen Sie sich die Zeit, Ihre Leistungen zu würdigen und zu belohnen. Irgendwann werden Sie auch Ihre Arbeit selbst als lohnend empfinden, aber bis es so weit ist, können Sie Ihre Aufgaben mit ein paar Tricks angenehmer gestalten.

◊ Erstellen Sie eine Liste von Belohnungen, die Sie sich gönnen können, zum Beispiel ein Selbstlob, ein bisschen Luxus oder ein Abendessen.
◊ Versprechen Sie sich diese Belohnung für den Moment, in dem Sie eine Aufgabe erledigt haben, die Sie vor sich herschieben.
◊ Überlegen Sie, wie Sie eine Aufgabe angenehmer gestalten können, etwa indem Sie eine CD einlegen, einen Kaffee trinken oder mit einem Freund zusammenarbeiten.
◊ Achten Sie darauf, dass das, was Ihre Arbeit angenehmer macht, nicht wichtiger wird als die Arbeit selbst.

Finden Sie Ihre Berufung

Es gibt so etwas wie die perfekte Arbeit, die Menschen übernehmen, obwohl sie niemand dafür bezahlt. Ein zeitgenössisches Beispiel ist das Goldfarming.[34] Goldfarmer sind professionelle Computerspieler, die sich zu Experten in Online-Rollenspielen wie *World of Warcraft*, *RuneScape* oder *Star Wars Galaxies* hochgearbeitet haben. Diese Spieler sitzen oft bis zu achtzehn Stunden am Tag vor dem Bildschirm und verdienen virtuelles Gold und andere heißbegehrte Gegenstände, die sie ihren Mitspielern gegen richtiges Geld verkaufen. Der Filmemacher Ge Jin zeigte, wie diese Profispieler die Grenze zwischen Spiel und Arbeit verwischen. Jin gibt zu, er sei fast schockiert gewesen über die positive Einstellung der Spieler: »Die Farmer sind leidenschaftlich bei der Sache, und es besteht sogar so etwas wie Kollegialität.«[35] Nun dürfen Sie raten, was die meisten Goldfarmer in ihrer Freizeit machen. Sie spielen.

Ganz abgesehen von der Frage, ob sich mit dem virtuellen Gold wirklich reales Geld machen lässt, ist die Goldfarmerei sicher nicht jedermanns Sache. Aber sie ist ein gutes Beispiel dafür, dass Arbeit und Spaß durchaus kein Widerspruch sein müssen. Sie zeigt vor allem, dass die Suche nach einer Arbeit, die Ihnen wirklich Spaß macht, ein großer Schritt bei der Überwindung Ihrer Aufschieberitis ist. Wenn Sie Ihre Arbeit an sich als motivierend empfinden, dann werden Sie allein schon durch die Ausführung belohnt und müssen nicht auf die Befriedigung warten. Diese Kombination kann Arbeit regelrecht zur Sucht machen. Ihre Motivation explodiert und mit ihr Ihre Kreativität, Ihr Lernfortschritt und Ihre Ausdauer.[36] Es ist nicht einfach, die Arbeit zu finden, die Ihnen wirklich Spaß macht, aber die Suche lohnt sich auf jeden Fall.

Die Suche nach der perfekten Arbeit ist fast so schwer wie die Suche nach dem perfekten Lebenspartner. Die Tatsache, dass in unseren Breiten die Hälfte aller Ehen in die Brüche geht, lässt ungefähr ahnen, wie groß die Herausforderung ist. In der Liebe suchen wir einen Menschen, der uns ergänzt, und in der Arbeit suchen wir unsere Berufung. Keine leichte Aufgabe. Die Liebe entsteht oft durch Vertrautheit unter Menschen, die einander räumlich nahe sind,* was kein schlechter Hinweis ist, denn auf diese Weise können wir bei der Partnersuche Reisekosten spa-

---

* Deshalb kam Peter Ustinov zu dem Schluss: »Entgegen eines weit verbreiteten Vorurteils glaube ich nicht, dass unsere Freunde unbedingt die Menschen sind, die wir am meisten mögen. Es sind eher die Menschen, die als Erste da waren.«

ren.[37] Auch im Beruf wählen wir meist die beste der bekannten Optionen, aber nicht unbedingt die beste aller
vorhandenen Möglichkeiten. Es ist gar nicht so einfach,
unseren Blick zu weiten und unsere Auswahl an möglichen Berufen zu vergrößern. Dazu müssen wir erst uns
selbst besser kennen, dann müssen wir wissen, was uns die
unterschiedlichen Berufe zu bieten haben, und schließlich
müssen wir beides irgendwie zusammenbringen.[38]

Für die meisten Menschen ist die Suche nach sich selbst
und ihrer Berufung ein nicht enden wollender Konflikt.
Wenn wir alle unseren frühesten Impulsen nachgeben
würden, dann gäbe es auf der Welt nur Feuerwehrmänner
und Balletttänzerinnen. Wenn wir die Traumberufe unserer Jugend ergreifen würden, dann wären wir alle Sportler,
Modedesigner und Rapper. Wenn Sie Studenten fragen,
dann wollen viele in die Filmbranche. Andererseits ist die
scheinbar vernünftige Berufswahl Arzt oder Anwalt auch
nicht immer ideal: Auf diesem Weg befanden sich Graham
Chapman und John Cleese, ehe sie die Komikertruppe
Monty Python gründeten. Vielleicht müssen Sie wie so
viele nach Ihrer Berufung suchen, während Sie schon arbeiten und sich in einem Beruf etablieren, der Ihnen möglicherweise gar nicht liegt. Sie benötigen die Hilfe eines
Kupplers beziehungsweise eines professionellen Berufs-
beraters, wie man das in der Berufswelt nennt. Mithilfe
von Fragebogen analysieren Karriereberater Ihre Persönlichkeit und ordnen Sie einer von sechs Kategorien zu:
realistisch (handeln), investigativ (denken), künstlerisch
(schaffen), sozial (helfen), unternehmerisch (überzeugen)
und konventionell (organisieren).[39] Auch die Berufe werden nach diesem Muster geordnet: Feuerwehrmänner fallen unter die Rubrik »realistisch«, Balletttänzerinnen in

die Kategorie »künstlerisch«. Berufsberater nennen Ihnen eine Reihe von geeigneten Berufen, und nun ist es an Ihnen, diese näher kennenzulernen. Das Profil folgender Grafik stammt von mir und wurde erstellt, als ich siebzehn Jahre alt war. Der Beruf, auf den mein Profil hinweist, erfordert eine Mischung aus investigativen und künstlerischen Interessen: Hochschulprofessor. Damals habe ich das Ergebnis nicht sonderlich ernst genommen und war ein gutes Jahrzehnt lang orientierungslos, ehe ich zu demselben Schluss gekommen bin.

Wie in der Liebe gehört mehr zur Berufswahl, als unsere Bedürfnisse zu erkennen. Vielleicht wäre ein bestimmter Job der richtige für Sie, aber Ihre Gefühle werden nicht erwidert. Einige Berufe kommen nicht in Frage, weil es bereits zu viele Bewerber gibt. Der Arbeitsmarkt ist grausam, und vielleicht fragt niemand das nach, was Sie anzubieten haben. Glücklicherweise gibt es eine Menge Berufe, die Ihnen genauso gut gefallen könnten. Das O*NET-Programm der Vereinigten Staaten erfasst rund tausend Berufe und hilft Ihnen, diejenigen zu finden, die Ihrem Profil entsprechen und auf dem Arbeitsmarkt nachgefragt werden.*

Neben Ihrer Persönlichkeit und dem Arbeitsmarkt müssen Sie natürlich auch Ihre Fähigkeiten analysieren.[40] Entsprechen Ihre Qualifikationen den Anforderungen? Feuerwehrmänner und Balletttänzerinnen müssen körperlich fit sein. Und wenn Sie ein Atomphysiker oder Hirnchirurg werden wollen, ist Intelligenz gefragt. Es ist gar

---

* Sie finden die Seite unter *http://online.onetcenter.org/find/descriptor/browse/ Interests*. Auf Deutsch gibt es zum Beispiel den Berufstest der Bundesagentur für Arbeit unter: *http://portal.berufe-universum.de*. Einen ebenfalls kostenlosen Test bietet die Uni Hohenheim unter: *www.uni-hohenheim.de/interessentest*. Verschiedene private Institute bieten kostenpflichtige Tests an, zum Beispiel das Geva-Institut: *www.geva-institut.de*.

Forschung

		30	40	50	60	70

Gebiet	mittelhoch	58

Interessen

Naturwissenschaft	durchschnittlich	52
Mathematik	durchschnittlich	49
Medizinische Forschung	durchschnittlich	54
Medizin	durchschnittlich	50

Kode	Aufschlüsselung nach Berufen	Durchschnittswert M	F	keinerlei Übereinstimmung	sehr wenig Übereinstimmung	wenig Übereinstimmung	Übereinstimmung	Übereinstimmendes und nicht Übereinstimmendes etwa ausgeglichen	viel Übereinstimmung	sehr viel Übereinstimmung	völlige Übereinstimmung
				12	21	27		39	45	54	
IR	Tiermediziner	R1	43								
IR	Apotheker	25	31								
IR	Physiker	36	26								
IR	Geologe	39	39								
IR	Medizintechniker	21	28								
IR	Zahnhygieniker		32								
IR	Zahnarzt	44	37								
IR	Augenarzt	47	34								
IR	Physiotherapeut	33	44								
IR	Allgemeinmediziner	40	46								
IRS	Pfleger	43	S1								
IRS	Lehrkraft (Mathematik)	28									
IRC	Lehrkraft (Naturwissenschaft)		24								
IRC	Systemanalytiker	15	35								
IRC	Computerprogrammierer	33	32								
IRE	Chiropraktiker	34	37								
IE	Pharmazeut	28									
I	Pharmazeut		38								
I	Biologe	39	35								
I	Geograph	31	43								
I	Mathematiker	32	25								
IA	Universitätsprofessor	52	49								
IA	Soziologe	40	45								
IAS	Psychologe	34	36								

nicht so einfach, persönliche Fähigkeiten wie Ausdauer und Intelligenz mit der Arbeitswelt in Verbindung zu setzen. Wenn Sie ein Meter sechzig groß sind, dann kann ich Ihnen zwar auf den Kopf zusagen, dass Sie sich keine Hoffnungen auf eine Karriere als Basketballprofi machen sollten. Aber meistens ist es etwas schwerer festzustellen, ob Sie einen Traum verwirklichen oder einem Hirngespinst nachrennen. Sie sollten sich also einen Beruf suchen, der Ihnen nicht nur Spaß macht, sondern in dem Sie aufgrund Ihrer besonderen Fähigkeiten auch erfolgreich sein können.[41]

Finden Sie Ihre Berufung!

Nicht jeder von uns kann so ohne weiteres den Beruf wechseln. Vielleicht haben Sie Verpflichtungen oder werden von wirtschaftlichen Zwängen bedrängt und müssen Ihre Entscheidungen danach treffen, was Ihnen eine gewisse Sicherheit bietet oder was eben verfügbar ist. Aber wenn Sie wählen können, dann nutzen Sie diese Möglichkeit! Finden Sie heraus, wer Sie sind und welche Arbeit zu Ihnen passt.

◊ Sehen Sie sich Berufe an, die Tätigkeiten beinhalten, die Ihnen gefallen könnten.

◊ Schließen Sie die Berufe mit einem Anforderungsprofil aus, das Sie nicht besitzen (oder nicht erwerben wollen).

◊ Ordnen Sie die verbleibenden Berufe nach der Nachfrage. Je schlechter die wirtschaftliche Situation, desto geringer Ihre Wahlmöglichkeiten.

◊ Wenn Sie Unterstützung benötigen, wenden Sie sich an professionelle Berufsberater.

◊ Beginnen Sie mit der Arbeitssuche!

Wie's weitergeht

In der Geschichte in Kapitel 2 hatte Valerie keine Lust, einen Artikel über Gemeindepolitik zu schreiben, und schob ihn so lange vor sich her, bis die Zeit nur noch ausreichte, um minderwertige Arbeit abzuliefern. Statt zu arbeiten, beschäftigte sie sich mit angenehmeren Dingen: Sie unterhielt sich mit ihren Freunden im Chat und schaute sich Internetvideos an. Vor allem Angehörigen der schreibenden Zunft dürfte diese Geschichte bekannt vorkommen.* Um ihre Aufschieberitis in den Griff zu bekommen, muss Valerie ihrer Arbeit mehr Wert beimessen. Es wäre beispielsweise ein guter Anfang, die Arbeit in Zusammenhang mit ihren beruflichen Zielen zu setzen. Sie könnte herausfinden, was sie schreiben möchte, und ihre momentane Aufgabe als Schritt auf dem Weg dorthin begreifen; dazu könnte sie Elemente aus den Unterkapiteln »Finden Sie Ihre Berufung« und »Spiele und Ziele« in ihre Strategie einbauen. Sie könnte zu einem früheren Zeitpunkt anfangen, wenn sie noch mehr Energie hat, und nicht erst am späten Nachmittag, wenn ihre Willenskraft schwindet (siehe »Energiekrise«). Und wenn sie schon nichts für ihren Artikel tut, könnte sie zumindest den Teufel mit dem Beelzebub austreiben und andere Arbeiten erledigen, statt im Internet abzuhängen.

....

* Douglas Adams, Autor des Bestsellers *Per Anhalter durch die Galaxis*, hatte ein legendäres Talent dafür, das Schreiben aufzuschieben. Er meinte: »Ich liebe Abgabetermine. Ich mag dieses Zischen, mit dem sie an mir vorbeirauschen.«

Wenn Sie in Kapitel 2 auf der Valerie-Skala 24 Punkte oder mehr erzielt haben, dann kennen Sie dieses Problem vermutlich, auch wenn es vielleicht bei Ihnen einen anderen Bereich betrifft.[42] Wenn dem so ist, dann könnte es sinnvoll sein, sich die Techniken in diesem Kapitel genauer anzusehen. So schlecht die wirtschaftliche Situation auch sein mag, es gibt immer Spielraum, eine Arbeit zu finden, die besser zu Ihnen passt, und diese so zu gestalten, dass sie Ihnen Spaß macht. Verwandeln Sie ermüdende Aufgaben in motivierende Ziele. Stellen Sie sich vor – es könnte sogar richtig Spaß machen!

Kapitel 9

Alles zu seiner Zeit

Wie Sie Ihre Impulse
und Ziele unter einen Hut bringen

$$Motivation = \frac{Erwartung \times Wert}{Impulsivität \times Verzögerung}$$

*Wer seine Neigungen nicht zügelt und der
Bedrängnis von Lust und Leid nicht wider-
steht, um das zu tun, was ihm seine Vernunft
als das Richtige bedeutet, dem mangelt
es an Tugend und Fleiß, und er läuft Gefahr,
ein Nichtsnutz zu sein.*
John Locke

Zum Schluss wollen wir uns der
Impulsivität zuwenden, auch wenn sie sich gern immer
ganz nach vorne drängt. »Jetzt, jetzt, ich will es jetzt«, lautet ihr Mantra. Wenn es so etwas gibt wie das Kind in uns,
dann ist es unsere Impulsivität, und die will ihre Süßigkeiten sofort. Sie ist nicht nur der Hauptgrund für die
Aufschieberitis, sondern sie ist auch für zerrüttete Beziehungen, schlechte Führung, Selbstmorde, Drogenmissbrauch und Gewalt verantwortlich. In ihrem bahnbre-
chenden Buch *A General Theory of Crime* (zu Deutsch
sinngemäß: »Eine allgemeine Theorie des Verbrechens«)
behaupten die Kriminologen Michael Gottfredson und
Travis Hirschi, die meisten Verbrechen und Vergehen
gingen allein auf das Konto der Impulsivität.[1] Was ist die
Konsequenz davon, dass Laster mehr Lust beschert als Tu-

gend? Dass die impulsivsten Menschen am anfälligsten für sie sind.

Deshalb steht die Impulsivität im Mittelpunkt des Aufschiebens. Mangelndes Selbstbewusstsein (Erwartung) und ein Hang zur Langeweile (Wert) fördern unsere Trägheit zwar, aber sie spielen nicht in derselben Liga. Impulsivität vervielfacht die Auswirkungen jeder Verzögerung und wird daher zum wichtigsten Faktor unserer Aufschiebeformel. Wer doppelt so impulsiv ist wie der Durchschnitt, lässt die Deadline doppelt so nah herankommen, ehe er mit der Arbeit anfängt. Impulsive Menschen schieben leider auch das Leben oft auf die lange Bank. Mit zunehmendem Alter werden sie zwar weniger impulsiv,[2] und nicht alle Situationen provozieren gleichermaßen eine impulsive Reaktion,[3] aber sie entkommen ihrem Schicksal nicht. Impulsivität ist kein vorübergehender Zustand, sondern eine Eigenschaft.

Was können wir also gegen mangelnde Selbstbeherrschung tun? Die Zivilisation arbeitet sich schon seit Jahrtausenden an dieser Frage ab und versucht herauszufinden, wie sich das limbische System dämpfen und der präfrontale Kortex aufmotzen lässt.[4] Da jede Generation ihre eigene Antwort finden muss, wollen wir uns zunächst ein paar alte Weisheiten ansehen. Gehen wir zurück zu den Ursprüngen der griechischen Zivilisation, dem legendären Dichter Homer und seinem Epos *Odyssee*.

Die Fesseln der Freiheit

Odysseus, der König von Ithaka, herrschte vor mehr als dreitausend Jahren, doch wir erinnern uns bis heute an ihn. Im Krieg gegen die Stadt Troja erfand er das berühmte

Trojanische Pferd, eine riesige Holzfigur, in deren Innern sich vierzig griechische Soldaten versteckten. Nichts ahnend nahmen die Trojaner das Friedensgeschenk an, zogen es in ihre Stadt, und in der Nacht kletterten Odysseus und seine Männer heraus und richteten ein Blutbad an. Die eigentliche Geschichte des Odysseus beginnt jedoch mit seiner Rückfahrt nach Ithaka. Auf der schlecht geplanten Seereise muss er sich mit einäugigen Zyklopen und drogenumnebelten Lotusessern herumschlagen. Vielleicht die größte Herausforderung aber waren die Sirenen. Sirenen sind wunderschöne Frauen, die zwar verlockend und verfügbar sind, aber aus gutem Grund solo bleiben. Sie singen mit reinen und unwiderstehlichen Stimmen, und die Seefahrer, die an ihrer Insel vorüberkommen, wünschen sich nichts sehnlicher, als ihrem Gesang zu lauschen. Dafür sind sie sogar bereit, an Klippen zu zerschellen oder zu verhungern. Was soll Odysseus tun? Bei einem seiner früheren Abenteuer war er glücklicherweise der Göttin Circe begegnet, die ihm einen nützlichen Tipp mit auf den Weg gegeben hatte: Er solle die Ohren seiner Männer mit Wachs verstopfen, damit sie nichts hörten, und sich selbst an den Mast binden lassen, um den Gesang hören, aber nichts unternehmen zu können. Der Trick funktionierte, und Odysseus reiste weiter.[5]

Was hat das mit uns zu tun? Übertragen wir die Situation von Odysseus in eine Darstellung wie in der Grafik auf der folgenden Seite. Die senkrechte Achse entspricht der Motivation von Odysseus und die waagrechte der Zeit. In der Grafik können wir ablesen, wie sich seine Motivation verändert, als er sich den Sirenen nähert oder auf Ithaka zusteuert. Beim Aufbruch in Troja ist er hochmotiviert, nach Hause zurückzukehren, seine Frau Penelope nach seiner

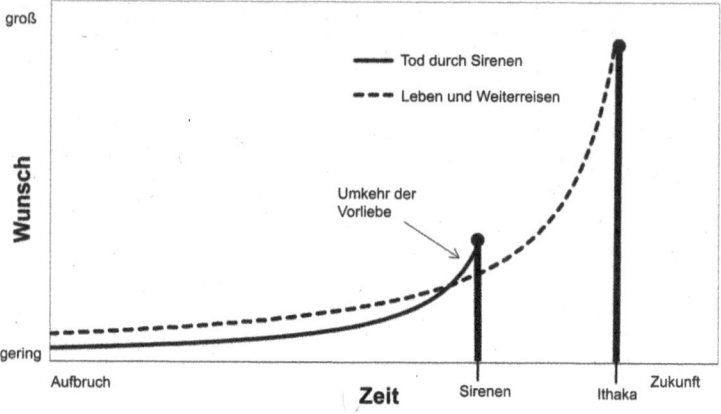

zehnjährigen Abwesenheit zu überraschen und die Freier, die um sie buhlen, niederzumetzeln – das wird durch die gestrichelte Linie dargestellt. Deutlich weniger Lust hat er, sich von den Sirenen töten zu lassen, wie man an der durchgezogenen Linie sieht. Als er ihre Insel erreicht, ändert er allerdings kurzfristig seine Meinung, und die durchgezogene Linie schnellt in die Höhe. Wenn er sich nicht an Circes Rat gehalten und sich und seine Männer geschützt hätte, dann wären sie alle Opfer der Sirenen geworden. Genau das sieht die Aufschiebeformel vorher. Wenn die Versuchung in greifbare Nähe rückt, steigt unser Verlangen nach ihr sprunghaft an und torpediert künftige, aber bessere Optionen. Das kennen Sie vermutlich.

Ich bin mir sicher, dass Sie eine ganze Menge langfristige Ziele haben: Sie wollen fünf Kilo abnehmen, mit dem Rauchen aufhören, mehr Sport treiben oder mehr arbeiten. Vielleicht haben Sie vor, endlich Geld für Ihre Rente oder für einen Urlaub auf die Seite zu legen. Doch zwischen uns und unseren guten Vorsätzen stehen die Sirenen. Das müssen keine wunderschönen Frauen sein, es reicht schon der

Nachtisch, der Fernseher oder das neue Computerspiel. Wenn wir morgens aufstehen, nehmen wir uns fest vor, nach der Arbeit ins Fitnessstudio zu gehen, doch wenn es schließlich so weit ist, erliegen wir dem unmittelbar Verfügbaren. Wir wollen eine Diät halten, doch beim Anblick des leckeren Apfelstrudels schmilzt unser Wille dahin. Aber wenn Sie diese Versuchungen vorhersehen können, dann können Sie schon im Vorfeld aktiv werden, um sie abzuwehren. Sie können sich vorab auf einen anderen Kurs festlegen.[6]

Weil Odysseus die Warnung vor den Sirenen ernst nahm, handelte er, ehe die Bedrohung akut wurde. Er legte sich vorab auf eine Handlung fest, die ihn später vor seiner eigenen Schwäche bewahrte. Weil er sich an Circes Rat hielt, kam er mit dem Leben davon. Leider haben die wenigsten von uns eine Göttin zur Hand, die uns vor unseren Sirenen warnt. Deshalb fällt es uns in aller Regel schwer, schon im Voraus abzusehen, wo Versuchungen auf uns lauern. Es gibt zwar Menschen, die ihre Schwächen gut kennen. Doch die meisten von uns werden von einem plötzlichen Sinneswandel auf dem falschen Fuß erwischt.[7] Wir können oft nur schlecht im Voraus abschätzen, wie wir handeln werden, wenn wir von einem plötzlichen Verlangen befallen werden.[8] Unser limbisches System und unser präfrontaler Kortex sprechen einfach nicht dieselbe Sprache, weshalb wir die Macht unserer Begierde – ob Hunger, Ärger oder sexuelle Erregung – allzu oft unterschätzen. Vor allem vergessen wir, wie sehr wir es später bereuen, wenn wir diesen Bedürfnissen nachgeben. Wenn wir am nächsten Morgen verkatert in den Spiegel schauen, fragen wir uns verwundert, was sich unser limbisches System wohl am Abend zuvor gedacht haben mag.

Aber obwohl wir nur sehr langsam einsehen, welche Macht unsere Versuchungen über uns haben – irgendwann haben wir es kapiert. Rekapitulieren Sie einmal: Was tun Sie, wenn Sie aufschieben? Fallen Ihnen spontan ein paar Ihrer Versuchungen ein? Was sind Ihre Sirenen? Wenn Sie es wissen, können Sie Vorsichtsmaßnahmen ergreifen. Und zwar jetzt.

WERFEN SIE DEN SCHLÜSSEL WEG

Um zu verhindern, dass die eigenen Schiffe vom Feind erobert werden, lassen Feldherren sie gern verbrennen. Dieser Akt der Zerstörung hat jedoch noch einen anderen Zweck. Nach der Ankunft in Mexiko versenkte der spanische Eroberer Hernán Cortés seine Schiffe, obwohl der Feind noch gar nicht in Sicht war.[9] Und Wilhelm der Eroberer verbrannte einen Teil seiner Flotte nach der Landung in England in einem symbolischen Akt.[10] Danach eroberten beide Männer neue Reiche. Cortés nahm den Aztekenherrscher Moctezuma als Geisel und zerstörte sein Reich. Und Wilhelm eroberte England und sorgte dafür, dass die Normannen während der nächsten Jahrhunderte die Adelsschicht des Landes stellten. Indem sie ihren eigenen Truppen den Rückzug abschnitten, blieb diesen nichts anderes übrig, als zu gewinnen. Die Strategie ist uralt. Schon im sechsten Jahrhundert schrieb Sun Tsu in seinem Buch *Die Kunst des Krieges*: »Wirf deine Truppen in eine ausweglose Position, und sie werden selbst im Angesicht des Todes nicht fliehen. Denn wenn sie sich auf den Tod vorbereitet haben, was können sie dann nicht erreichen? Offiziere und Soldaten geben ihr Äußerstes.«

Dieses Prinzip können wir auf unsere Aufschieberitis anwenden und unsere langfristigen Ziele vor unseren unmittelbaren Versuchungen schützen. Unsere Schiffe sind die Alternativen, die wir ausschalten. Der amerikanische Schriftsteller Herman Melville ließ sich angeblich von seiner Frau an den Schreibtisch ketten, während er seinen Roman *Moby Dick* schrieb. Der französische Autor Victor Hugo soll sich in seinem Arbeitszimmer ausgezogen, einem Diener seine Kleider gegeben und diesen angewiesen haben, erst zu einer bestimmten Uhrzeit zurückzukommen.[11] Wenn ich weiß, dass ich die Hälfte meiner Weihnachtsplätzchen in der Adventszeit verschlinge, dann kaufe ich sie eben erst kurz vor Heiligabend und verteile den Rest nach den Weihnachtstagen unter meinen Kollegen im Büro. Raucher, die mit dem Rauchen aufhören wollen, verschenken ihre Zigaretten und fordern ihre Freunde auf, sie auf keinen Fall schnorren zu lassen. Fröhliche Zecher lassen beim Besuch in der Kneipe die Kreditkarte zu Hause und nehmen nur einen bestimmten Betrag mit, um ihre Finanzen zu schonen.*

Leider lässt sich die Strategie der Voraussicht oft nur mit fremder Hilfe umsetzen. Odysseus ließ sich an den Mast fesseln, aber wir haben nur selten Seeleute zur Verfügung, denen wir Befehle erteilen könnten. Diese Lücke schließt seit Neuestem die Technologie. Vor einigen Jahren gab ich der Zeitschrift *Newsday* ein Interview zur Schlummertaste, die damals ihren fünfzigsten Geburtstag feierte.[12] Die Schlummertaste ist eine Erfindung des Teufels, weil wir mit ihrer Hilfe unsere ursprüngliche Absicht, nämlich

---

* Ein schönes Beispiel für diese Strategie liefert der Musikmanager Tony Wilson. Wilson war ein Mogul der englischen Musikszene und eingefleischter Punkrocker. Trotz seines Erfolges brachte er es nie zu Reichtümern. Seine Erklärung spricht für seine weise Voraussicht: »Um mich nicht zu verkaufen, sorge ich dafür, dass ich nichts zu verkaufen habe.«

zu einem bestimmten Zeitpunkt aufzustehen, aufschieben können, um noch ein paar Minütchen vor uns hin zu dösen. Um dieser Versuchung zu widerstehen, stellen viele Menschen ihren Wecker außer Reichweite auf. Oder sie verwenden Clocky, einen Wecker auf Rädern, der beim zweiten Betätigen der Schlummertaste vom Nachttischchen springt und auf dem Boden piept und blinkt wie ein angeschossener Roboter. Google bietet seinen Nutzern eine Pausenfunktion, die ihren E-Mail-Empfang eine Viertelstunde lang abschaltet. Das Programm »Mail Goggles« verhindert, dass Sie spätnachts betrunken E-Mails in alle Welt verschicken, indem sie nach 22 Uhr die Lösung einer einfachen Mathematikaufgabe vor dem Versenden verlangt.[13] Ständig werden neue Anwendungen entwickelt, zum Beispiel eine große Auswahl von Programmen für den Internetbrowser Firefox (zum Beispiel »MeeTimer« oder »LeechBlock«). Für Nutzer von Apple gibt es das Programm »Freedom«, das den Internetzugang bis zu acht Stunden sperrt. Leider ist die meiste kommerzielle Software für Eltern gedacht, die ihre Kinder kontrollieren wollen: Wenn Sie das Kontrollsystem eingerichtet haben, müssen Sie einen Freund bitten, heimlich Ihr Passwort zu ändern, damit Sie die Sperren nicht einfach wieder abschalten.

So nützlich die Voraussicht ist, sie wirkt nicht immer. In den meisten Fällen rückt die Versuchung nur ein Stückchen in die Ferne, aber sie bleibt noch immer erreichbar. Die Krux ist immer dieselbe: Die List, mit der Sie sich schützen wollen, lässt sich ganz einfach wieder aushebeln. Sie sind einfach Ihr schlimmster Feind. Sie können jederzeit in den Laden an der Ecke gehen und neue Süßigkeiten kaufen, die Kontrollsoftware abschalten und Clocky mit einem Kissen ersticken. Samuel Taylor Coleridge heuerte

Schläger an, die ihn daran hindern sollten, eine Opiumhöhle zu betreten, doch als ihn die Sucht übermannte, entließ er sie einfach wieder. Im Kinofilm *Trainspotting* nagelt sich die heroinabhängige Hauptfigur in einem Raum fest, um der Sucht zu entkommen, nur um sich dann mit derselben Entschlossenheit wieder zu befreien.[14] Mit diesen Mitteln zögern Sie die Versuchung nur hinaus, aber Sie stellen sie nicht ab. Mit etwas Glück wird die Verlockung geringer, je länger die Verzögerung ist. Ein Becher Eis ist attraktiv, wenn er vor Ihnen steht, aber aus dem Gefrierfach hören Sie seinen Lockruf nur noch gedämpft. Je größer die Begierde, desto weiter muss ihr Objekt natürlich weg sein.

SÄTTIGUNG

Sind Sie je mit leerem Magen in einen Supermarkt gegangen? Ganz schlechte Idee. Ich sehe Sie vor mir, wie Sie Ihren Einkaufswagen durch die Regalreihen schieben und mit allen möglichen Leckereien vollladen, die Sie gar nicht auf Ihrer Liste haben. Diese Leckerbissen liegen erst wochenlang im Schrank und dann jahrelang auf Ihrer Hüfte. Wahrscheinlich wollten Sie nur eine kleine Belohnung, aber in diesem Moment der Entbehrung haben Sie impulsiv für ein ganzes Festmahl eingekauft. Was lernen wir daraus? Nicht nur, dass wir nicht hungrig einkaufen sollten, sondern auch, dass wir erst unsere Grundbedürfnisse befriedigen müssen, ehe wir uns auf andere Dinge konzentrieren können.[15] Diese Erkenntnis ist die Grundlage einer Theorie der Selbstverwirklichung, die der Psychologe Abraham Maslow aufstellte. Er behauptete, es gebe eine Bedürfnispyramide und wir müssten zuerst Grundbedürfnisse wie Nahrung und Behausung befriedigen, ehe wir uns um andere Dinge kümmern können.[16]

Wenn wir dies wissen, können wir unsere Bedürfnisse in kontrollierter Weise befriedigen, ehe sie stärker werden, und so die Zügel selbst in die Hand nehmen. Wenn Sie zulassen, dass Ihr Hunger zu groß wird, dann stopfen Sie sich voll, um ihn zu stillen. Es gibt jedoch zwei gute Strategien, mit denen Sie sich vorab festlegen können: Sie können vor jedem Essen ein Glas Wasser trinken und einen Salat essen, und Sie können im Laufe des Tages immer wieder gesunde Zwischenmahlzeiten einlegen.*Auf besonders lustvolle Weise lässt sich die Treue fördern, wenn Sie vor einer Reise mit Ihrem Partner oder Ihrer Partnerin schlafen; diese Strategie empfiehlt kein geringerer als der Apostel Paulus.** Raucher greifen zum Nikotinpflaster, um ihre Sucht in den Griff zu bekommen, und Heroinabhängige zum Methadon. Sie können diese Strategie beispielsweise anwenden, indem Sie zuerst Ihre Freizeitaktivitäten in Ihren Kalender eintragen und dann die Aufgaben mit Bleistift. Dieser »Gegenkalender« kann Ihnen ein völlig neues Gefühl der Freiheit vermitteln.[17] In jedem Fall geht es darum, ein bisschen Dampf abzulassen, ehe der Kessel platzt.

---

* Eine Magenverkleinerung wäre eine drastischere Maßnahme der Vorabfestlegung. Durch sie verringert sich die Menge an Nahrung, die Sie zu sich nehmen müssen, um ein Sättigungsgefühl zu verspüren. Die Tatsache, dass immer wieder Patienten an den Folgen der Operation sterben, zeigt, zu welch verzweifelten Maßnahmen manche Menschen greifen, um ihre Gelüste in den Griff zu bekommen.

** Entziehe sich nicht eins dem andern, es sei denn aus beider Bewilligung eine Zeit lang, dass ihr zum Fasten und Beten Muße habt; und kommt wiederum zusammen, auf dass euch der Satan nicht versuche um eurer Unkeuschheit willen.« (1. Korinther 7,5).

Obwohl die Anmeldefristen meistens Monate im Voraus bekannt sind und Frühbucher oft mit Sonderangeboten gelockt werden, melden sich die meisten Teilnehmer regelmäßig auf den letzten Drücker an, egal ob bei Weiterbildungen oder Wettläufen.[18] Was nicht weiter verwunderlich ist. Bei einer Konferenz in New York lernte ich vor ein paar Jahren den Führungs- und Motivationsexperten Victor Vroom kennen. Als wir gemeinsam über den Times Square gingen, stellten wir fest, dass es keiner von uns geschafft hatte, ein Zimmer im Konferenzhotel zu reservieren, weil wir uns zu spät angemeldet hatten. Interessanterweise sind die typischen Aufschieber nicht die Letzten, die sich anmelden, sondern oft sogar die Ersten. In dem Versuch, sich vorab festzulegen, unterschreiben sie Jahresverträge in Fitnessstudios, abonnieren Konzertkarten und werden Mitglieder in Arthouse-Filmclubs, die ihnen regelmäßig DVDs zustellen.[19] Sie handeln hier und jetzt in der Hoffnung, ihr künftiges Ich auf diese Weise zu Dingen zu zwingen, zu denen ihr jetziges Ich keine Lust hat – selbst wenn das bedeutet, sich andere Alternativen zu vermiesen.

Eine Möglichkeit, sich vorab festzulegen, war der Christmas Club, der 1909 von der Carlisle Trust Company erfunden wurde.[20] Banken boten ihren Kunden Sparkonten mit geringen Zinserträgen, deren Einlagen im Dezember abgehoben werden konnten; wer sein Geld früher haben wollte, musste Strafzinsen bezahlen. Obwohl es heute sehr viel leichter ist, Kredite zu bekommen, gibt es diese Christmas Clubs nach wie vor.[21] Warum sollten Menschen auf die Idee kommen, ihr Geld so anzulegen? Weil sie Angst haben, ohne diese Strafandrohung könnten sie ihr

Geld vorher ausgeben und am Heiligabend mit leeren Händen dastehen.

Auch bei der Gewichtskontrolle kann dieses System funktionieren. Das Unternehmen Weight Watchers bestraft beispielsweise seine Mitglieder fürs Zunehmen. Die Mitglieder werden beraten und unterstützt, um ihr Idealgewicht zu erreichen und zu halten. Wer sein Idealgewicht eine gewisse Zeit lang gehalten hat, wird Mitglied auf Lebenszeit und bezahlt keine Beiträge mehr. Doch die Sache hat einen Haken. Die Mitglieder müssen sich einmal im Monat wiegen lassen, und wenn die Waage mehr als ein Kilo Übergewicht anzeigt, zahlen sie so lange ihre Beiträge, bis sie die Pfunde wieder abgespeckt haben. Ich habe auch von einer dänischen Fitnesskette gehört, die angeblich ihren Mitgliedern die Beiträge erlässt, wenn sie regelmäßig einmal pro Woche antreten.[22] Sobald sie nicht mehr regelmäßig trainieren, werden sie zur Kasse gebeten.[23]

Mit Unterstützung eines unerbittlichen Freundes oder wohlgesinnten Feindes können Sie dafür sorgen, dass in jeder beliebigen Angelegenheit mehr für Sie auf dem Spiel steht. Sie können eine schmerzhafte Wette abschließen, die Sie verlieren, wenn Sie ein wichtiges Ziel aufschieben. Die Wirtschaftswissenschaftler John Romalis und Dean Karlin haben zum Beispiel eine Art Weight Watchers für Fortgeschrittene erfunden. Um sich zu zwingen, ihr Gewicht zu halten, kann jeder der beiden den anderen ohne Ankündigung auf die Waage bitten; wer zugenommen hat, zahlt 10 000 Dollar.[24] Zusammen mit seinem Kollegen Ian Ayres gründete Karlin später stickK.com, eine Website, mit deren Hilfe Besucher ihre eigenen Wetten erfinden können. Ähnlich funktioniert die Website »Covenant Eyes« von Ronald DeHaas; um den Konsum von Internetpornografie einzuschränken, schickt der Betreiber Berichte über die von Ihnen besuchten Seiten zu einer Person Ihrer Wahl – einem Freund, Ihrem Partner oder vielleicht auch einem Pfarrer. Eine interessante Erfindung ist ein Wecker namens »Snooze and Loose«: Jedes Mal wenn Sie die Schlummertaste drücken, überweist er zehn Euro oder mehr an die Hilfsorganisation, die Sie am meisten hassen.

Wie alle Vorabfestlegungen sind diese Methoden natürlich nicht narrensicher. Einerseits sind sie unflexibel, das heißt, Sie können die Bedingungen nicht ändern, auch wenn Sie einen guten Grund dafür haben. Was wäre beispielsweise passiert, wenn das Schiff von Odysseus auf Grund gelaufen oder von Piraten angegriffen worden wäre, während er an den Mast gefesselt war? Vielleicht benötigen Sie das Geld, das Sie im Christmas Club festgelegt haben, wirklich dringend. Oder Sie werden krank und können Ihre Mitgliedschaft im Fitnessclub nicht nutzen. Wenn die Vorabfestlegungen jedoch flexibler wären, dann wären sie allzu leicht auszuhebeln. Wie heißt es so schön: »Wer vor einer Versuchung flieht, stellt oft einen Nachsendeantrag.«[25] Seien Sie also auf der Hut, dass Ihr künftiges Ich nicht schlauer oder entschlossener ist als Ihr jetziges. Wo ein Wille ist, da sollte kein Weg sein. Erwachsene, die Nägel kauen, reiben sich die Finger mit derselben bitteren Salbe ein, mit der Kindern das Daumenlutschen abgewöhnt wird, aber sie ertragen einfach den Geschmack oder finden Möglichkeiten, die Salbe wieder abzuwaschen.[26] In Mordecai Richlers Roman *Joshua, damals und jetzt* hilft Joshua seinem Freund Seymour, eine Vorabfestlegung zu umgehen, indem er Unterhosen mit ihm tauscht. Seymour trägt nämlich »schwarze Spitzenhöschen aus Seide«, um sich von Seitensprüngen abzuhalten.[27] Welche Frau würde schon mit einem Mann schlafen wollen, der seine Männlichkeit in Spitze hüllt? Das hängt vermutlich davon ab, in welcher Gesellschaft man sich befindet – aber ich schweife ab.

Legen Sie der Freiheit Fesseln an!

Um Ihre Ziele zu verwirklichen, müssen Sie vielleicht so schnell wie möglich handeln, ehe die Versuchung zuschlägt. Dazu sollten Sie zuerst herausfinden, worin Ihre persönliche Versuchung besteht und womit Sie sich ablenken, wenn Sie eigentlich arbeiten sollten. Wenn Sie nicht selbst darauf kommen, fragen Sie Freunde und Familienmitglieder, die wissen es bestimmt. Wenn Sie Ihre Versuchungen erkannt haben, bleiben Ihnen drei Möglichkeiten:

◊ Fesselung: Schaffen Sie diese Versuchungen außer Reichweite. Löschen Sie die Spiele von Ihrem Rechner, oder trennen Sie die Internetverbindung. Nehmen Sie den Akku aus Ihrem Handy, oder ziehen Sie den Stecker aus Ihrem Fernseher.
◊ Sättigung: Befriedigen Sie Ihre Bedürfnisse, ehe sie außer Kontrolle geraten und Sie von Ihrer Arbeit ablenken. Ironischerweise arbeiten Sie besser, wenn Sie als allererstes Zeit für Freizeitaktivitäten einplanen.
◊ Gift: Machen Sie Ihre Versuchungen unattraktiv. Schließen Sie Wetten ab, dass Sie einer Versuchung nicht erliegen werden – das lässt sich auf fast jede Versuchung anwenden.

Anfang der siebziger Jahre begann der ausgezeichnete Psychologe Walter Mischel mit seinen Untersuchungen an Kindern. Mithilfe von Marshmellows stellte er ihre Willenskraft auf die Probe.[28] In einer ganzen Reihe von Untersuchungen bot er den Kindern ein Marshmellow an und versprach ihnen, wenn sie sich ein wenig gedulden würden, dann würde er ihnen nicht ein Marshmellow geben, sondern zwei. Einige Kinder geduldeten sich ein bisschen, andere länger, und im Durchschnitt kamen sie auf fünf Minuten. Die Fähigkeit der Kinder, ihre Befriedigung aufzuschieben und auf die größere Belohnung zu warten, erwies sich im Laufe ihrer weiteren Entwicklung als entscheidend. Die Selbstbeherrschung, die sie im Kindesalter an den Tag gelegt hatten, hatte Einfluss auf ihre schulischen Leistungen und ihre Sozialkompetenz im Erwachsenenalter.[29] Charakter ist in der Tat Schicksal. Nach seinen ersten Experimenten versuchte Mischel, das Schicksal einer neuen Generation von Kindern in andere Bahnen zu lenken und ihnen beizubringen, Versuchungen zu widerstehen. Es gelang ihm, ihre Selbstbeherrschung zu verdreifachen, das heißt, die Kinder warteten im Durchschnitt dreimal so lange auf die größere Belohnung. Was war sein Trick? Er zeigte den Kindern ganz einfach, worauf sie ihre Aufmerksamkeit richten sollten.

Mischels Ansatz wird Ihnen bekannt vorkommen. Sein Hebel war nämlich die Doppelnatur unseres Gehirns, das Hin und Her zwischen dem limbischen System und dem präfrontalen Kortex. Wenn wir unsere Aufmerksamkeit kontrollieren, gewinnen wir an Selbstbeherrschung. Dazu gehen wir zunächst von innen nach außen und ändern unsere Wahrnehmung der Welt. Und in einem zweiten Schritt gehen wir von außen nach innen und ändern die Welt, die wir wahrnehmen.

VON INNEN NACH AUSSEN: AUFGEPASST!

Ich möchte ein Spiel mit dem Namen »Das unmögliche Tier« mit Ihnen spielen. Es dauert genau eine Minute. Nehmen Sie Ihre Uhr, messen Sie eine Minute und denken Sie währenddessen nicht an einen *rosa Elefanten*. Keine rosa Elefanten, auch nicht einen einzigen. Alles klar? Da Sie den ganzen Tag über vermutlich noch nicht an rosa Elefanten gedacht haben, dürfte es Ihnen nicht allzu schwerfallen. Wenn Sie es noch sechzig weitere Sekunden schaffen, nicht an einen rosa Elefanten zu denken, dann haben Sie gewonnen. Fertig? Los!

Jetzt sechzig Sekunden Zeit nehmen

Und? Haben Sie es geschafft? Vermutlich nicht. Daniel Wegner, Autor eines Buchs über Gedankenunterdrückung, meint, dass die Regeln gegen Sie spielen.[30] Um sicher zu sein, dass Sie nicht an einen rosa Elefanten denken, müssen Sie ein gewisses Bild im Kopf haben, sonst könnten Sie ja nicht überprüfen, ob Sie gegen die Regel verstoßen. Wenn wir einen Gedanken unterdrücken, erhalten wir ihn ironischerweise am Leben. Nach diesem Muster kommen auch die sogenannten Freud'schen Fehlleistungen zustande: Wenn wir versuchen, ein Trauma oder eine Versuchung aus unserem Gedächtnis zu verbannen, kommt der gefürchtete Gedanke erst recht an die Oberfläche. Eine Frage an die wenigen, die es geschafft haben, sechzig Sekunden lang nicht an unser Fabeltier zu denken: Haben Sie nach Ablauf der sechzig Sekunden den Rückfall gespürt? Vermutlich hat Ihr Gehirn erleichtert auf das Ende der Unterdrückung reagiert und in Bildern von rosa Elefanten geschwelgt.[31] Obwohl die Unterdrückung von Gedanken nachweislich wirkungslos ist, wird sie bis heute gern eingesetzt, um homosexuelle Regungen, rassistische Stereotypen und alles mögliche andere zu bekämpfen – ohne Erfolg natürlich. Wenn Sie lästige Versuchungen wie Seitensprungphantasien oder eine neue Fernsehsendung aus Ihren Gedanken verbannen wollen, dann habe ich einige geeignetere Methoden für Sie.

Statt zu versuchen, nicht an die Versuchung zu denken, können Sie sich innerlich von ihr distanzieren und sie abstrahieren. Mischel brachte beispielsweise Kindern bei, den Verzehr von Salzstangen zu verzögern, indem er sie anregte, sich auf Form und Farbe des Knabbergebäcks zu konzentrieren (»Die Salzstangen sind lang und dünn und sehen aus wie Zweige«) statt auf den Geschmack oder die Konsistenz.[32] Und der Anthropologe Terrence Deacon brachte Schimpansen dazu, bei der Wahl ihrer Nahrung strategischer vorzugehen und dazu symbolische Darstellungen, sogenannte Lexigramme, zu verwenden.[33] Die Schimpansen sollten sich zwischen Kiwis und Erdbeeren entscheiden und erhielten die Frucht, für die sie sich *nicht* entschieden hatten. Nur die Schimpansen, die das Lexigramm für Kiwis und Erdbeeren lernten (ein schwarzes Quadrat mit einem blauen »Ki« beziehungsweise ein rotes Quadrat mit zwei waagrechten weißen Linien), bekamen die Frucht, die sie wollten, indem sie auf das Symbol der Frucht zeigten, die sie nicht haben wollten. Wenn wir die Welt in Form von Symbolen sehen, so Deacon, verschiebt sich das Gewicht offenbar von Primärreizen und dem limbischen System zu Abstraktionen und dem präfrontalen Kortex. Die Folge: Wir treffen bessere Entscheidungen.* Um uns diese merkwürdige Eigenschaft zu Nutze zu machen, müssen wir dafür sorgen, dass unsere Gedanken so unkonkret wie möglich bleiben, so als würden wir eine Versuchung aus großer Entfernung betrachten. Im 17. Jahrhundert schrieb der japanische Samurai Miyamoto Musashi in seinem *Buch der Fünf Ringe*: »Die Erkenntnis ist stark, das Auge schwach. In der Strategie ist es wichtig, die fernen Dinge so zu sehen, als seien sie nah, und die nahen so, als seien sie fern.«

Alternativ können Sie eine Verleumdungskampagne gegen alles starten, was Ihrem limbischen System gefällt. Sie können jeder Versuchung negative Eigenschaften und Konsequenzen anhängen, um sie sich auszureden. Diese Salzstangen könnten beispielsweise schal oder schmutzig sein. Je mehr eklige Möglichkeiten Sie sich einfallen lassen, umso unangenehmer wird Ihnen das, was Ihnen eben noch verlockend erschien.[34] Die schrecklichen Konsequenzen, die Sie sich ausmalen, wirken wie eine Art Impfung.[35] Dazu sollten Sie eine Versuchung mit einem unangenehmen Bild verbinden in der Hoffnung, dass dieses auf die Versuchung abfärbt. Zum Thema Aufschieben könnte Ihr Bild ungefähr so aussehen:

———————————— *Stellen Sie sich vor, Sie haben soeben ein wichtiges Projekt aufgeschoben, für das Sie Ihrer Ansicht nach noch genug Zeit haben. Sie beschäftigen sich mit unwichtigen*

---

* Oder um es mit Deacons Worten zu sagen: Die Schimpansen benötigen die symbolische Darstellung, denn ohne sie »konzentrieren sie sich ausschließlich auf das, was sie wollen, und sind nicht in der Lage, Abstand zu nehmen und ihr Bedürfnis dem Kontext unterzuordnen«.

Dingen, surfen im Internet oder sehen zu Hause fern. Schließlich ist der Moment gekommen, an dem Sie sich an die Arbeit machen müssen. Es ist anstrengend, aber machbar. Wenn da nur nicht diese Kopfschmerzen wären, die Sie plötzlich bekommen haben. Da Sie ausreichend Zeit hatten, das Projekt zu bearbeiten, können Sie das schlecht als Entschuldigung anführen, wenn Sie nicht als inkompetenter Faulpelz dastehen wollen. Also fangen Sie mit der Arbeit an. Doch die Kopfschmerzen werden immer schlimmer, Sie haben das Gefühl, jemand rammt Ihnen ein Messer ins Auge. Sie bleiben hartnäckig, aber wegen Ihrer Qualen produzieren Sie nur Ausschuss. Als Ihnen vor Schmerzen schon fast Tränen kommen, nehmen Sie ein Schmerzmittel. Das beendet zwar die Tortur, aber es macht Sie außerdem müde, und Sie schlafen ein. Als Sie aufwachen, scheint die Sonne zum Fenster herein. Sie sind spät dran. Sie rennen zur Arbeit, und als Sie ankommen, erfahren Sie, dass die Leiterin Ihrer Abteilung sämtliche Kollegen im Konferenzraum zusammengerufen hat, um Ihre Präsentation zu hören. Sogar der Chef des Unternehmens schaut vorbei. Da Sie spät dran sind, werden Sie einfach auf das Podium gezerrt. Alle sehen Sie gespannt an. Unter Stammeln und Stottern erklären Sie, dass Sie Ihr Projekt nicht abschließen konnten, weil Sie Kopfschmerzen hatten. Sie wirken wie ein Volltrottel. Es folgt ein langes Schweigen, hier und da ist ein unterdrücktes Kichern zu hören. Ihre Kollegen sehen Sie nicht an, weil es ihnen peinlich ist, mit Ihnen in Verbindung gebracht zu werden. Später erklärt Ihnen Ihre Abteilungsleiterin, sie habe Sie eigentlich für eine Beförderung vorgesehen, aber nun müsse sie Sie leider entlassen. Ihr Verhalten sei unentschuldbar. Einer Ihrer Kollegen hat Ihren »Vortrag« mit einem Handy aufgezeichnet und auf YouTube eingestellt. Sie sind das Gespött der ganzen Branche. Niemand lädt Sie auch nur zu einem Vorstellungsgespräch ein. Sie sind beruflich am Ende.

Sie können diese Beschreibung natürlich nach Belieben abwandeln, auf Ihre Situation zuschneiden und Ihre Lieblingsablenkungen einbauen.[36] In Richlers *Joshua, damals und jetzt* wäre Joshuas Freund Seymour vielleicht treuer geblieben, wenn er sich die negativen Folgen eines Seitensprungs ausgemalt und sich vorgestellt hätte, wie er eine wildfremde Frau schwängert, sich eine Geschlechtskrankheit einfängt und seine Ehe ruiniert. Und wenn Sie Ihre Aufgaben immer auf den letzten Drücker erledigen, könnten Sie sich beispielsweise vor Augen führen, dass Sie krank werden könnten, dass Notfälle eintreten könnten und dass die Arbeit grundsätzlich mehr Zeit in Anspruch nimmt, als Sie meinen. Malen Sie sich die Folgen Ihrer Aufschieberei in den grellsten Farben aus. Das Beratungsunternehmen Opera Solutions verlor einen Auftrag im Wert von mehreren Millionen Dollar, weil es einen Voranschlag zwanzig Minuten zu spät einreichte.[37] Elisha Gray wurde nie als Erfinder des Telefons gewürdigt, weil er einen Tag nach Alexander Graham Bell aufs Patentamt ging. Aufschub kann furchtbare Folgen haben. Warum sollte es Ihnen besser ergehen?

Techniken wie die Impfung oder die bewusste Steuerung unserer Aufmerksamkeit sind allerdings nicht perfekt. Sie erfordern Energie, und irgendwann sind unsere Kräfte erschöpft. In Mischels Experimenten konnten die Kinder die Befriedigung zwar weiter, aber nicht endlos aufschieben. Doch auch diese Verzögerung kann schon ausreichen. Viele Versuchungen sind zeitlich begrenzt, zum Beispiel der Nachtisch nach dem Essen. Wenn Sie der Versuchung eine Stunde widerstehen können, verschwindet Ihr Verlangen danach. Das ist nicht perfekt, aber es ist besser als gar nichts. Wenn Sie dauerhaftere Lösungen suchen, dann lesen Sie weiter.[38]

VON AUSSEN NACH INNEN:
AUS DEN AUGEN, AUS DEM SINN

Es gibt einen ganz einfachen Trick, mit dem Sie pro Jahr einen Monat an Zeit gewinnen können. Dieser Trick ist nicht nur effektiv, er ist obendrein kostenlos. Schritt 1: Öffnen Sie Ihr E-Mail-Programm. Schritt 2: Schalten Sie alle akustischen Hinweise und automatischen E-Mail-Benachrichtigungen aus. In Outlook finden Sie diese Option gut versteckt unter Extras > Optionen > Einstellungen > E-Mail-Optionen > Erweiterte E-Mail-Optionen. Entfernen Sie einfach unter der Rubrik »Beim Eintreffen neuer Elemente im Posteingang« sämtliche Häkchen. Das war's. Dadurch werden Sie auf einen Schlag 10 Prozent effizienter. Im Laufe eines Jahres summiert sich das zu einem Monat an zusätzlicher Arbeitszeit. Mindestens. Sie arbeiten am besten, wenn Sie sich ganz in eine Aufgabe vertiefen. Jedes Mal, wenn Sie den Flow unterbrechen, müssen Sie sich neu aufraffen und benötigen Zeit, um wieder in Ihre Arbeit hineinzufinden. Leider sind wir wie der Pawlow'sche Hund darauf konditioniert, auf das Erklingen eines Glöckchens hin alles stehen und liegen zu lassen, um die neue Nachricht sofort zu lesen und zu beantworten. Wenn Sie nicht dringend eine Nachricht erwarten, sollten Sie daher Ihre E-Mails nur dann checken, wenn sich in Ihrer Arbeit eine natürliche Pause ergibt.

Indem Sie die Einstellungen in Ihrem E-Mail-Programms ändern, erlangen Sie die Reizkontrolle zurück. Viele unserer Entscheidungen erfolgen unbewusst in unserem limbischen System. Das ist nicht gerade der cleverste Teil unseres Gehirns, denn es lässt sich vor allem von Umweltsignalen wie Anblicken, Gerüchen, Geräuschen oder Berührungen lenken.[39] Wir sehen ein provozierendes

Bild und denken an Sex, ein leckerer Geruch schwebt vorüber, und wir bekommen Hunger, wir hören einen Fetzen Musik und summen eine Melodie. Auf diese äußeren Signale hin schweifen unsere Gedanken ab, und wir vergessen, was wir eigentlich vorhatten. Nach dem leisesten Anstoß entschwindet unsere Phantasie in die Wolken, und wir grübeln über eine Herzensangelegenheit nach – etwa die Frage, was es wohl zum Mittagessen gibt.

Diese Ablenkungen sind nicht nur allgegenwärtig, sie werden auch noch bewusst forciert. John Bargh, Leiter des ACME-Labors der Yale University, untersucht seit Jahrzehnten, wie wenig nötig ist, um unsere Gedanken zu beeinflussen.[40] Wir lassen uns konditionieren, ohne es zu bemerken.[41] Die Lichter werden leicht gedämpft, und wir werden ängstlicher. Kaum halten wir eine Tasse mit heißem Kaffee in der Hand, durchflutet uns ein wohliges Gefühl, und wir handeln großzügiger. Füllt die Empfangsdame die Pralinen auf ihrem Tisch in eine Glas- statt in eine Porzellanschale und macht sie dadurch sichtbarer, aber nicht erreichbarer, dann steigt der Süßigkeitenkonsum im Büro um 46 Prozent.[42] Auf kleinste Stichworte werden Begierden geweckt, die uns unvermutet anspringen: »Wie man den Teufel nennt, so kommt er gerennt.« Suchtkranke Menschen verspüren oft ein überwältigendes Bedürfnis nach ihrer Droge, wenn sie einem starken Signal ausgesetzt sind und beispielsweise einem anderen Drogenabhängigen begegnen oder an einem Haus vorbeikommen, in dem sie früher Drogen konsumiert haben.[43]

Unternehmen versuchen mit aggressiven Methoden, unsere Empfänglichkeit auszunutzen, und bombardieren uns Tag für Tag mit Tausenden Werbebotschaften. Um die Kontrolle über unsere Umwelt wiederzuerlangen, müssen wir im Grunde unsere eigene Werbeagentur beschäftigen. Büros und Schulen sind wahre Giftmüllhalden, die mit ihren vielfältigen Ablenkungsmöglichkeiten unsere Motivation aushöhlen. Wir müssen sie wieder in Stätten der Arbeit verwandeln und nach dem Motto »Aus den Augen, aus dem Sinn« sämtliche irrelevanten Signale verbannen. Zu Beginn dieses Abschnitts habe ich Sie aufgefordert, Ihre E-Mail-Benachrichtigungen abzuschalten. Ich habe Ihnen auch erzählt, wie Odysseus seinen Männern die Ohren mit Wachs verstopfte, damit sie den Gesang der Sirenen nicht hörten. In beiden Fällen sollen störende Signale aus der Umwelt ausgeschaltet werden. Finden Sie heraus, was Sie ganz besonders ablenkt, und entfernen Sie jeden Hinweis darauf aus Ihrer Umwelt. Ich nehme an, Sie haben in Ihrem Internetbrowser eine Menge Seiten mit Lesezeichen versehen, um sie leichter zu finden. Löschen Sie sie. Und wo Sie schon dabei sind, löschen Sie auch die Schnellstart-Buttons für Spiele oder, besser noch, löschen Sie die Spiele von Ihrem Rechner. Räumen Sie zu Hause die Fernbedienung Ihres Fernsehers weg, und schließen Sie die Türen Ihres Fernsehschranks, wenn Sie einen haben. Damit kommen wir zum schwierigen Teil.

Ein unaufgeräumter, chaotischer und schlecht organisierter Arbeitsplatz ist ein wahres Minenfeld der Ablenkung. Mit jeder Minute, die Sie nach einem verschollenen Bericht oder Buch suchen müssen, nimmt die Wahrscheinlichkeit zu, dass Sie irgendeine Kleinigkeit finden, die Ihre Aufmerksamkeit beansprucht. Alles, was nicht auf Ihren Schreibtisch gehört, lenkt Sie nur ab und macht es Ihnen schwerer, sich auf Ihre eigentliche Arbeit zu konzentrieren.[44] Aber jetzt kommt der Haken: Die Tätigkeit, die wir am liebsten aufschieben, ist das Aufräumen von

Schränken, Schubladen und anderen Chaosecken.[45] Menschen, die aufschieben, hinterlassen mehr Durcheinander, weshalb sie natürlich umso mehr aufschieben.[46] Sie brauchen Hilfe. Sie können das Chaos mit einigen der in diesem Buch beschriebenen Techniken bekämpfen – das kreative Aufschieben in Kapitel 8 könnte besonders interessant für Sie sein. Wir sind nämlich immer dann hochmotiviert, unser Leben zu entrümpeln, wenn eine Deadline ansteht. Sie können aber auch anderswo Hilfe suchen. Geben Sie in eine Suchmaschine die Stichwörter »Aufräumen« oder »Entrümpeln« ein, um Bücher zu finden, mit denen Sie das Chaos zu Hause und im Büro in den Griff bekommen. Sie können natürlich auch Aufräumexperten engagieren; die machen im Grunde auch nichts anderes als ein Coach, der Ihnen bei der Entwicklung eines Fitnessprogramms hilft.*

Wenn Sie die Versuchungen verbannt haben, können Sie mit Teil 2 der Reizkontrolle beginnen. Gestalten Sie Ihren Arbeitsplatz so, dass er Sie an Ihre Aufgabe erinnert. Aber tapezieren Sie nun nicht Ihre Wände mit allgemeinen Motivationssprüchen, sondern schneiden Sie Ihre Gedächtnisstützen auf Sie persönlich zu und sorgen Sie dafür, dass Sie sich tatsächlich angesprochen fühlen. Was assoziieren Sie mit Ihrer Aufgabe? Wenn es ein Zitat gibt, das Sie besonders inspiriert, dann könnte es auf Ihrem Bildschirmschoner erscheinen, wenn Sie ein Päuschen einlegen. Wenn Sie Probleme haben, Ihre Rechnungen pünktlich zu bezahlen, dann könnten Sie sie prominent auf dem Küchentisch platzieren, wo sie Ihnen ins Auge stechen. Selbst

---

* Hier finden Sie zwei von vielen Organisationen, die Hilfe versprechen: *www.napo.net* (Vereinigte Staaten) und *www.simplify.de* (Deutschland).

eine Liste hilft, vor allem wenn Sie sie mit einem Post-it an den Bildschirm Ihres Computers kleben.[47] Mit diesen Signalen und Hinweisen fördern Sie effektiv Ihre Konzentration und richten Ihre Aufmerksamkeit auf Ihr Ziel.[48]

Wie wirkungsvoll diese Konzentrationsstrategie sein kann, können Sie ganz einfach an Ihrem heimischen Energieverbrauch ausprobieren. Das Problem der Energieverschwendung scheint abstrakt und weit weg und wird immer erst real, wenn die Jahresabrechnung ins Haus flattert und die Kilowattstunden längst verbraucht sind. Wenn Sie eine kleine Veränderung vornehmen und die Tür zum Zähler öffnen, um sich ständig an Ihren Verbrauch zu erinnern, dann koordinieren Sie Ihr limbisches System mit Ihrem präfrontalen Kortex und bringen sich selbst dazu, Lampen und Geräte abzuschalten, die Sie nicht benutzen.[49] Mark Martinez vom Energieversorgungsunternehmen Edison ließ bei sämtlichen Kunden in Südkalifornien einen intelligenten Stromzähler mit einem roten Lämpchen einbauen, das aufleuchtete, wenn der Strom besonders teuer war.[50] Binnen weniger Wochen sank der Stromverbrauch zu Stoßzeiten um 40 Prozent. Experimente zeigen, dass Sie mit einfachen Maßnahmen wie diesen Ihre Nebenkosten um bis zu 10 Prozent senken können.[51]

Wenn es um die Arbeit geht, brauchen Sie keine Lämpchen. Alles, was Sie mit einer bestimmten Aufgabe in Verbindung bringen, kann Ihnen als Ansporn dienen: sogar eine bestimmte Tageszeit, eine vorhergehende Tätigkeit oder Kollegen.[52] Am besten ist es natürlich, wenn Sie Ihren Arbeitsplatz selbst in ein Signal verwandeln können, um sich automatisch beim Hinsetzen auf Ihre Aufgaben einzustimmen. Dazu müssen Sie Ihren Arbeitsplatz so gestalten, dass er ausschließlich der Arbeit dient. Arbeiten Sie in

Ihrem Büro, bis Ihre Motivation nachlässt und Sie eine Pause brauchen. Dann können Sie im Internet surfen, Ihre Netzwerke pflegen und Spiele spielen – aber tun Sie es anderswo. Dazu müssen Sie sich vielleicht einen zweiten Computer anschaffen, mit dem Sie spielen, aber mit der Produktivitätssteigerung holen Sie die Kosten dieser Anschaffung wieder herein. Wenn Sie an unterschiedlichen Orten arbeiten und spielen, schaffen Sie Assoziationen und können sich mühelos konzentrieren. Ihre Umwelt stellt Ihre Motivation ganz automatisch her. Drei Untersuchungen haben die Auswirkungen dieser Technik auf Studierende überprüft und dabei festgestellt, dass diese mit klar definierten Arbeitsplätzen innerhalb weniger Wochen deutlich weniger aufschoben.[53] (Ein ähnlicher und ähnlich effektiver Trick wäre zum Beispiel die Einrichtung unterschiedlicher Bankkonten, um Ihre Spontankäufe zu reduzieren.)[54] Ohne diese Trennung zwischen Arbeit und Freizeit bekommen Sie jedes Mal, wenn Sie sich an den Schreibtisch setzen, uneindeutige Signale: Die einen fordern Sie auf, für Ihren Bericht zu recherchieren, und die anderen, Facebook aufzurufen.

Um die unterschiedlichen Lebensbereiche wie Arbeit und Familie nicht miteinander zu vermischen, müssen wir klare Grenzen ziehen.[55] Wenn Sie sich keinen Zweitcomputer anschaffen können, dann könnten Sie zumindest an Ihrem Rechner ein zweites Nutzerprofil anlegen und sich auf diese Weise zwingen, sich jedes Mal ab- und wieder anzumelden, wenn Sie surfen und chatten wollen. Und wenn Ihnen Ihr BlackBerry dazwischenfunkt, wenn Sie Zeit mit Ihrer Familie verbringen wollen, dann schaffen Sie sich für Ihre Freizeit ein einfaches Handy an. Sie können auch kleine Rituale erfinden, wenn Sie von einem Bereich in den anderen wechseln; zum Beispiel könnten Sie auf dem Nachhauseweg im Auto Musik hören oder zu Hause Ihre Arbeitskleidung ablegen. Und wenn Sie zu Hause arbeiten, richten Sie sich ein eigenes Büro ein, egal wie klein es ist. Die Signale aus Ihrer Umwelt helfen Ihnen, Versuchungen und Ablenkungen abzuwehren und wirklich da zu sein, wo Sie sind.

Konzentrieren Sie sich auf das Richtige!

Ablenkungen sind eine der wichtigsten Ursachen der Aufschieberitis. Deshalb müssen wir lernen, sie effektiv auszuschalten. Sie haben die Wahl, die Signale, die Sie an Ihre persönlichen Versuchungen erinnern, zu entwerten, auszuschalten oder zu ersetzen.

◊ Machen Sie sich Ihre Verlockungen madig. Impfen Sie sich, indem Sie sich vorstellen, welchen Schaden diese Versuchungen anrichten und welche fatalen Konsequenzen Ihr Aufschieben haben kann. Je greller die Farben, in denen Sie sich den Schaden oder die Katastrophe ausmalen, desto effektiver.

◊ Wenn Sie vor einer potenziell gefährlichen Versuchung stehen, konzentrieren Sie sich auf ihre abstrakten Aspekte. Ein Schokolade-Käse-Kuchen lässt sich beispielsweise als eine unappetitliche Fett-Zucker-Kombination vorstellen.

◊ Beseitigen Sie, wo immer möglich, sämtliche Signale, die Sie auf potenzielle Ablenkungen hinweisen. Ein wichtiger Schritt ist die Entrümpelung Ihres Arbeitsplatzes.

◊ Wenn Sie die Ablenkungen beseitigt haben, postieren Sie sinnvolle Botschaften an deren Platz, die Sie daran erinnern, warum Sie arbeiten. Ein Foto Ihrer Familie könnte ein sehr effektives Signal sein.

◊ Stärken Sie die Arbeitssignale, indem Sie eine klare Trennung zwischen Arbeit und Freizeit vornehmen.

Erfolge erzielen

»Zentimeter für Zentimeter, Meter für Meter.« Kann das ein starkes Mantra sein? Joe Simpson rettete es sogar das Leben. Auf einer Bergtour in den peruanischen Anden fiel er in eine Gletscherspalte und brach sich das Schienbein. Als seine Begleiter kein Lebenszeichen von ihm erhielten, nahmen sie an, dass er tot sei, und ließen ihn zurück. Wenn er nicht tatsächlich sterben wollte, hatte Simpson keine andere Wahl, als sich über ein acht Kilometer langes, trügerisches Gletscherfeld zum Basislager zu schleppen. Vom Aufstieg erschöpft, ohne Essen und mit wenig Wasser erschien es ihm vollkommen unmöglich, sich zu retten. Ein Instrument rettete ihm das Leben: seine Armbanduhr. Mit ihr setzte er sich Ziele. Er stellte die Timerfunktion der Uhr so ein, dass sie in zwanzig Minuten klingelte, und machte sich auf den Weg zu einem nahegelegenen Felsen oder einer Schneewehe. Wenn er es innerhalb der Zeit schaffte, war er überglücklich, und wenn nicht, verzweifelte er fast. Hunderte Male stellte er seine Uhr und kämpfte gegen seine Erschöpfung, seine Schmerzen und schließlich sein Delirium an. Zu guter Letzt erreichte er das Lager, wenige Stunden bevor seine Freunde sich auf den Weg ins Tal machen wollten.

Simpsons Geschichte, die er in seinem Buch *Sturz ins Leere* erzählt, unterstreicht eindrucksvoll, wie wichtig es sein kann, sich Ziele zu setzen. Wie Mark Twain schrieb: »Um voranzukommen, muss man anfangen. Und um anzufangen, muss man eine komplizierte und überwältigende Aufgabe in kleine, handliche Häppchen aufteilen und mit dem ersten anfangen.«

Es gibt allerdings viele und vor allem reichlich konfuse Vorstellungen darüber, wie wir uns möglichst motivierende Ziele setzen können. Es wurden zwar Tausende wissenschaftliche Untersuchungen zum Thema Zielsetzung durchgeführt, doch in der Öffentlichkeit ist kaum etwas davon angekommen.[56] Seit Mitte der achtziger Jahre macht das Schlagwort »S.M.A.R.T. Goals« (intelligente Ziele) die Runde, doch dieses Akronym hat entweder zu viele oder zu wenige Buchstaben. »S.M.A.R.T.« steht für spezifisch, messbar, attraktiv, realisierbar und terminierbar (*specific, measurable, attainable, realistic, time-anchored*). Das sind zu viele Buchstaben, denn spezifische Ziele sind natürlich auch messbar und attraktiv, und realisierbare Ziele sind terminierbar.[57] Gleichzeitig fehlen ein paar Buchstaben für einige wichtige weitere Eigenschaften. Hier finden Sie, was Sie wirklich wissen müssen.

Wir haben schon am Rande darüber gesprochen, was ein Ziel sinnvoll macht. In Kapitel 7 haben wir gelernt, dass uns ein anspruchsvolles Ziel, für das wir uns anstrengen müssen, stärker motiviert als eines, das wir mit links erreichen.[58] Und in Kapitel 8 haben wir uns angesehen, wie wir Zielen einen Sinn geben können, indem wir sie zu unseren persönlichen Zielen in Beziehung setzen.[59] In diesem Kapitel zeige ich Ihnen, wie Sie bei der Zielsetzung die Zeit zu Ihrem Verbündeten machen können.

Typischerweise bitten mich Journalisten um ein Interview, kurz bevor sie ihren Artikel zum Thema Aufschieben abliefern müssen. Der Chefredakteur des Magazins *Slate*, das eine Sonderausgabe zum Thema veröffentlichte, gestand seinen Lesern: »Die Ausgabe war ursprünglich für den 5. Mai geplant. Im Ernst. Wir hatten vorgehabt, sie am Montagmorgen auszuliefern, aber wir hatten ein kleines Problem: Nur eine Handvoll Autoren hatte ihre Artikel rechtzeitig abgeliefert.«[60] Ich glaube manchmal, die Presse ist ein Biotop für hartgesottene Aufschieber, die anderswo nicht überleben würden. Die Arbeit setzt jeden Tag eine klare, nicht verhandelbare Deadline: »Soundso viele Zeilen bis soundso viel Uhr, sonst kracht's!« Unter diesen Bedingungen geben Aufschieber alles. Um sich zu motivieren, brauchen sie eine klare Ziellinie in allernächster Zukunft. Ihre Arbeitskurve ergibt sich direkt aus der Aufschiebeformel: je geringer die Verzögerung, desto größer die Motivation.

Um dieses Prinzip auf Ihr Leben anzuwenden, müssen Sie eine konkrete und eindeutige Vorstellung davon haben, was zu tun ist. Mit abstrakten Zielen (»Tun Sie Ihr Bestes!«) kommen Sie nicht weit. Wie detailliert das Ziel genau sein muss, hängt von den Bedürfnissen jedes Einzelnen ab, das heißt, das wissen Sie wahrscheinlich selbst am besten. Es sollte sich jedenfalls greifbar anfühlen, so als könnten Sie es sofort anpacken. »Testament machen vor Abflug am 15.« ist ein erreichbares Ziel. »Finanzen in Ordnung bringen« weniger.

Wenn Sie Ihr Ziel formuliert haben, setzen Sie sich einen möglichst zeitnahen Termin. Bei umfangreicheren Projekten müssen Sie sich vielleicht auch eine Reihe klei-

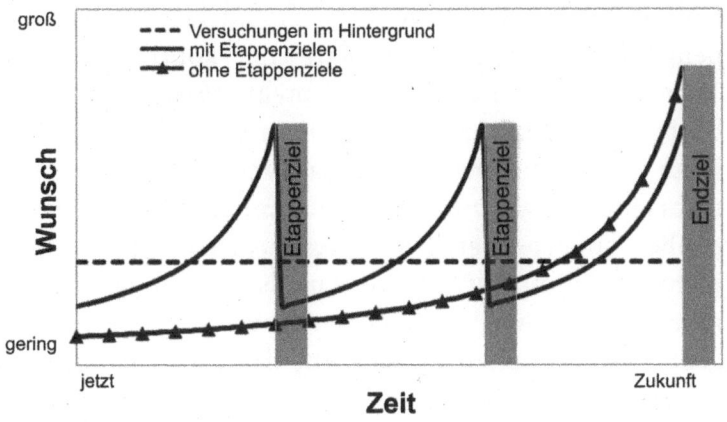

groß

Wunsch

--- Versuchungen im Hintergrund
— mit Etappenzielen
—▲— ohne Etappenziele

Etappenziel

Etappenziel

Endziel

gering

jetzt

Zukunft

Zeit

nerer Etappenziele setzen. Sehen Sie sich obige Grafik an, die den meisten Arbeitssituationen entspricht. Im Hintergrund hält sich ein Grundrauschen von Versuchungen, das mal stärker und mal schwächer wird, sich aber im Durchschnitt etwa an der gestrichelten Linie in der Grafik entlanghangelt. In der Regel lassen wir es zu, dass uns jemand ein einziges Ziel vorgibt: die Deadline. Was also tun? Wie wäre es damit, die Deadline künstlich ein wenig heranzuholen? Die durchgezogene Linie steht für jemanden, der seine Aufgabe in drei Etappen unterteilt hat und mit seiner Motivation das Störfeuer der Ablenkungen zu einem früheren Zeitpunkt überwindet. Wie Sie sehen, kann die Summe tatsächlich größer sein als die einzelnen Teile, denn wer sich Etappenziele setzt, hat doppelt so viel Arbeitszeit zur Verfügung wie jemand, der dies nicht tut.

Es gibt keine festen Regeln dafür, wie spezifisch oder nah Sie Ihre Ziele setzen müssen, damit diese effektiv sind. Ihr Erfolg hängt davon ab, wie impulsiv Sie sind, wie attraktiv Ihnen die Aufgabe erscheint und mit welchen Ablenkungen Sie sich herumschlagen müssen. Zu viele Etappenziele sind erfahrungsgemäß eher kontraproduktiv. Tagesziele können effektiv und praktisch sein. Für viele bleibt jedoch das größte Hindernis einer Aufgabe ihre harte Schale: die ersten Minuten. Wie oft schieben wir nicht eine Aufgabe vor uns her, nur um dann, wenn wir sie endlich anfangen, erleichtert festzustellen, dass sie gar nicht so schlimm ist. Aller Anfang ist schwer, beim Aufräumen genau wie beim Sport oder beim Schreiben. Mir geht es so, wenn ich in der Nähe des Wochenendhäuschens meiner Schwiegereltern im See schwimmen gehe. Ihr Feriendomizil befindet sich in der Nähe der kanadischen Stadt Winnipeg, einer der kältesten Großstädte der Welt. Das Wasser des Sees ist unglaublich erfrischend, aber der erste Temperaturschock ist ein gewaltiges Hindernis. Aber wenn ich mich ausschließlich auf den Sprung vom Steg konzentriere, dann kann ich mich überwinden, und nach ein paar schwierigen Sekunden genieße ich das Erlebnis. Ein extrem kurzfristig gesetztes Miniziel ist also perfekt geeignet, um Ihre erste Trägheit zu überwinden. Eine andere Variante sind Zehn-Minuten-Ziele: Sie können sich zum Beispiel vornehmen, zehn Minuten lang die Wohnung aufzuräumen. Wenn Sie Schwierigkeiten haben, mit dem Schreiben anzufangen, setzen Sie sich einfach hin und tippen ein paar Wörter. Und wenn Sie keine Lust haben, Sport zu treiben, dann ziehen Sie sich wenigstens Ihren Trainingsanzug an und fahren zum Fitnessstudio. Wenn Sie diese Miniziele erreicht haben, dann überlegen Sie, wie Sie sich fühlen und ob Sie aufhören wollen. Aber nachdem Sie ins kalte Wasser gesprungen und die ersten Meter geschwommen sind, werden Sie vermutlich weitermachen.

Nun müssen Sie sich nur noch entscheiden, wie Sie Ihre Ziele aufbauen wollen. Messen Sie lieber den Input, also die Zeit, die Sie investieren, oder den Output, also das Ergebnis? Beispiel Sport. Wollen Sie eine Stunde laufen oder zehn Kilometer? Beide Optionen sind gleich gut geeignet. Ein bescheidener Plan kann Wunder wirken, wenn wir uns regelmäßig an ihn halten. B. F. Skinner meinte: »Fünfzehn Minuten schreiben am Tag ergeben ein Buch pro Jahr.«[61] Professionelle Autoren verwenden pro Tag natürlich sehr viel mehr Zeit aufs Schreiben. Andere Autoren zählen die geschriebenen Wörter: Der Science-Fiction-Autor Robert Sawyer schreibt beispielsweise zweitausend Wörter pro Tag, seinen Blog eingeschlossen. Ernest Hemingway kombinierte In- und Output und schrieb pro Tag sechs Stunden oder fünfhundert Wörter. Das ist eine sinnvolle Strategie. Wenn Sie an einem fruchtbaren Tag Ihr Ziel früher erreichen, gehen Sie angeln. Und wenn es klemmt, haben Sie nach dem festgelegten Zeitraum bestimmt irgendetwas zu Papier gebracht.

Um Ihre Produktivität zu kontrollieren, können Sie kostenlose Programme wie *ManicTime* or *RescueTime* auf Ihrem Computer installieren.[62] Diese Anwendungen zeichnen Ihre Arbeitsgewohnheiten am Computer auf und ermöglichen Ihnen, sich selbst bei der Arbeit zuzuschauen. Wie viel Zeit verbringen Sie mit E-Mails? Wie lange surfen Sie? Wie viel Zeit verwenden Sie wirklich auf Ihre Arbeit? Dieser Abgleich mit der Realität zeigt Ihnen, wie produktiv Sie sind, und ich bin mir sicher, dass er Ihnen hilft, weniger im Internet zu spielen.

Gelegentlich bittet mich meine Frau, auf dem Nachhauseweg noch im Supermarkt vorbeizufahren und Milch oder Windeln mitzubringen. Für diesen Schlenker muss ich die Autobahn eine Abfahrt früher verlassen, und natürlich fahre ich regelmäßig vorbei. Dann muss ich umständliche Umwege fahren, um zum Supermarkt zu kommen. Ich fahre die Strecke so oft, dass ich auf Autopilot schalte. Wir haben Dutzende automatisierte Routinen in unserem Alltag, die wir selbst dann noch abspulen können, wenn wir todmüde sind. Im Halbschlaf frühstücken wir, putzen die Zähne und binden uns die Schuhe. Die Routinen machen uns zwar manchmal zu ihren Marionetten, aber sie haben eine Macht, die wir für uns nutzen können.

Die Stärke und gleichzeitig die Schwäche von Routinen ist ihre Starrheit. Schwäche deshalb, weil wir einfach die gewohnten Schritte machen, auch wenn es in bestimmten Situationen sinnvoll wäre, einen anderen Weg zu nehmen. Wir setzen uns in dieselben Restaurants, bestellen das gleiche Gericht und schauen die gleichen Fernsehsendungen, ohne darüber nachzudenken, ob es nicht vielleicht auch noch andere Möglichkeiten gibt.[63] Andererseits können wir unsere Routinen ganz einfach abspulen, auch wenn wir noch so erschöpft sind.[64] Wenn wir bewusst Routinen schaffen, können wir langfristige Ziele verfolgen, selbst wenn unser Wille schwach wird und die Sirenen locken. Ohne nach rechts und links zu schauen, gehen wir unseren Weg stur geradeaus. Je weniger wir über andere Alternativen nachdenken müssen, umso weniger schieben wir auf.[65] Vorausgesetzt natürlich, wir haben die richtigen Angewohnheiten. Routinen sind ein bisschen wie die Windmühlen des Don Quichotte: Sie heben uns in den Himmel oder stürzen uns in den Dreck. Wir haben zwar auch unsere schlechten Angewohnheiten, zum Beispiel wenn wir automatisch den Fernseher anschalten oder eine große Tüte Kartoffelchips leerfuttern. Aber wir können auch gute Angewohnheiten schaffen. Sport, Aufräumen und Arbeit lassen sich zumindest in halbautomatische Routinen verwandeln. Wissenschaftliche Untersuchungen zeigen, wie sinnvoll diese Maßnahme ist: Wenn die Arbeit in klaren Routinen organisiert ist, leisten Aufschieber genauso viel wie alle anderen.[66]

Bei der Entwicklung einer Routine können Sie ähnlich vorgehen wie bei der Schaffung der richtigen Reize und Signale. Routinen müssen vor allem vorhersehbar sein. Entwickeln Sie Rituale, und sorgen Sie dafür, dass Ihre Umwelt so stabil wie möglich bleibt, vor allem was Raum und Zeit angeht.[67] Gehen Sie beispielsweise immer zu denselben Zeiten zum Sport, und lassen Sie wenig Spielraum für Zweifel an Ort und Art der Aktivität. Gehen Sie beispielsweise regelmäßig jeden Dienstagnachmittag um 17 Uhr ins Fitnessstudio und jeden Donnerstagmorgen um 6 Uhr laufen. Nehmen Sie ein beliebiges Thema, das Sie bislang aufgeschoben haben, und legen Sie klar fest, wann und wie Sie es erledigen wollen. Geloben Sie sich beispielsweise: »Am Samstag nach dem Frühstück räume ich den Abstellraum auf.«

Das klingt zu schön, um wahr zu sein, aber es ist tatsächlich so einfach. Wenn Sie sich explizit vornehmen, eine bestimmte Handlung auszuführen, dann tun Sie es ganz einfach. Der Motivationspsychologe Peter Gollwitzer hat herausgefunden, dass Sie mit einer klar formulierten Absicht die Wahrscheinlichkeit verdoppeln, eine Tätigkeit tatsächlich auszuführen, egal worum es sich handelt. Wie wirksam diese klar formulierten Absichten sind, wurde in den verschiedensten Situationen wissenschaftlich überprüft, angefangen von Krebsvorsorgeuntersuchungen über die Mülltrennung bis zur Literaturrecherche während der Semesterferien.[68] Einfacher und effektiver geht es kaum. Mit einer klar formulierten Absicht programmieren Sie Ihr limbisches System, auf ein bestimmtes Signal zu reagieren und so zu handeln, wie Sie es wollen. Mithilfe dieser Absichten lassen sich auch andere Techniken der Selbstbeherrschung umsetzen, vor allem, wenn Sie diese in »Wenn-dann«-Form fassen. Wenn Sie Probleme mit Ihrem Energiehaushalt haben, formulieren Sie die Absicht: »*Wenn* ich müde werde, *dann* mache ich weiter.« Wenn Sie sich leicht ablenken lassen, nehmen Sie sich vor: »*Wenn* meine Aufmerksamkeit abschweift, *dann* konzentriere ich mich wieder auf meine Arbeit.« Und natürlich: »*Wenn* ich ein Ziel verfolge, *dann* formuliere ich eindeutige Absichten.«

Aber ich warne Sie: Wenn Sie eine neue Routine einführen wollen, werden Sie eine Entschuldigung nach der anderen erfinden, um sich nicht an sie halten zu müssen. Sie werden krank, Sie verreisen, Sie haben zu viel Arbeit, Sie vernachlässigen andere Dinge, und ganz schnell haben Sie Ihre neue Routine wieder fallen lassen. Wehren Sie sich dagegen! Routinen werden durch Wiederholung gestärkt, aber jedes Mal, wenn Sie sie unterbrechen, schwächen Sie Ihre neue Angewohnheit, und beim nächsten Mal fällt es Ihnen schwerer, Ihre Routine wieder aufzunehmen.* Wenn Sie Ihre Routine beschützen, dann beschützt

* Zur Abrundung noch ein paar geflügelte Worte:
»Die Gewohnheit ist nur eine Frage der langen Übung, die dem Menschen schließlich zur zweiten Natur wird.« *Aristoteles*

sie irgendwann Sie.[69] Zu Beginn müssen Sie die neuen Abläufe hegen und pflegen.[70] Vielleicht ist es gar keine schlechte Idee, für einen kurzen Zeitraum einen Coach zu engagieren – schließlich investieren Sie in sich selbst. Ein Trainer kann Ihnen helfen, ein Fitnessprogramm umzusetzen, und ein Coach kann Ihnen helfen, Ihre Arbeit besser zu organisieren und die ersten Schritte in die neue Richtung zu gehen.[71] Um Ihr Testament aufzusetzen, können Sie eine Anwältin aufsuchen.[72] Diese bietet nicht nur juristische Unterstützung, sondern motiviert Sie auch, strukturiert die Abläufe und sorgt dafür, dass Sie das Projekt tatsächlich zum Abschluss bringen. Ihr Coach oder Ihre Anwältin schafft es natürlich nicht ohne Ihre Mitwirkung – genauso wenig wie dieses oder irgendein anderes Buch. Im Kern liegt die Verantwortung bei Ihnen.

Erzielen Sie Erfolge!

Das Beste haben wir uns wie immer für den Schluss aufgehoben. Sich Ziele zu setzen, und zwar richtig, ist das Effektivste, was Sie gegen Ihre Aufschieberitis tun können. Das macht die anderen in diesem Buch erwähnten Techniken

»Wird einer Gewohnheit nicht Einhalt geboten, wird sie bald zur Notwendigkeit.« *Augustinus*
»Die Ketten der Gewohnheit sind für gewöhnlich zu schwach, als dass wir sie spüren könnten, bis sie zu stark werden, als dass wir sie zerreißen könnten.« *Samuel Johnson*
»Die Gewohnheit ist wie ein Tau. Wir flechten jeden Tag einen weiteren Faden hinein, bis wir es nicht mehr zerreißen können.« *Horace Mann*
»Der Mensch wird ein Sklave seiner dauernd wiederholten Handlungen. Was er zuerst aus freien Stücken wählt, das beherrscht ihn schließlich.« *Orison Swett Marden*
»Gewohnheiten sind erst Spinnweben, dann Seile.« *Chinesisches Sprichwort*

nicht weniger wichtig, aber richtige Zielsetzung allein könnte Sie schon einen riesigen Schritt voranbringen. Gestalten Sie Ihre Ziele anspruchsvoll (Kapitel 7) und sinnvoll (Kapitel 8), und setzen Sie die folgenden Schritte um. Egal, was Sie in anderen Büchern gelesen haben, diese Schritte maximieren erwiesenermaßen Ihre Motivation.

◊ Formulieren Sie Ihre Ziele so spezifisch wie möglich, um genau zu wissen, was Sie wann zu erledigen haben. Was müssen Sie genau tun? Bis wann müssen Sie es tun? Setzen Sie sich nicht das Ziel »Spesenbericht abgeben«, sondern »Belege zusammenstellen, ordnen und abrechnen, morgen vor der Mittagspause«.

◊ Brechen Sie umfangreiche, langfristige Ziele in eine Abfolge von kleineren Etappenzielen herunter. Wenn Sie sich von einer Aufgabe überfordert fühlen, setzen Sie sich ein Miniziel, um das Eis zu brechen und sich zu motivieren. Wenn Sie sich beispielsweise vornehmen, die ersten Seiten eines Buchs zu lesen, das Sie bearbeiten müssen, dann kann Sie dies motivieren, den gesamten Text zu lesen.

◊ Schaffen Sie zur Umsetzung Ihrer Ziele Routinen, die Sie regelmäßig zu klar festgelegten Uhrzeiten und an eindeutig definierten Orten ausführen. Die Vorhersehbarkeit ist Ihre Verbündete: Nehmen Sie Ihren Terminkalender zur Hand, und tragen Sie wiederkehrende Aufgaben ein. Mit Kugelschreiber, nicht mit Bleistift.

Wie's weitergeht

Wenn nur Tom die Möglichkeit gehabt hätte, vor seinem Urlaub dieses Kapitel zu lesen! Er verschlief es, sich ein Hotelzimmer zu buchen, und erlebte statt eines Traumurlaubs einen Alptraum. Dabei hätte er nicht einmal alle in diesem Kapitel beschriebenen Techniken gebraucht, um es besser zu machen. Es hätte vermutlich vollkommen ausgereicht, wenn er sich einen festen Termin gesetzt und seine Absicht klar formuliert hätte: »Nach dem Abendessen suche ich ein Hotel in der Gegend und buche ein Zimmer.« Um seine Motivation zu steigern, hätte er sich ein paar Schreckensszenarien ausmalen können, zum Beispiel: »Wenn ich noch länger mit der Buchung warte, dann bekomme ich ein schäbiges Hotel weit weg vom Strand.« Wenn Sie auf der Impulsivitätsskala im zweiten Kapitel 24 Punkte oder mehr erreicht haben, dann sollten Sie die in diesem Kapitel vorgestellten Techniken besonders beherzigen. Sie können aber auch dann profitieren, wenn Sie weniger Punkte erzielt haben. Einige Menschen handeln impulsiver als andere, aber gegen voreilige Entscheidungen ist niemand gefeit.

Die Umsetzung der hier beschriebenen Techniken stellt eine Herausforderung dar, denn jeder Versuch, unsere Selbstbeherrschung zu verbessern, erfordert bereits ein gewisses Maß an Selbstbeherrschung. Das ist ähnlich wie beim Gewichtheben: Zu Beginn müssen Sie mindestens das leichteste der vorhandenen Gewichte stemmen können. Beim Aufschieben ist das nicht anders: Je gravierender Ihre Aufschieberitis, desto komplizierter die Operation. Das Motivationsdefizit, das Ihre Saumseligkeit bewirkt, behindert auch jeden Versuch, eine Veränderung herbeizuführen. Wenn Sie nicht in der Lage sind, eine Befriedigung aufzuschieben, dann müssen Sie zunächst auch jede Methode, mit der Sie Ihre Geduld stärken, als unmittelbar befriedigend erleben. Zum Glück sind die meisten der hier vorgestellten Techniken – wie das Abstellen der E-Mail-Benachrichtigungen oder die Formulierung klarer Ziele – einfach umzusetzen. Die unmittelbaren Erfolge geben Ihnen das Selbstbewusstsein und die Selbstbeherrschung, Ihre Anstrengungen zu verstärken, und mit einiger Übung wird alles einfacher. Von diesem Punkt an wird Ihr Leben besser, nicht schwieriger.

Kapitel 10

Der Praxistest

Wie Sie im Alltag
weniger aufschieben

Tu es oder tu es nicht. Es gibt kein Versuchen.
Yoda

Ehe ich fortfahre, möchte ich mich bei Ihnen bedanken, dass Sie so lange durchgehalten haben. Aufschieber lassen sich gern ablenken und wenden sich anderen Dingen zu. Aber da Sie es bis zum zehnten Kapitel geschafft haben – und ich nehme an, dass Sie die anderen nicht einfach übersprungen haben –, haben Sie sich ein Lob verdient. Die Neigung zum Aufschieben ist schließlich so tief in uns verwurzelt, dass es schon bemerkenswert ist, wenn wir einmal *nicht* aufschieben. Nachdem Sie das Buch nun fast zu Ende gelesen haben, verstehen Sie, woher die Aufschieberitis kommt, was unser Gehirn damit zu tun hat, warum unser modernes Leben sie noch verschlimmert und was Sie dagegen unternehmen können. Bleibt ein letzter Schritt, um die Aufschieberitis in den Griff zu bekommen. Sie müssen das, was Sie gelesen haben, auch glauben.

Ich könnte es verstehen, wenn Sie ein bisschen skeptisch wären. Wenn Sie mit Selbsthilfeliteratur vertraut sind, dann sind Sie vielleicht ein bisschen zynisch geworden, und das nicht zu Unrecht. Gerade auf dem Gebiet der Motivation wird viel Unsinn geschrieben und viel versprochen, was nicht zu halten ist. Kein Wunder, dass Selbsthilfegurus eine willkommene Zielscheibe für Satiriker wie Will Ferguson sind, der die Branche in seinem Roman *Glück®* durch den Kakao zieht. Die Hauptfigur des Romans, Tupak Soiree, schreibt einen Wälzer mit dem Titel *Was der Berg mich lehrte*, der seinen Lesern garantiert hilft, abzunehmen, reich zu werden, glücklich zu sein und großartigen Sex zu erleben.* Letzteres kann ich Ihnen nicht versprechen, alles andere aber schon, bei aller Bescheidenheit. Jede der hier vorgestellten Techniken ist wissenschaftlich überprüft und funktioniert. Blättern Sie nur ein paar Seiten weiter, und sehen Sie sich die Forschungsliteratur im Anhang an.

Aber genau wie *Was der Berg mich lehrte* bleibt dieses Buch wirkungslos, wenn Sie die hier vorgestellten Techniken nicht umsetzen. In Fergusons Roman reichte es schon aus, wenn jemand den Ratgeber las. Trotzdem blieb *Was der Berg mich lehrte* lange folgenlos, weil (Sie ahnen es) die potenziellen Leser die Lektüre des Wälzers aufschoben. Der Herausgeber des Buchs kommt zu dem Schluss: »Ich hatte die Aufschieber vergessen. Die Leute, die das Buch kaufen oder geschenkt bekommen und dann nicht dazu kommen, es zu lesen.« Mein Buch stellt etwas größere Anforderungen an Sie, aber wie Sie sehen, haben Sie es immerhin schon fast zu Ende gelesen. Damit die Lektüre Wirkung zeigt, müssen Sie den Inhalt allerdings auch ernst nehmen. Sie müssen die Techniken auch anwenden und erkennen, dass Ihre Entscheidungsprozesse ein Ergebnis des Zusammenspiels zwischen Ihrem limbischen Sys-

* Mehr oder weniger. Ich will Ihnen nicht zu viel verraten, um Ihnen den Spaß beim Lesen nicht zu verderben.

tem und Ihrem präfrontalen Kortex sind. Um Ihnen die Umsetzung der Vorschläge aus diesem Buch ein wenig zu erleichtern, wollen wir noch einmal zu Eddie, Valerie und Tom zurückkehren und uns ansehen, wie es ihnen ergangen ist. Die drei wenden verschiedene Kombinationen unserer Techniken an und haben sich mit deren Hilfe aus dem Sumpf gezogen. Wenn Sie sich vorstellen können, einige der Techniken in Ihrem Alltag anzuwenden, dann können auch Sie es schaffen, sich aufzuraffen und Ihre Aufschieberitis zu überwinden.

Eddie und Valerie: Erwartung und Wert

Nachdem Eddie seinen Job als Verkäufer verloren hatte, war er lange niedergeschlagen. Dann traf er Valerie wieder. Sie brachte ihn wieder zum Lachen, und so lag es nahe, dass die beiden irgendwann heirateten. Jetzt sind die beiden Mitte dreißig, berufstätig, haben ein süßes Töchterchen namens Constance und freuen sich des Lebens. Leider sind sie im Dauerstress, und vor allem in letzter Zeit wachsen ihnen die Anforderungen allmählich über den Kopf.

Valerie hechelt ihrem straffen Terminplan hinterher, und wenn es im Büro eng wird, kommen ihre Aufgaben als Mutter zu kurz. Sie ist dankbar für ihren Arbeitsplatz bei der Regionalzeitung, aber nach einigen Stellenkürzungen arbeitet sie mindestens für zwei. Die Arbeitsbelastung ist immens, und dabei geht es nicht einmal darum, befördert zu werden, sondern einfach nur darum, den Job zu behalten. Eddie arbeitet als Handelsvertreter und ist dauernd unterwegs. Er verlässt das Haus vor Sonnenaufgang und unternimmt oft tagelange Reisen. Das macht die Sache für

Valerie nicht einfacher. Wenn Constance krank wird, bricht die Hölle los. Die beiden kommen nachts nicht zum Schlafen, und einer der beiden muss tagsüber bei der Kleinen bleiben. Wenn die Waschmaschine kaputt geht, muss einer zuhause auf den Kundendienst warten. Valerie und Eddie haben das Gefühl, sie haben seit Jahren nicht mehr ausgeschlafen, und das stimmt vermutlich auch. Sie sind dankbar für ihr Töchterchen und dafür, dass sie beide Arbeit haben, aber sie sind völlig ausgepowert.

Wie Roboter sausen Valerie und Eddie zwischen Arbeit und Zuhause hin und her. Sie sind immer zu spät dran. Auf dem Weg nach draußen schnappen sie sich ein Brötchen und küssen sich flüchtig. Und wenn sie endlich zu Hause sind, treibt sie weiterhin die Arbeit um, weshalb sie sich oft noch einmal an den Computer setzen, nachdem sie Constance ins Bett gebracht haben, um bis spät in die Nacht zu ackern und schließlich erschöpft ins Bett zu sinken. Wenn ihre Tochter krank ist, machen sie sich während der Arbeit Sorgen um sie, und wenn sie gesund ist, machen sie sich auch Sorgen und verbringen wertvolle Arbeitszeit damit, ihre Tochter per Webcam in der Kindertagesstätte zu beobachten. Sie wissen nicht, wann sie ihre Rechnungen bezahlen oder zu den regelmäßigen Untersuchungen und Impfungen zum Kinderarzt gehen sollen. Sie schreiben sich Dutzende E-Mails und SMS am Tag, und Eddie muss sich beherrschen, um Valerie nicht auf der Fahrt von einem Kunden zum anderen mit Nachrichten zu bombardieren.

Im Sommer hatte sich Eddie vorgenommen, die Garage aufzuräumen. Inzwischen ist es Oktober, und das Gerümpel stapelt sich noch immer bis unter die Decke. Valeries Gemüsegarten, den sie selbstlos als Projekt für die ganze Familie angelegt hatte, ist inzwischen völlig verwildert.

Die beiden überlegen, ihre Familienmitgliedschaft im Fitnessstudio zu kündigen, denn abends sind sie einfach zu müde, um noch Sport zu treiben. Und morgens ist das Chaos schier zum Verrücktwerden: Constance muss angezogen, die vielen anstehenden Aufgaben müssen verteilt werden, plötzlich hat ihr Töchterchen die Windeln voll ... Sie kennen das vermutlich.

Dabei könnte es schlimmer sein. Die beiden sind gesund, sie haben Arbeit, keine finanziellen Sorgen, keine Tragödien. Aber Eddie und Valerie haben ihr Leben nicht mehr im Griff und erleben Konflikte, wie sie für berufstätige Eltern typisch sind. Valerie hat das Gefühl, immer am falschen Ort zu sein: Im Büro meint sie, sie müsste zu Hause sein, und zu Hause macht sie sich Sorgen wegen der vielen Arbeit, die im Büro auf sie wartet. Sie fühlt sich ausgelaugt und zerrissen und fängt allmählich an, ihr Leben zu hassen.

Auf der Suche nach Trost ruft sie eines Tages ihre Schwester an, die geduldig zuhört und ihr dann einen Rat gibt: »Ich habe neulich ein Buch gelesen und ein paar gute Ideen gefunden. Ich bin mir sicher, dass dir das auch hilft. Willst du es dir mal ausleihen?«

Valerie nimmt das Buch dankbar an und – wie man das mit geliehenen Büchern eben so macht – legt es beiseite. Bis sie nach einem besonders stressigen Tag nachts nicht schlafen kann und in ihrer Verzweiflung das Buch aufschlägt. Nachdem sie ein bisschen darin herumgeblättert hat, stellt sie fest, dass es wissenschaftlich fundiert ist. Sieht so aus, als hätte sich das Zeug wirklich bewährt denkt sie. Mal schauen, ob ich was für Eddie und mich finde. Sie nimmt Papier und Bleistift zur Hand, vertieft sich in die Lektüre und macht sich Notizen.

Als Eddie am nächsten Abend auf dem Sofa zusammensackt, eröffnet sie ihm ohne lange Vorrede: »Ich bin nicht glücklich. Wir müssen ein paar Dinge ändern.«

Eddie seufzt. »Ich bin auch nicht glücklich. Aber so ist das Leben nun mal. Wir können nichts tun.« Er hat eben keine sonderlich großen Erwartungen.

»Das sagst du immer, aber meistens hast du Unrecht«, erwidert Valerie. »Ich bin überzeugt, dass wir etwas tun können, um unsere Situation zu verbessern. Meine Schwester hat mir dieses Buch hier geliehen. Es basiert auf Forschungsergebnissen. Ich habe gehört, dass es vielen Leuten geholfen hat, und wir können ein bisschen Hilfe gut gebrauchen. Ich finde, wir sollten zumindest mal ein paar Sachen ausprobieren. Wir könnten damit anfangen, uns ein paar Ziele zu setzen.«

Eddie ist zu erschöpft für Widerworte, also spielt er mit. »Ich habe ein Ziel«, sagt er mit einem müden Lächeln. »Ich will glücklich sein.«

»Die Ziele müssen spezifisch sein«, erklärt Valerie geduldig. »Sie müssen konkret und machbar sein, so, dass wir uns für sie begeistern können.«

»Wie wär's mit: Ich will heute glücklich sein?«, schlägt Eddie vor.

Valerie blättert in dem Buch herum. »Wir könnten ein paar Kleinigkeiten verändern, damit wir nicht den Verstand verlieren. Ich muss meine Freundinnen öfter sehen. Seit Constances Taufe habe ich mich nicht mehr mit ihnen unterhalten. Ich muss mich gelegentlich mal mit ihnen aussprechen, um das Gefühl zu haben, dass ich das alles schaffen kann.«

Eddie antwortet matt: »Und ich will unter der Woche jeden Abend ins Fitnessstudio gehen.«

Valerie bleibt hartnäckig. »Sei realistisch. Ich denke, du kommst alle zwei Wochen auch mal einen Abend ohne mich aus. Und ich halte dir jeden Samstagmorgen frei, wenn du Sport treiben willst.«

»Das wäre nicht schlecht«, gibt Eddie zu. »Aber ich weiß nicht, ob ich allein mit Constance klarkomme.«

Valerie weist ihn darauf hin, dass er Constance oft ohne ihre Hilfe badet und ins Bett bringt. »Stell dir vor, wie du ins Fitnessstudio gehst, Eddie, und wie gut du dich nachher fühlst. Und stell dir vor, wie viel zufriedener ich bin, wenn ich ab und zu mal meine Freundinnen sehe. Kannst du dir das vorstellen? Genieß das Bild einen Moment lang! Und jetzt wieder zurück in die Realität. Spornt dich das an?«

»Okay«, antwortet Eddie. »Probieren wir's aus.«

Motiviert durch den mentalen Vergleich, setzen die beiden die Techniken der Zielsetzung und des »Gegenkalenders« (siehe »Sättigung«) tatsächlich um. Valerie trifft ihre Freundinnen, und nachdem sie ihnen von ihren Problemen erzählt und gehört hat, wie die anderen mit ähnlichen Schwierigkeiten umgehen, gewinnt sie ein bisschen Abstand. Sie ist optimistischer, dass Constance nicht immer so klein bleiben wird und dass sich die Wirtschaft irgendwann auch wieder erholt. Es ist ganz erstaunlich, was ein bisschen soziale Unterstützung bewirken kann (siehe »Die Erfolge anderer«). Und Eddie ist froh, dass er hin und wieder ein bisschen Sport treiben kann. Die körperliche Betätigung hilft ihm, Stress abzubauen. Er schläft wieder etwas besser und hat mehr Energie, um seine Aufgaben anzupacken (siehe »Energiekrise«).

Aber einige Wochen später ruft Eddie plötzlich aus dem Büro an, um Valerie zu erklären, dass er länger arbeiten müsse, und um sie zu bitten, ihr Treffen mit ihren Freundinnen abzusagen. Als er nach Hause kommt, ist Valerie sauer.

Eddie verteidigt sich: »Es tut mir leid, dass du deinen Stammtisch verpasst hast. Aber ich hatte eine Menge Arbeit, und das geht vor.«

»Stammtisch?«, schnappt Valerie. »Das ist kein Stammtisch. Ich brauche meine Zeit mit meinen Freundinnen. Ich kann es ja gerade noch verstehen, wenn du unterwegs bist. Aber du hast mir heute fünfzehn E-Mails aus dem Büro geschickt!«

»Ich hab immer gedacht, du magst es, wenn ich dir schreibe!«, erwidert Eddie.

Valerie muss sich beherrschen. »Ich will dir sagen, was ich mag. Ich mag es, wenn ich dich und meine Freundinnen sehe. Für jede Minute, die du brauchst, um mir eine E-Mail zu schreiben, haben wir zehn Minuten weniger zusammen. Nach jeder E-Mail brauchst du mindestens zehn Minuten, bis du dich wieder auf deine Arbeit konzentrierst.«

Eddie ist überrascht, aber er will seine E-Mails nicht kampflos aufgeben. »Das kann ja sein. Aber du schreibst mir ja auch! Außerdem bin ich keine Maschine! Ich muss ab und zu mal eine Pause machen!«

»Und warum bist du dann dauernd müde?«, fragt Valerie.

»Wie soll ich denn früher ins Bett kommen, wenn ich abends so lange arbeite?« Eddie macht eine Pause. Ihm geht ein Licht auf. »Mh. Das könnte funktionieren …«

»Wenn wir uns während der Arbeit nicht dauernd E-Mails schicken und im Internet surfen und wenn wir nicht dauernd hirnlos unsere E-Mails checken, dann könnten wir jeden Tag gut zwei Stunden für uns herausholen. Das bedeutet auch mehr Schlaf.«

»Ich weiß nicht, ob mein Hirn das mitmacht, wenn ich mich so konzentriere«, klagt Eddie.

»Hier in dem Buch stehen ein paar gute Ideen. Warum fängst du nicht damit an? Leg dir auf deinem Computer ein zweites Nutzerprofil an, am besten mit einem anderen Hintergrund und Layout. Wenn du eine Pause brauchst, dann kannst du dich aus dem Arbeitsprofil abmelden und dich mit dem Spielprofil anmelden. Wenn du dir nicht die Zeit nehmen willst, dich aus- und einzuloggen, dann brauchst du die Pause nicht. Hier, ich habe ein Geschenk für dich – das hilft dir vielleicht, dich besser zu konzentrieren.«

»Ich liebe Geschenke! Was ist es?«

Valerie zieht ein Foto mit einem silbernen Rahmen aus ihrer Tasche. »Ein Bild von mir und Constance. Jedes Mal, wenn du anfängst herumzutrödeln, erinnert es dich daran, warum wir beide uns so abrackern. Es geht darum, dass wir drei mehr Zeit zusammen verbringen. Kannst du mir das versprechen?«

»Okay. Aber nur, wenn du mitmachst!«

Es klappt. Indem die beiden Versuchungen aus ihrem Arbeitsumfeld verbannen (siehe »Konzentrieren Sie sich auf das Richtige«), sind sie bei der Arbeit produktiver und zu Hause entspannter. Sie haben abends mehr Zeit, um abzuschalten, und schlafen besser, weshalb sie tagsüber leistungsfähiger sind (siehe »Energiekrise«). Um sich daran zu erinnern, worum es eigentlich geht, stellt Eddie das Familienfoto auf seinem Schreibtisch auf (siehe »Spiele und Ziele«); so denkt er daran, was er eigentlich gern tun möchte: mehr Zeit mit seiner Familie verbringen, statt im

Büro E-Mails zu schreiben (positive statt negative Ziele). Es schadet nichts, dass Valerie ihn vorab festgenagelt und ihm ein Versprechen abverlangt hat. Am Ende gewinnen die beiden ein bisschen mehr Zeit, als sie erwartet haben, und schaffen es, unter der Woche ein- oder zweimal ins Fitnessstudio zu gehen. Ihre Routine wird gelegentlich durch Krankheiten, Überraschungen und Verpflichtungen über den Haufen geworfen, doch sie lernen, den Faden danach immer wieder aufzunehmen. Sie wissen, dass sie um ein zufriedenes Leben kämpfen. Schließlich findet Eddie sogar die Zeit, hin und wieder ein Buch in die Hand zu nehmen, wofür er sonst nie die Energie hatte.

Nachdem sie Constance ins Bett gebracht haben, schenkt Eddie Valerie eine Tasse Tee ein und lässt sich in seinen Lieblingssessel fallen. »Ich habe mal in deinem Buch herumgeblättert«, sagt er. »Jetzt weiß ich auch, woher du deine ganzen Ideen nimmst.«

Valerie nimmt einen Schluck Tee und antwortet: »Das Geheimnis besteht aber darin, das Buch nicht nur zu lesen, sondern es umzusetzen.«

»Stimmt natürlich«, sagt Eddie. »Deswegen habe ich jetzt auch einen Vorschlag.«

»Ich höre«, erwidert Valerie.

»Hier ist eine Überschrift ›Finden Sie Ihre Berufung‹.«

Valerie tut erschrocken. »Du hast doch nicht vor, deine Arbeit hinzuschmeißen und Golfprofi zu werden!«

»Warum eigentlich nicht?«, neckt sie Eddie. »Aber ich habe an etwas anderes gedacht. Jetzt, wo ich früher nach Hause komme, ist mir eingefallen, wie gern ich früher gekocht habe. Erinnerst du dich an die romantischen Abendessen, die ich am Anfang für uns gezaubert habe? Und dir macht das Spülen weniger aus als mir. Ich habe einen Vorschlag: Warum übernehme ich nicht die Kocherei, und du machst den Abwasch und den Hausputz?«

Und Valerie fügt hinzu: »Wenn du auch den Einkauf übernimmst, bin ich einverstanden.«

»Wenn zum Saubermachen auch die Wäsche gehört, dann schlag ich ein«, erwidert Eddie.

»Abgemacht.«

Als vernünftiges Paar haben sie nun die Hausarbeiten nach ihren persönlichen Vorlieben und Fähigkeiten aufgeteilt. Eddie kocht und fährt am Samstag oder Sonntag in den Supermarkt, um für die ganze Woche einzukaufen. Es fällt ihm leicht, denn er schiebt gern den Einkaufswagen durch die Regalreihen und liebt es, seinen Gedanken nachzuhängen, während er das Gemüse schnippelt. Valerie, die sich nie sonderlich für die Küche interessiert hat, kümmert sich um die Kleine, während Eddie kocht. Sie übernimmt den Abwasch und die riesigen Wäscheberge. Unter der Woche bringen sie Constance in die Kindertagesstätte und wechseln sich mit dem Abliefern und Abholen ab. Ihr Leben wird besser. Nicht radikal besser. Es ist nicht perfekt, aber es wird spürbar angenehmer. Allmählich leben Valerie und Eddie in Einklang mit sich selbst und dem, was sie motiviert.

Tom und der Faktor Zeit

Auf seiner Rückreise von seinem katastrophalen Urlaub in der Dominikanischen Republik saß Tom fast den ganzen Tag am Flughafen fest. Es war Hurrikansaison, das hatte er bei der Planung seiner Reise nicht bedacht. Im Wartesaal dachte er über sein Leben nach. Er war kein fleißiger Student gewesen und hatte ständig Probleme mit Abgabeterminen gehabt. Aber seine Freunde in der Studentenvereinigung waren immer froh gewesen, wenn sie ihn sahen. Als optimistischer Mensch hatte er immer ein aufmunterndes Wort für die Erstsemester gehabt, die zum ersten Mal von zu Hause weg waren und Probleme hatten, sich an der Universität zurechtzufinden. Es machte ihm Spaß, anderen zu helfen. Wie war er nur in diesen furchtbaren Trott verfallen? Da er sonst nichts zu tun hatte, dachte er stundenlang darüber nach, wie er sich mit seiner ewigen Aufschieberei seinen Erfolg, seine Träume und sein Glück verbaut hatte. Sein Privatleben litt genauso wie seine Arbeit. Selbst wenn er sich den Urlaub nicht verbockt hätte, dann hätte er sich wahrscheinlich die ganze Zeit Gedanken über die unerledigte Arbeit gemacht, die auf seinem Schreibtisch auf ihn wartete, vermutete er. Er sehnte sich nach diesem Gefühl der Kindheit zurück, endlos Zeit zu haben und ohne jedes Schuldgefühl und dringende Verpflichtungen spielen zu können. In seiner nachdenklichen Stimmung stach ihm im Buchladen des Flughafens ein Buch ins Auge, das Abhilfe versprach. Er kaufte es und las es auf dem Heimflug. Er war begeistert und konnte es gar nicht abwarten, einige der Vorschläge umzusetzen – zur Abwechslung war seine Impulsivität einmal ein Vorteil.

Am ersten Tag nach seiner Rückkehr räumte er sein Büro auf und verbannte alles, was ihn ablenken konnte. Auf seinem Computer installierte er Software, mit der er seine Produktivität nachvollziehen konnte. Zum Schluss setzte er sich konkrete und anspruchsvolle Ziele mit klaren Terminen. Die Ergebnisse ließen nicht lange auf sich warten. Tom hinkte nicht mehr dauernd hinterher, sondern hatte plötzlich Zeit, um anderen zu helfen. Umso besser, dachte er. Es machte ihm Spaß, sich mit seinen Kollegen zu unterhalten und ihnen unter die Arme zu greifen. In einem Anfall von Zufriedenheit legte er sich vorab fest und versprach seinem Chef, wenn er seinen nächsten Bericht nicht innerhalb von sieben Tagen fertig hätte, dann würde er auf seinen Jahresbonus verzichten. Sein Chef horchte auf. Als Tom seinen Bericht sogar noch einen Tag vor dem angekündigten Termin einreichte, staunten die Kollegen. Was war nur in der Dominikanischen Republik mit Tom passiert?, fragten sie sich. Im Laufe der nächsten Monate beobachteten seine Vorgesetzten mit Interesse, wie Tom seine Kollegen unterstützte und seine Deadlines einhielt. Sie erkannten Führungspotenzial in ihm und beförderten ihn.

In seiner Freude besuchte Tom seinen älteren Bruder Tim und erzählte ihm von dem Karriereschritt. Nachdem sie das Ereignis gebührend mit ein paar Bier begossen hatten, gestand Tom, dass er nicht nur begeistert war.

»Was hab ich mir da nur eingebrockt? Ich habe doch keine Ahnung von Führung! Ich hab's gerade mal geschafft, mich selbst ein bisschen in Form zu bringen. Du weißt doch besser Bescheid, du hast doch mal an der Uni einen Führungskurs belegt. Was soll ich denn jetzt tun?«*

Tim lachte. »Es ist wahrscheinlich zu spät, um dir zu sagen, dass du dir keine Gedanken machen sollst. Du hast

---

* Die hier vorgestellte Motivationstheorie wird auch in Managementkursen eingesetzt. Das Beratungsunternehmen Intulogy nutzt sie beispielsweise mit großem Erfolg in seinen Motivationstrainings für Führungskräfte. Einer der Kursteilnehmer erklärte: »Als Sie mir gesagt haben, dass Sie schon wieder eine neue Motivationstheorie vorstellen wollten, habe ich das erst für pure Zeitverschwendung gehalten. Aber im Kurs hat sie funktioniert. Ich habe dann im Sommer über die Theorie nachgedacht und festgestellt, dass sie sich auf alles anwenden lässt. Sie ist unglaublich wirksam.«

guten Grund, besorgt zu sein. Wer hätte denn vor einem Jahr gedacht, dass du es so weit bringen würdest!«

»Danke für den Zuspruch, Tim«, antwortete Tom sarkastisch. »Aber du hast den ganzen Führungskram wahrscheinlich sowieso längst vergessen.«

Tim nahm die Herausforderung an. Er stellte sein Bier ab und dachte nach. »Tut mir leid. Du hast Recht. Du musst was über Führung wissen. Für die meisten Angestellten ist die Beziehung zu ihrem Chef das wichtigste Thema. Wenn du Mist baust, sind deine Mitarbeiter unzufriedener, als wenn du ihnen das Gehalt kürzt. Du kannst eine Menge Leute gründlich demotivieren.«[1]

»Genau deswegen hab ich dich ja gefragt«, sagte Tom.

»Wenn ich kann, helfe ich dir gern«, erwiderte Tim. »Ich habe mal durch das Buch geblättert, das du mir geliehen hast. Die wichtigsten Führungstechniken stehen da schon drin, nur dass du sie jetzt nicht auf dich, sondern auf andere anwendest. Du kannst andere genauso führen wie dich selbst.«

»Gut. Ich habe nämlich keine Lust, noch mal an die Uni zu gehen«, meinte Tom. »Dann mal los.«

Tim blickte an die Decke und versuchte, sich an Details zu erinnern. »Also. Es gibt zwei grundlegende Führungsstile: einen personenorientierten und einen aufgabenorientierten.[2] Du bist ein geselliger Mensch und könntest mit deinen sozialen Kompetenzen anfangen.«

»Du meinst, ich soll mich mit meinen Mitarbeitern verbrüdern?«, fragte Tom.

»Nein, das gerade nicht«, entgegnete Tim. »Zuerst musst du Vertrauen schaffen. Du brauchst einen frühen Erfolg, damit deine Leute dir vertrauen und sich sicher sind, dass sie unter deiner Führung Erfolg haben. Du musst realistische Ziele vorgeben, die du anerkennen und feiern kannst. Das ist ein Grundprinzip. Damit gibst du ihnen das Selbstvertrauen, weiterzumachen und höhere Hürden zu nehmen.«

»Ah, wir schaffen eine Erfolgsspirale!«, rief Tom aus.

»Genau!«, antwortete Tim. »Ich hatte mal eine Lehrerin, die hat das genauso gemacht. Sie hat uns zu Schuljahresanfang ein paar einfache Tests gegeben, damit wir mehr Selbstvertrauen bekommen. Später hat sie uns immer schwierigere Aufgaben gestellt. Ich war total verliebt in die Frau. Ich erinnere mich, wie ich einmal nach der Stunde ...«

»Du schweifst ab«, unterbrach ihn Tom.

»Wo waren wir stehengeblieben?«, fragte Tim und leerte sein Glas. »Du kannst zum Beispiel die Sache mit den ›Erfolgen anderer‹ nutzen. Du kannst klar und selbstbewusst eine Vision vorgeben, die du erreichen willst. Du kannst Optimismus verbreiten, motivieren und ein Vorbild abgeben. Das findest du in jedem Führungshandbuch.«

»Ich? Vorbild? Was denkst du denn von mir?«, klagte Tom.

»Verantwortung ist eine Bürde ... Du kannst natürlich einfach kündigen oder das Geld einstecken und warten, dass sie dich rausschmeißen.«

Tim sah Tom gespannt an.

»Okay, ich mach's«, sagte Tom. »Ich hab nur laut gedacht.«

An seinem ersten Tag in seiner neuen Position rief Tom seine Mitarbeiter zusammen und erklärte ihnen, was er erreichen wollte. Er sagte, dass sie zwar in verschiedenen Bereichen ihre Stärken hätten, aber dass sie einfach zu viel Zeit benötigten, um ihre Finanzberichte fertigzustellen, und das, obwohl sie massenhaft Überstunden schoben. Also setzte er das erste realistische Ziel: »Ich möchte, dass wir unseren Bericht schneller fertigbekommen und ihn diesen Monat einen Tag früher einreichen«, rief er begeistert. »Ich denke, das können wir schaffen. Nein, ich weiß, dass wir es schaffen.« Natürlich wusste er es – das Ziel war leicht zu erreichen. Trotzdem wiederholte er die Botschaft in den wöchentlichen Besprechungen, weil er wusste, wie ansteckend Begeisterung wirkt. Am Monatsende reichten sie den Bericht tatsächlich früher ein – und zwar genau einen Tag früher.

Das ist ein guter Anfang, dachte Tom. Aber wir sollten eigentlich eine ganze Woche schneller sein. Also rief er Tim an, um ihm von seinem Erfolg zu erzählen und ihm seine Lage zu schildern.

»Glückwunsch!«, gratulierte Tim. »Es ist eine Sache, dass du mich um Rat fragst, aber dass du dich tatsächlich daran hältst, finde ich sehr beeindruckend.«

»Na ja, es war ja auch ein guter Rat«, meinte Tom. »Aber genug gefreut. Ich bin nicht sicher, ob mein Team weiter mitzieht, obwohl ich das Gefühl habe, dass noch sehr viel mehr drin ist. Was hast du denn sonst noch so auf Lager?«

Tim dachte eine Weile nach. »Lass uns mal über die Variable Wert nachdenken. Was kannst du ihnen geben, das für sie einen Wert hat? Wie kannst du sie belohnen?«

»Meinst du Geld?«, fragte Tom.

»Hast du welches?«

»Nein«, gab Tom zu. »Nur wenn ich an mein eigenes Konto gehe.«

»Dann erwähn es lieber erst gar nicht«, riet Tim. »Aber keine Sorge. Geld ist nicht das einzige Mittel. Es gibt was, das den meisten Menschen wichtiger ist als Geld, und das ist Anerkennung. Du musst nur bemerken, wenn jemand etwas gut macht, und es rechtzeitig anerkennen – nicht erst Wochen oder Monate später, sondern noch am selben Tag. Die Leute sind stolz, wenn sie ein ehrliches ›klasse‹ oder ›gut gemacht‹ hören. Das wirkt mehr als ein Bonus am Jahresende.«

»Guter Hinweis, Tim.«

»Danke«, sagte Tim erfreut und bemerkte gar nicht, dass Tom postwendend die Strategie umgesetzt hatte, die er ihm eben empfohlen hatte.

»Das gefällt mir«, meinte Tom. »Wenn ich auf die Weise ein bisschen aus meinem Büro rauskomme, umso besser. Mir sind Einzelgespräche sowieso lieber als die wöchentlichen Meetings.«

»Du hast Glück. Viele Führungskräfte werden nur befördert, weil sie die technischen Qualifikationen haben, aber der menschliche Aspekt bereitet ihnen Probleme. Weil du das so gut beherrschst, kannst du es ja mal mit der Strategie ›Spiele und Ziele‹ probieren. Du kennst die Geschichte mit den Maurern, oder?«

»Mh, vage. Hilf mir auf die Sprünge«, bat Tom, der nicht zugeben wollte, dass er noch nie von der Geschichte gehört hatte.

»Sie ist kurz. Zwei Maurer werden gefragt, was sie tun. Der erste antwortet: ›Ich baue eine Mauer.‹ Der zweite denkt nach und sagt: ›Ich baue einen Dom.‹ Verstehst du? Du musst das große Ganze vermitteln und den Leuten klarmachen, warum ihre Arbeit wichtig ist. Wenn du das schaffst ...«

»... werden alle meine Träume wahr«, unterbrach ihn Tom. »Okay, ich verstehe, du zeigst mir das große Ganze.

Kapiert. Rechtzeitige Anerkennung und das große Ganze – kommunizieren, warum die Arbeit wichtig ist.«

Tom plante jeden Tag eine Stunde ein, um eine Runde durchs Büro zu drehen und nach seinen Mitarbeitern zu sehen. Wenn ihm ihre Arbeit gefiel, dann sagte er ihnen das und manchmal auch ein bisschen mehr. Als eine seiner Mitarbeiterinnen einmal eine gute Präsentation hielt, lud er sie spontan zum Mittagessen ein.

Etwas schwerer fiel es ihm, das große Ganze zu vermitteln. Jeder Mitarbeiter musste die Geschichte aus einer anderen Sicht hören. Die einen wollten wissen, wie ihre derzeitige Tätigkeit sie in ihrer Karriere voranbrachte. Anderen half es, wenn sie ihre Aufgabe als Zeichen ihrer Verantwortung auffassten. Wieder andere mussten hören, welche Auswirkungen ihre Arbeit auf ihre Kollegen hatte. Es war ein bisschen wie ein Ratespiel, für jeden den richtigen Blickwinkel zu finden, aber Tom lag meist ganz gut mit seiner Einschätzung. Einem besonders schwierigen Mitarbeiter erklärte er es so: »Wenn Sie mit Ihrer Arbeit fertig sind, geben Sie sie an Suzanne weiter. Wenn Sie lange brauchen, muss sie lange bleiben, und das bedeutet, dass sie jemanden finden muss, der ihre Kinder aus dem Kindergarten abholt, ihnen das Essen macht und sie ins Bett bringt. Wenn Sie früh fertig sind, helfen Sie Suzanne. Wenn Sie lange brauchen, machen Sie ihr das Leben unnötig schwer.« Von da an hatte er keine Probleme mehr mit diesem Mitarbeiter.

Außerdem versuchte Tom, die innere Uhr seiner Mitarbeiter zu respektieren, und führte Gleitzeit ein. In einigen Forschungsaufsätzen hatte er gelesen, dass einige Schüler eine ganze Note besser wurden, wenn sie eine Stunde mehr Schlaf bekamen, und dass Unternehmen, die

Gleitzeit einführten und ihre Mitarbeiter länger schlafen ließen, eine hübsche Leistungssteigerung verzeichneten.[3]

Eines Abends holte Tim seinen Bruder im Büro ab, und die beiden gingen in einem ihrer Lieblingsrestaurants essen. Nachdem sie bestellt hatten, fragte Tim: »Und wie geht's dir als Chef?«

»Super«, strahlte Tom. »Die Sache mit der Kumpelei gefällt mir!«

»Aber das war nicht mit personenorientierter Führung gemeint«, sagte Tim stirnrunzelnd.

»War ja auch nur ein Witz. Apropos personenorientiert – du hast mir nie von der aufgabenorientierten Führung erzählt.«

»Na ja, die meisten Leute bevorzugen den einen oder den anderen Führungsstil«, erwiderte Tim. »Aber die besten Führungspersönlichkeiten kombinieren die beiden. Aufgabenorientierte Führungskräfte haben ein besonderes Händchen dafür, Pläne zu machen, Aufgaben zu verteilen und Ziele vorzugeben.«

»Ah, das verstehe ich zu gut«, meinte Tom. »Ich hatte ja keine Ahnung, was für ein Problem meine Aufschieberei für andere war, bis ich selbst mit Aufschiebern zu tun hatte. Die Zielvorgaben haben mir geholfen.«

»Und genau das machen aufgabenorientierte Führungskräfte. Wenn Termine noch in weiter Zukunft liegen, dann brechen sie sie in eine Abfolge von kurzfristigen, konkreten und realistischen Zielen für ihre Mitarbeiter herunter. Du musst natürlich aufpassen, dass du nicht zu viele Ziele setzt und ins Mikromanagement verfällst. Das nennt man auch Kontrollwahn.«

»Keine Angst, dazu bin ich nicht der Typ. Aber wie viele Ziele muss ich denn setzen?«, fragte Tom.

»Dafür gibt es keine festen Regeln«, antwortete Tim. »Die meisten Leute legen sich erst dann ins Zeug, wenn die Zeit knapp wird. Deswegen musst du so viele Ziele setzen, wie es für dich praktisch ist. Zumindest musst du regelmäßige Besprechungen einführen, um zu sehen, wie die Leute vorankommen, und um neue Ziele vorzugeben. Manche Leute motivieren sich selbst und brauchen weniger Ziele, andere brauchen eine Menge.«

»Mir fallen da einige Leute ein, die alle paar Minuten ein neues Ziel brauchen könnten«, meinte Tom.

»Du darfst nur nicht den Fehler machen, den dein Unternehmen so gern macht«, sagte Tim und tönte mit der pompösen Stimme eines Unternehmenssprechers: »›Bis zum Jahresende werden wir die Umsätze um 20 Prozent steigern!‹ Das klappt nie. Ich frage mich, warum die sich überhaupt die Mühe machen, so was zu verkünden.«

»Klar. Das ist so weit weg und derart abstrakt, dass sich niemand dafür anstrengt. Außerdem glaubt es sowieso keiner, wenn man sich die Wirtschaft so anschaut.«

Tim sah über Toms Schulter, um nach dem Essen Ausschau zu halten. »Und letztes Jahr haben sie die Latte zu niedrig gelegt. Wenn das Ziel zu einfach zu erreichen ist, machen die Mitarbeiter das, was man eben so macht, wenn man über die Ziellinie kommt – sie tun nichts mehr.«

»Genau wie bei meinem ersten Ziel«, sagte Tom. »Alle waren genau einen Tag schneller. Das ist doch verdächtig, oder? Ich glaube, diesmal lege ich die Latte ein bisschen höher.«

»Das gefällt dir bestimmt: Versuch's doch mal mit einer Party«, meinte Tim.

»Ich bin ganz Ohr.«

»Wenn ihr das Ziel erreicht habt, musst du das mit deinen Leuten feiern«, erklärte Tim. »Die meisten Leute erinnern sich bei einer Aufgabe an zwei Sachen: den Höhepunkt und das Ende. Mit einer Party am Ende haben alle das Gefühl, dass es sich gelohnt hat.«

»Ich verstehe. Wie ein gutes Essen am Ende eines guten Gesprächs«, sagte Tom, der sah, dass die Kellnerin mit dem Tablett näher kam.

Also baute Tom effektive Zielsetzungen ein. Wenn er seine Mitarbeiter nach ihrer Tätigkeit befragte, motivierte er sie, sich konkrete, kurzfristige und anspruchsvolle Etappenziele zu setzen. Wenn er sie später wieder traf, mussten sie ihm von ihren Fortschritten berichten. Für einige war dies überhaupt kein Problem, und sie nutzten die Gelegenheit, um ein wenig anzugeben, aber Tom fand das in Ordnung, denn so gaben sie ihm die Möglichkeit, ihre Leistungen anzuerkennen. Andere mussten stärker motiviert werden.

Schließlich gab er dem Team ein neues Ziel vor: Sie sollten den Monatsbericht eine Woche schneller fertigstellen. Wenn ihnen das gelang, dann würden sie am Freitag eher Feierabend machen und zusammen feiern. Das Unternehmen würde Babysitter und Taxis für die Heimfahrt spendieren. Diesen Monat arbeitete das Team konzentriert und erreichte sein Ziel. Die Party war ein voller Erfolg und nicht nur eine Belohnung für das Team, sondern auch für Tom. Er liebte Partys. Wenn es in den folgenden Monaten so aussah, als würden »seine Leute«, wie er sie nannte, das Ziel nicht erreichen, dann verdoppelte er seine Anstrengungen, um sicherzustellen, dass es doch noch klappte und die Party steigen konnte. Nächstes Mal werde ich im Budget ein bisschen Geld für eine Wildwasserfahrt locker machen, dachte er. Das kann ich vermutlich als Förderung des Teamgeists rechtfertigen. Und einen Preis für den, der diesen Monat die meisten Berichte schreibt.

Gerade als sich Tom in seiner Rolle als Führungskraft so richtig wohl zu fühlen begann, erhielt er eine Nachricht von oben. Im Gegensatz zu den anderen Abteilungsleitern reichte Tom seine Berichte immer rechtzeitig ein. Seine Leistung war außergewöhnlich, und seine Abteilung war die zufriedenste und produktivste des ganzen Unternehmens.[4] Es war nur logisch, dass er erneut befördert wurde. Toms Erfolgsgeheimnis war einfach: Er hatte verstanden, dass andere Menschen sich von denselben Dingen motivieren lassen wie er. Um in seine Fußstapfen zu treten und eine echte Führungskraft zu werden, müssen Sie es ihm nur nachmachen. Führungsqualitäten sind ein knappes Gut, und die Welt hofft dringend, dass Sie sie entwickeln.

Eine Warnung zum Schluss

Eddie, Valerie und Tom profitierten von den Prinzipien der Aufschiebeformel, indem sie sich auf die drei entscheidenden Faktoren Erwartung, Wert und Zeit konzentrierten. Auch Sie können von den Techniken in diesem Buch profitieren, wenn Sie sie umsetzen. Aber Achtung: Übertreiben Sie es nicht. Die Aufschieberitis kann Sie zwar daran hindern, Ihr Leben zu leben und Ihre Träume zu verwirklichen. Aber wenn Sie versuchen, Ihrer Aufschieberitis vollständig den Garaus zu machen, kann sie machtvoll zurückschlagen.[5] Als erwachsene und autonome Menschen streben wir ein Leben an, in dem wir unsere ganze Persönlichkeit verwirklichen und nicht nur einen kleinen Teil. Jeder Versuch, unsere impulsive Seite zu unterdrücken, geht letztlich nach hinten los, denn unsere Triebe und Bedürfnisse sind unser Motor und wollen befriedigt sein. Übermäßige Selbstbeherrschung ist ungesund und macht Sie nicht glücklich.[6] Sie müssen Ihr persönliches Gleichgewicht finden.

Was passieren kann, wenn die Selbsthilfe zu gut funktioniert, können Sie in Will Fergusons satirischem Roman *Glück®* nachlesen: Nachdem die Menschen den Ratgeber *Was der Berg mich lehrte* gelesen hatten, wurden sie glücklich, zufrieden, freundlich und tugendhaft. Sie entsagten Nikotin und Alkohol, umarmten einander und nahmen sich so an, wie sie waren. Ihre Supersize-Cheeseburger tauschten sie gegen bescheidene Tofuburger ein. Doch die Artigkeit hatte ihren Preis: Die Menschen waren zufrieden, langweilig und austauschbar. Bei dem Versuch, ihre Schwächen zu beseitigen, hatten sie ihre Persönlichkeit gleich mit ausradiert, und mit den Lastern verschwanden Süßigkeiten, Moden und Lust.

In unserer Aufschieberei schlägt das Pendel lediglich zu weit in Richtung der Kurzsichtigkeit und des Hier und Jetzt aus. Aber es wäre genauso schlecht, wenn es zu weit in Richtung der Vernunft und Weitsicht ausschlüge, denn dann leben wir nur noch in der Zukunft.[7] Burn-out-Opfer wünschten, sie hätten gelegentlich die Seele baumeln lassen, und allzu strebsame Studierende bereuen, ihre Semesterferien über ihren Büchern verbracht zu haben.* Optimale Selbstbeherrschung bedeutet also nicht, unsere

---

* Die Psychologen Walter Mischel und Ozlem Ayduk schreiben dazu: »Ein zu starker Wille ist genauso schädlich wie ein zu schwacher. Wer sich konstant Befriedigungen verweigert, trifft womöglich eine unkluge und freudlose Wahl. Aber wer umgekehrt nicht lernt, wann immer nötig Verzögerungen zu ertragen und seinen Willen auszuüben, der hat diese Wahl erst gar nicht.«

Emotionen zu unterdrücken, sondern sie zu respektieren.[8] Nicht jeder Aufschub, mit dem wir uns selbst einen Gefallen tun, ist unbedingt unvernünftig. Wir brauchen diese Momente, in denen wir uns ausdrücken, mit Freunden lachen und uns verwöhnen lassen. Um es mit den Worten von W. H. Davies zu sagen, dem vagabundierenden walisischen Dichter aus der Jugendzeit meiner Mutter: »Was soll'n die Mühen dieser Welt, wenn uns die Zeit zum Staunen fehlt?« Faulheit, Extravaganz, Spontaneität und Spinnerei sind Qualitäten, die genauso ihren Platz in unserem Leben haben.

Wie's weitergeht

Vor neuntausend Jahren war das Aufschieben unbekannt. Damals haben wir gearbeitet, geschlafen und andere Bedürfnisse befriedigt, wenn uns danach war. Das war unsere Natur. In diesem goldenen Zeitalter passten Notwendigkeit und Bedürfnis aufeinander wie zwei Puzzleteile. Wir waren perfekt gemacht für diese Welt der Jäger und Sammler.

Neuntausend Jahre später hat sich unsere menschliche Natur nicht geändert, aber unsere Bedürfnisse passen nicht mehr zu unserem Alltag. Wir müssen früh aufstehen, lange To-do-Listen mit Diäten und Fitnessprogrammen abarbeiten und uns einer Menge anderer Quälereien unterziehen, die unserem Motivationssystem schwer im Magen liegen. In fast allen Lebensbereichen tut sich ein schier unüberwindlicher Abgrund zwischen unseren Wünschen und Pflichten auf, denn überall ziehen wir die Gegenwart auf Kosten der Zukunft vor. Wir frönen unseren unmittelbaren Gelüsten, stopfen uns mit Fett und Zucker voll, schlagen Wurzeln vor dem Fernseher und vergessen darüber gesunde Ernährung und Bewegung. Wir lassen unserem Zorn und unserer Enttäuschung freien Lauf und schieben Nachdenken und Versöhnung auf die lange Bank. Wir greifen nach der verbotenen, aber leicht verfügbaren Frucht der Promiskuität und setzen unsere langfristigen Beziehungen und unsere Gesundheit aufs Spiel. Dies alles sind Beispiele für eine menschliche Natur, die früher an ihre Umwelt angepasst war, es aber heute nicht mehr ist und unerhörterweise das Jetzt mehr schätzt als das Später. Doch an diesem Punkt muss die Geschichte nicht enden.

Wie wir in diesem Buch gesehen haben, neigen wir zwar zum Aufschieben, aber wir sind nicht dazu verdammt. Wenn wir erkennen, wie es um uns steht, können wir etwas dagegen unternehmen. Wenn wir uns nicht mehr mit Göttern verwechseln, können wir uns mit unserer unvollkommenen menschlichen Natur versöhnen und entsprechend handeln. Wenn Sie wollen, gehört Ihre Aufschieberitis der Vergangenheit an. Aber dazu müssen Sie Ihre eigene Beschränktheit anerkennen und Techniken umsetzen, die auf dieser Erkenntnis beruhen. Dazu müssen Sie niemanden um Erlaubnis bitten. Niemand schickt Ihnen eine schriftliche Einladung. Sie wissen, was Sie zu tun haben, um Ihr Leben nach Ihren Vorstellungen zu gestalten und der Mensch zu sein, der Sie schon immer sein wollten. Sie haben alle Antworten in der Hand. Tun Sie's einfach.

Schluss mit dem Aufschieben

Das Schöne am Aufschieben ist, dass wir ihm überall begegnen. Dutzende wissenschaftliche Disziplinen beschäftigen sich mit dem Thema. Sie können wie ich in der Psychologie beginnen, wo die meisten Untersuchungen durchgeführt wurden, doch Sie werden sich schon bald in den Wirtschaftswissenschaften wiederfinden, die sich verstärkt mit dem Thema beschäftigen. Dort lernen Sie auch konkrete Anwendungen kennen, etwa bei der Ausgestaltung von Rentenversicherungen oder der Rückzahlung von Schulden. Von der Wirtschaft kommen Sie fast automatisch zur Neuroökonomie und von da zur Neurobiologie des Aufschiebens. Von dort ist es nur noch ein kleiner Schritt zur Mutter der Biologie, der Evolution, wo Sie erfahren, dass das Aufschieben eine typisch menschliche Eigenschaft ist, die wir mit vielen Tieren gemeinsam haben. Nach diesem Blick in die menschliche Vorgeschichte könnten Sie kehrtmachen, in die Zukunft blicken und sich mit gesellschaftlichen Fragen beschäftigen, etwa mit langfristigen Problemen wie der Umweltzerstörung. Wenn Sie sich fragen, warum unsere Regierungen nicht mehr dagegen unternehmen, werden Sie erkennen, dass sie und andere Organisationen genau wie Sie unter Aufschieberitis leiden.

Da das Aufschieben von derart vielen Wissenschaftszweigen untersucht wurde, ist es so etwas wie der Rosettastein, mit dessen Hilfe wir die Erkenntnisse von einem

Gebiet ins andere übersetzen können, zum Beispiel von den Wirtschaftswissenschaften in die Psychologie. Mehr noch, mithilfe dieses Steins können wir eine gemeinsame Sprache des menschlichen Verhaltens, ein Esperanto der Sozialwissenschaften, entwickeln. Das ist eine wichtige Errungenschaft.[1] Christopher Green meint: »Diese Integration wäre zweifelsohne die größte wissenschaftliche Leistung in der Geschichte der Disziplin«, und eine, mit deren Hilfe sich die Psychologie vom Stigma der Unwissenschaftlichkeit befreien würde.[2] Wenn sich die Psychologie mit den Wirtschaftswissenschaften, der Soziologie und der Biologie zusammenführen ließe, dann wäre das ein gewaltiger Fortschritt. Das war auch eines der Motive meiner Forschungsarbeit.[3]

Da die Aufschieberitis so allgegenwärtig ist, macht sie sich zu einer Zielscheibe, die kaum zu verfehlen ist. Wenn man die Erkenntnisse aus allen Wissenschaftszweigen bündeln würde, dann könnte man ihr wirkungsvoll zu Leibe rücken. Diese Integration ermöglicht riesige Fortschritte in allen Bereichen der Wissenschaft. Mithilfe der interdisziplinären Forschung ist es den Naturwissenschaften gelungen, faszinierende Anwendungen hervorzubringen, angefangen vom Laptop, auf dem ich dieses Buch schreibe, bis zu Atomkraftwerken, die uns mit Energie versorgen.[4] Die Naturwissenschaften gehen von einem gemeinsamen Modell der Realität aus und können deshalb Wissen und Fragestellungen von einer Disziplin in die andere übertragen. In den Sozialwissenschaften könnte eine ähnliche Synergie gewaltige Kräfte freisetzen. Der Wirtschaftswissenschaftler Herbert Gintis, der sich seit langem für diese Integration ausspricht, kommt zu dem Schluss: »Der wahre Beitrag einer Disziplin zu unserem

Wissen wird erst deutlich, wenn ihre Erkenntnisse von anderen Disziplinen bewertet und vertieft werden.«[5] Alles hängt mit allem zusammen, denn im Grunde beschäftigen wir uns alle mit einem einzigen Thema: menschlichen Entscheidungen und menschlichem Verhalten.[6] Wenn die Erkenntnisse aus einem Gebiet in andere einfließen, gelangen wir unweigerlich zu Erkenntnissen, mit denen wir das Aufschieben bekämpfen, dem Übergewicht zu Leibe rücken oder bessere Rentenversicherungen schaffen können und vieles mehr.

Wenn uns diese Integration gelingt, kommen wir unserem Ziel der Selbstbeherrschung einen großen Schritt näher. Als Gesellschaft haben wir heute noch viel Spielraum für Verbesserungen. Nehmen wir nur die beiden wichtigsten Ablenkungen, das Fernsehen und den Computer, mit denen Menschen in einigen Teilen der Welt ein Viertel des Tages verbringen. Menschen, die etwas gegen diese Sucht unternehmen wollen, geben zu, dass sie diese beiden Geräte im Übermaß verwenden.[7] Da Fernsehkonsum mit Übergewicht und der Zerstörung der Familie zusammenhängt, wurden große Anstrengungen unternommen, um ihn zu reduzieren.[8] Bislang hat wenig davon gefruchtet, der Fernsehkonsum nimmt Jahr für Jahr zu, und die Fernsehsucht grassiert mehr denn je. Mit einem integrierten Ansatz und mithilfe einiger Techniken aus diesem Buch können wir etwas dagegen unternehmen. Wir müssen nur unsere Prinzipien der Selbstbeherrschung auf unsere Technologie anwenden.[9]

Wenn ich zu viel Zeit vor dem Fernseher verbringe, schiebe ich die Schuld gern auf meinen digitalen Videorekorder. Er ermöglicht es mir, ganz einfach eine Sendung zu finden, die mir gefällt, und sie zu sehen, wenn mir danach ist. Je einfacher ich Programme finde und je schneller ich auf sie zugreifen kann, desto mehr nutze ich sie. Das geht Ihnen bestimmt nicht anders. Der digitale Videorekorder ist zwar ein Teil des Problems, doch er könnte auch ein Teil der Lösung sein, denn er bietet eine ausgezeichnete Möglichkeit, Techniken der Selbstbeherrschung zu installieren. Wir beherrschen uns eher, wenn wir ein korrektes Feedback zu unserem Verhalten bekommen. Dieses Feedback können wir wiederum als Erinnerungssignal und als Hilfestellung bei unserer Zielsetzung verwenden (siehe »Erfolge erzielen« und »Konzentrieren Sie sich auf das Richtige«). Ein nützliches Add-on für einen Videorekorder wäre beispielsweise ein großes Display, auf dem Sie genau ablesen können, wie lange Sie heute oder diese Woche vor dem Fernseher zugebracht haben. Mit der Zahl der Stunden nimmt auch Ihr Bedürfnis zu, das Gerät abzuschalten. Mit dem Videorekorder könnten Sie Ihre Fernsehgewohnheiten langfristig überwachen und nachvollziehen, wann Sie vor der Glotze sitzen und was Sie sehen.

Mithilfe dieses Videorekorders könnten Sie sich auch vorab festlegen. Es gibt längst Geräte, mit denen Eltern den Fernsehkonsum ihrer Kinder kontrollieren können, aber entsprechende Möglichkeiten für die Eltern selbst gibt es bislang kaum. Mit dem Videorekorder jedoch könnten sie verschiedene Vorabfestlegungen umsetzen. Zum Beispiel wäre ein Gerät zur künstlichen Verzögerung des Fernsehkonsums denkbar: Wenn Sie vor dem Einschalten erst umständlich einen langen Code eingeben müssten, dann könnten Sie es sich noch einmal anders überlegen. Je länger die Verzögerung, desto weniger impulsiv entscheiden Sie sich und desto rationaler nutzen Sie Ihre Zeit. Wenn das nicht ausreicht, könnten Sie den Fernseher teilweise sperren und so programmieren, dass Sie ihn nur zu bestimmten Uhrzeiten einschalten oder nur eine bestimmte Höchstdauer am Tag fernsehen können. Es liegt dann an Ihnen, welche Optionen Sie aktivieren oder ob Sie sie nutzen.

Für das Internet gibt es bereits ähnliche Lösungen. Mit kostenlosen Programmen wie *RescueTime* können Sie genau nachvollziehen, was Sie mit Ihrer Zeit angefangen haben. Diese Programme ermöglichen es Ihnen, sich persönliche Ziele zu setzen und Vergleichsgruppen einzurichten (siehe »Die Erfolge anderer«). Wenn Sie virtuell dabei zusehen können, wie fleißig andere arbeiten, dann könnte Sie dies motivieren oder Ihren sportlichen Ehrgeiz wecken. Mit *RescueTime* können Sie außerdem Ihren Zugang zum Internet zeitweise blockieren und so mit einer Vorabfestlegung Ablenkungen ausschalten. In Verbindung mit einer ausgefeilten und schwer zu umgehenden Filtersoftware wäre dies ein hervorragendes Instrument der Selbstbeherrschung.

Die Software zum portionierten Umgang mit Fernseher und Internet ist einfach zu entwickeln und einzusetzen. Der Markt für diese Produkte sind wir alle, vor allem die chronischen Aufschieber, die ein Viertel der Bevölkerung ausmachen. Dies hätte spürbare Auswirkungen auf die gesamte Gesellschaft und das Bruttoinlandsprodukt. Wenn sich die Aufschieberitis nur halbieren ließe, wären das pro Jahr weltweit Billiarden von Euro an zusätzlicher Produktivität. Wenn die Integration der Sozialwissenschaften weiter fortschreitet, werden Instrumente zur Unterstützung unseres schwachen Willens bald ein fester Bestandteil unseres Alltags und unserer Gesellschaft sein. Ironischerweise haben wir das nur unserer Aufschieberitis zu verdanken. Wie es sich für eine selbstzerstörerische Verhaltensweise gehört, könnte sie nicht nur den Anstoß zu dieser Integration gegeben, sondern sich ihr eigenes Grab geschaufelt haben.

Dank

Dieses Buch begann mit einem Anruf der sympathischen und talentierten Literaturagentin Sally Harding. Nachdem sie in der Presse Berichte über meine Forschungsarbeiten gelesen hatte, war sie überzeugt, dass ich der Richtige war, um ein Buch über das Aufschieben zu schreiben. Ich war zu höflich, ihr zu widersprechen. Die Cooke Agency war gut beraten, als sie sich mit Sallys Agentur zusammenschloss, genau wie umgekehrt. Zusammen mit Dean Cooke, Suzanne Brandreth und Mary Hu bildet Sally ein großartiges Team, das ein Buch sicher durch alle Klippen steuert.

Mein Dank gilt auch Louise Dennys von der Knopf Random House Canada Group, die das Potenzial des Buchs erkannte, und der außerordentlich belesenen Anne Collins mit ihrer goldenen Feder. Dass diese ausgezeichnete Lektorin die Leitung von Knopf Random Canada übernahm, war eigentlich unvermeidlich. Anne verbesserte jede einzelne Seite dieses Buchs. Mein Dank gilt auch Nancy Miller, die schon früh für das Buch eintrat, und Jonathan Burnham, der dafür sorgte, dass es bei HarperCollins US eine Heimat fand. Vielen Dank auch an meine dortige Lektorin Sally Kim, die hartnäckig darauf bestand, dass alles, was ich gut fand, noch besser werden konnte; sie lieh mir sogar ihren Regenschirm, als ich in New York in ein Unwetter geriet. Mein besonderer Dank gilt Jane Isay, die letzte Hand anlegte und den Erzählfluss optimierte. Dank ihrer Erfahrung und ihrer Kenntnisse auf den Gebieten der Psychodynamik, Psychologie und Neurobiologie waren wir ein gutes Team. Wie bei der Kindererziehung ist ein ganzes Dorf nötig, um ein Buch zu schreiben, und ich bin dankbar, dass ich so viele talentierte Menschen auf meiner Seite habe.

Zu Beginn meiner akademischen Laufbahn an der University of Minnesota hatte ich das Glück, bei Dr. Deniz Ones die Metaanalyse kennenzulernen. Dr. Thomas Brothen weckte meine anhaltende Begeisterung für das Thema Aufschieben. An der University of Calgary, wo ich gegenwärtig unterrichte, danke ich meiner Kollegin und Freundin Dr. Daphne Taras, die mir half, ein Forschungssemester zu bekommen, um dieses Buch schreiben zu können, und die sich sehr für die Entwicklung meines Manuskripts interessierte. Ich wünschte mir zwar, das Forschungssemester wäre länger gewesen, doch diese Monate des konzentrierten Arbeitens waren unschätzbar. Ich danke auch ihrem Sohn Matthew Taras, der historische Daten für mich überprüfte. Ein großes Dankeschön gilt meinen Schwestern Anita und Marion, die frühe Entwürfe lasen, und meinem Schwiegervater John Horne, einem Wirtschaftsberater, für seinen kritischen Blick.

Für alles andere, und für alles überhaupt, danke ich meiner Frau Julie. Die Bedingungen, unter denen ich dieses Buch geschrieben habe, waren alles andere als ideal, aber dank ihrer Hilfe habe ich es geschafft. Es ist nicht einfach, zu unterrichten, zu forschen und eine Abteilung zu leiten, und schon gar nicht, wenn man zwei kleine Kinder zu Hause hat. Angesichts unseres schmalen Unterstützungsnetzwerks in einer fremden Stadt schien die Vorstellung vollkommen absurd, dass ich auch noch ein Buch schreiben sollte, aber ich habe es trotzdem auf mich genommen. Wir haben uns nachts abgewechselt, und ohne Julias Unterstützung und ihren Glauben wäre dieses Projekt vollkommen undenkbar gewesen. Sosehr mir die Motivationsprinzipien in diesem Buch halfen, ihre Kraftreserven waren das Fundament, auf dem dieses Buch entstand. Außerdem lernte ich sie als begabte Lektorin mit scharfem Blick kennen. Sie als Leser dürfen sich genauso glücklich schätzen wie ich, dass sie meine Frau ist.

Anmerkungen

EIN WORT VORAB

¹ Das Thema fasziniert selbst Philosophen, die alles andere stehen und liegen lassen, um darüber nachzusinnen: Andreou, C. (2007), »Understanding procrastination«, *Journal for the Theory of Social Behavior*, 37(2), S. 183–193; Gosling, J. (1990), *Weakness of the will*, New York: Routledge; Silver, M. (1974), »Procrastination«, *Centerpoint*, 1(1), S. 49–54; Sorensen, R. (2006); »Originless sin: Rational dilemmas for satisficers«, *The Philosophical Quarterly*, 56(223), S. 213–223.
² Katz, I., de Deyn, P., Mintzer, J., Greenspan, A., Zhu, Y. und Brodaty, H. (2007), »The efficacy and safety of risperidone in the treatment of psychosis of Alzheimer's disease and mixed dementia: a meta-analysis of 4 placebo-controlled clinical trials«, *International Journal of Geriatric Psychiatry*, 22(5), S. 475–484; Lee, J., Seto, D. und Bielory, L. (2008), »Meta-analysis of clinical trials of probiotics for prevention and treatment of pediatric atopic dermatitis«, *The Journal of Allergy and Clinical Immunology*, 121(1), S. 116–121.
³ Bowen, F., Rostami, M. und Steel, P. (2009), »Meta-analysis of organizational innovation and performance«, *Journal of Business Research*; Caird, J., Willness, C. R., Steel, P. und Scialfa, C. (2008), »A meta-analysis of the effects of cell phones on driver performance«, *Accident Analysis and Prevention*, 40(4), S. 1282–1293; Peloza, J. und Steel, P. (2005), »The price elasticities of charitable contributions: A meta-analysis«, *Journal of Public Policy and Marketing*, 24(2), S. 260–272; Taras, V., Kirkman, B. L. und Steel, P. (in Vorbereitung), »Examining the impact of Culture's Consequences: A three-decade, multi-level, meta-analytic review of Hofstede's cultural value dimensions«, *Journal of Applied Psychology*; Steel, P. und Kammeyer-Mueller, J. (2002), »Comparing meta-analytic moderator search techniques under realistic conditions«, *Journal of Applied Psychology*, 87(1), S. 96–111; Steel, P. und Kammeyer-Mueller, J. (2008), »Bayesian variance estimation for meta-analysis: Quantifying our uncertainty«, *Organizational Research Methods*, 11(1), S. 54–78; Steel, P. und Kammeyer-Mueller, J. (2009), »Using a meta-analytic perspective to enhance Job Component Validation«, *Personnel Psychology*, 62, S. 533–552; Steel, P. und Ones, D. (2002); »Personality and happiness: A national level of analysis«, *Journal of Personality and Social Psychology*, 83(3), S. 767–781; Steel, P. und Taras, V. (in Vorbereitung), »Culture as a consequence: A multilevel multivariate meta-analysis of the effects of individual and country characteristics on work-related cultural values«, *Journal of International Management*; Steel, P., Schmidt, J. und Shultz, J. (2008). »Refining the relationship between personality and subjective well-being«, *Psychological Bulletin*, 134(1), S. 138–161.

[1] Astrologen fassen unter diesem Aspekt die zwölf Tierkreiszeichen zu drei Vierergruppen zusammen. Die für uns interessanteste umfasst die Tierkreiszeichen Zwillinge, Jungfrau, Schütze und Fische. Um es mit den Worten von Bertrand Russell zu sagen: »Diese Vierergruppe trinkt Aufschieberei«, und ganz besonders Schützen- und Fische-Geborene berauschen sich an ihr. Wenn Ihnen dieser Satz merkwürdig vorkommt, dann muss ich Ihnen ein Geständnis machen. Bertrand Russell verwendete ihn als ein Beispiel für einen grammatikalisch korrekten, aber inhaltlich sinnlosen Satz. Ich habe trotzdem versucht, ihm einen Sinn abzuringen, und mir dabei ein Vorbild an dem Linguisten Yuen Ren Chao genommen, der bei Russells Chinareise im Jahr 1920 als dessen Dolmetscher fungierte und den Satz »Farblose grüne Ideen schlafen leidenschaftlich« übersetzen durfte. Ob man sich mit dieser Art der Wortspielerei besonders beliebt macht, ist allerdings fraglich.

[2] Gendler, T.S. (2007), »Self-deception as a pretense«, Philosophical Perspectives, 21(1), S.231–258; Gosling, J. (1990), Weakness of the will, New York: Routledge; Martin, M. (1986), Self-deception and morality, Lawrence, KS: University Press of Kansas.

[3] Steel, P. (2007), »The nature of procrastination: A meta-analytic and theoretical review of quintessential self-regulatory failure«, Psychological Bulletin, 133(1), S.65–94.

[4] Siehe www.43things.com, eine Website, mit deren Hilfe bereits Millionen von Menschen ihre Lebenslisten erstellt haben.

[5] Horn, S. (2001), ConZentrate: Get focused and pay attention – when life is filled with pressures, distractions, and multiple priorities, New York: Saint Martin's Press.

[6] Im Rahmen meiner Untersuchungen habe ich die Berufe von 20000 Menschen dokumentiert, die sich selbst als Aufschieber bezeichneten. Selbst Teilnehmerinnen an Schönheitswettbewerben bleiben nicht verschont: Sara Hoots, frühere Miss Hooters, gestand in ihrem Interview: »Meine schlimmste Eigenschaft ist meine Aufschieberei.« Astronauten und Tierpfleger stehen allerdings nicht auf meiner Liste. Deren Geständnisse können Sie in der Sonderausgabe »Procrasti-Nation: Workers of the world, slack off!« des Magazins Slate nachlesen.

[7] Gröpel, P. und Steel, P. (2008), »A mega-trial investigation of goal setting, interest enhancement, and energy on procrastination«, Personality and Individual Differences, 45, S.406–411; Silverman, I. (2003), »Gender Differences in Delay of Gratification: A Meta-Analysis«, Sex Roles, 49(9), 451–463.

[8] Burka, J.B. und Yuen, L.M. (1983), Procrastination: Why you do it, what to do about it, Reading, MA: Addison-Wesley; Fiore, N. (1989), The now habit: A strategic program for overcoming procrastination and enjoying guilt-free play, New York: Penguin Putnam, Inc.; Knaus, W. (2002), The procrastination workbook: Your personalized program for breaking free from the patterns that hold you back, Oakland, CA: New Harbinger Publications, Inc.; Peterson, K.E. (1996), The tomorrow trap: Unlocking the secrets of the procrastination-protection syndrome, Deerfield Beach, FL: Health Communications, Inc.

[9] McGarvey, J. (1996), »The almost perfect definition«, Research/Penn State, 17(3), www.rps.psu.edu/sep96/almost.html.

[10] Siehe meinen Artikel »The Nature of Procrastination« sowie: Canter, D. (2008), *Self-appraisals, perfectionism, and academics in college undergraduates*, unveröffentlichte Dissertation, Virginia Commonwealth University, Richmond, VA; Yao, M. (2009), *An exploration of multidimensional perfectionism, academic self-efficacy, procrastination frequency, and Asian American cultural values in Asian American university students*, unveröffentlichte Dissertation, Ohio State University, Columbus, Ohio.

[11] Pullen, F. J. (2003), *Perfectionism, procrastination, and other self-reported barriers to completing the doctoral dissertation*, unveröffentlichte Dissertation, The University of Iowa, Iowa City, IA.

[12] Schouwenburg, H. C. (2004), »Academic procrastination: Theoretical notions, measurement, and research«, in: H. C. Schouwenburg, C. H. Lay, T. A. Pychyl und J. R. Ferrari (Hrsg.), *Counseling the procrastinator in academic settings* (S. 3–17), Washington, D. C.: American Psychological Association.

[13] Arce, E. und Santisteban, C. (2006), »Impulsivity: A review«. *Psicothema,* 18(2), S. 213–220; Bembenutty, H. und Karabenick, S. A. (2004), »Inherent association between academic delay of gratification, future time perspective, and self-regulated learning«, *Educational Psychology Review,* 16(1), S. 35–57; Enticott, P. und Ogloff, J. (2006), »Elucidation of impulsivity«, *Australian Psychologist,* 41(1), S. 3–14; Whiteside, S. und Lynam, D. (2001), »The Five Factor Model and impulsivity: using a structural model of personality to understand impulsivity«, *Personality and Individual Differences,* 30(4), S. 669–689.

[14] Bui, N. H. (2007), »Effect of evaluation threat on procrastination behavior«, *Journal of Social Psychology,* 147(3), 197–209.

[15] Schouwenburg, H. C. (2004), »Academic procrastination: Theoretical notions, measurement, and research«, in: H. C. Schouwenburg, C. H. Lay, T. A. Pychyl und J. R. Ferrari (Hrsg.), *Counseling the procrastinator in academic settings* (S. 3–17), Washington, D. C.: American Psychological Association.

KAPITEL 2

[1] Overmier, J. B. und Seligman, M. E. P. (1967), »Effects of inescapable shock upon subsequent escape and avoidance responding«, *Journal of Comparative and Physiological Psychology,* 63, S. 28–33; Seligman, M. und Csikszentmihalyi, M. (2000), »Positive psychology: An introduction«, *American Psychologist,* 55, S. 5–14; Seligman, M. E. P. und Maier, S. F. (1967), »Failure to escape traumatic shock«, *Journal of Experimental Psychology,* 74, S. 1–9.

[2] Zum ersten Mal hörte ich von der erlernten Hilflosigkeit von einem Professor, der die Geschichte einer gefangenen Grille erzählte. Wenn man eine Grille in ein Glas steckt, ihr Wasser und Futter gibt und ein paar Löcher in den Deckel sticht, damit sie atmen kann, versucht sie zunächst zu entkommen. Sie springt in die Luft und stößt gegen den Deckel. Wenn Sie nach ein paar Tagen wiederkommen und das Glas öffnen, springt die Grille zwar immer noch, aber nur noch bis knapp unter die Stelle, an der zuvor der Deckel war. Sie könnte zwar jetzt entkommen, aber sie hat das Verhalten eingestellt, mit dem sie die Freiheit erlangen könnte. Das Gefängnis ist nun in ihrem Kopf.

[3] Beck, A. T. und Beck, R. W. (1972), »Screening depressed patients in family practice: A rapid technique«, *Postgraduate Medicine,* 52, S. 81–85.
[4] Bedauerlicherweise kann das Aufschieben die Ursache einer sich selbst verstärkenden Depressionsspirale sein. Depression verstärkt das Aufschiebeverhalten, was wiederum Schuldgefühle und Selbstverachtung hervorruft, die die Depression intensivieren, was wiederum das Aufschiebeverhalten verstärkt. Dieser Aushöhlungseffekt wird noch verstärkt, wenn es sich bei den aufgeschobenen Tätigkeiten um Arbeiten für die Gemeinschaft oder zur persönlichen Entwicklung handelt, die dazu beitragen, Depression zu vermeiden. Thase, M. E. (1995), »Cognitive behavior therapy«, in; I. D. Glick (Hrsg.), *Treating depression* (S. 33–70), San Francisco: Jossey-Bass, Inc.
[5] Lay, C. H. (1986), »At last, my research article on procrastination«, *Journal of Research in Personality,* 20(4), S. 474–495; Lay, C. H. (1990), »Working to schedule on personal projects: An assessment of person-project characteristics and trait procrastination«, *Journal of Social Behavior and Personality,* 5(3), S. 9–103; Milgram, N. (1988), »Procrastination in daily living«, *Psychological Reports,* 63(3), S. 752–754; Milgram, N. A., Sroloff, B. und Rosenbaum, M. (1988), »The procrastination of everyday life«, *Journal of Research in Personality,* 22(2), S. 197–212; Sirois, F. M. (2007), »›I'll look after my health, later‹: A replication and extension of the procrastination-health model with community-dwelling adults«, *Personality and Individual Differences,* 43(1), S. 15–26; Sirois, F. M. (2007), »Procrastination and motivations for household safety behaviors: An expectancy-value theory perspective«, in: L. V. Brown (Hrsg.), *Psychology of Motivation* (S. 153–165): Nova Science Publishers.
[6] Tullier, L. (2000), *The complete idiot's guide to overcoming procrastination,* Indianapolis, IN: Alpha Books.
[7] Chainey, R., »The death of the gym membership«, *http://style.uk.msn.com/getfit/sportandexercise/article.aspx?cp-documentid=9517875.*
[8] Hershey, R. D., »Many shoppers won't do today what they can do on Dec. 24«, *New York Times,* 18. November 1999.
[9] Cosmides, L. und Tooby, J. (2000), »Evolutionary psychology and the emotions«, in: M. Lewis und J. Haviland (Hrsg.), *Handbook of Emotions* (2. Aufl, S. 91–115), New York: Guilford Press.
[10] Whiteside, S. und Lynam, D. (2001), »The Five Factor Model and impulsivity: using a structural model of personality to understand impulsivity«, *Personality and Individual Differences,* 30(4), S. 669–689.
[11] McCrea, S., Liberman, N., Trope, Y. und Sherman, S. (2008), »Construal level and procrastination«, *Psychological Science,* 19(12), S. 1308–1314.
[12] Hier ist die Passage, in der Hume darüber nachsinnt, warum das Nahe und Konkrete eine stärkere Anziehungskraft auszuüben scheint als das Ferne und Abstrakte: »Wenn ich über eine beliebige Handlung nachdenke, die ich in einem Jahr ausführe, dann nehme ich mir stets vor, mich für das größte Wohl zu entscheiden, egal ob es zu diesem Zeitpunkt greifbar oder fern erscheinen mag; diese Unterscheidung spielt bei meinen gegenwärtigen Überlegungen und Absichten keine Rolle. Meine Distanz zu der Entscheidung lässt diese kleinen Unterschiede verschwinden, und ich sehe nur die allgemeineren und deut-

licheren Eigenschaften wie ›gut‹ oder ›schlecht‹. Doch je näher ich komme, desto sichtbarer werden die Umstände, die ich zunächst übersehen hatte und die nun meine Handlungen und Haltungen beeinflussen. Ich verspüre eine neue Hinwendung zu meinem gegenwärtigen Wohlergehen, und es fällt mir schwer, an meinem ursprünglichen Entschluss festzuhalten. Möglicherweise bereue ich diese natürliche Schwäche und bemühe mich mit allen Mitteln, mich von ihr zu befreien.«

[13] Bagassi, M. und Macchi, L. (2007), »The ›vanishing‹ of the disjunction effect by sensible procrastination«, *Mind and Society,* 6(1), S. 41–52.

[14] Laven, A. V. (2007), *Freshmen college student mental health and their resource usage,* unveröffentlichte Dissertation, University of California, Los Angeles, CA.

[15] Cannings, R., Hawthorne, K., Hood, K. und Houston, H. (2005), »Putting double marking to the test: a framework to assess if it is worth the trouble«, *Medical Education,* 39, S. 299–308; Newstead, S. (2002), »Examining the examiners: Why are we so bad at assessing students?«, *Psychology Learning and Teaching,* 2(2), S. 70–75.

[16] Caron, M. D., Whitbourne, S. K. und Halgan, R. P. (1992), »Fraudulent excuse making among college students«, *Teaching of Psychology,* 19(2), S. 90–93; Lambert, E. G., Hogan, N. L. und Barton, S. M. (2003), »Collegiate academic dishonesty revisited: What have they done, how often have they done it, who does it, and why did they do it?«, *Electronic Journal of Sociology* 7, *http://epe.lac-bac.gc.ca/100/201/300/ejofsociology/2004/v07n04/content/vol7.4/lambert_etal.html* (Stand: 11. Juli 2008); Roig, M. und Caso, M. (2005), »Lying and cheating: Fraudulent excuse making, cheating, and plagiarism«, *The Journal of Psychology,* 139(6), S. 485–494; Roig, M. und DeTommaso, L. (1995), »Are college cheating and plagiarism related to academic procrastination?«, *Psychological Reports,* 77(2), S. 691–698.

[17] Die Grafik beinhaltet die Zahlen von zwei Drittel aller Studierenden. Ausgenommen sind Teilnehmer, die den Kurs abbrachen oder die Arbeit mehr als vier Tage vor der Deadline abgeschlossen hatten und zu diesem Zeitpunkt nicht mehr aufschieben konnten. Auch in den folgenden Untersuchungen ergibt die Aufschieberitis eine perfekte Hyperbelform: Green, L. und Myerson, J. (2004), »A discounting framework for choice with delayed and probabilistic rewards«, *Psychological Bulletin,* 130(5), S. 769–792; Howell, A. J., Watson, D. C., Powell, R. A. und Buro, K. (2006), »Academic procrastination: The pattern and correlates of behavioral postponement«, *Personality and Individual Differences,* 40(8), S. 1519–1530; Schouwenburg, H. C. und Groenewoud, J. T. (2001), »Study motivation under social temptation: Effects of trait procrastination«, *Personality and Individual Differences,* 30(2), S. 229–240.

KAPITEL 3

[1] Schelling, T. C. (1984), *Choice and consequence. Perspectives of an errant economist,* Cambridge: Harvard University Press.

[2] Baumeister, R. (2005), *The cultural animal,* New York: Oxford University Press; Bazerman, M. H., Tenbrunsel, A. E. und Wade-Benzoni, K. (1998), »Negotiating with yourself and losing:

Making decisions with competing internal preferences«, *The Academy of Management Review,* 23(2), S. 225 bis 241; Bechara, A. (2005), »Decision making, impulse control and loss of willpower to resist drugs: A neurocognitive perspective«, *Nature Neuroscience,* 8, S. 1458–1463; Bernheim, D. und Rangel, A. (2002), *Addiction, cognition, and the visceral brain,* Mimeo: Stanford University; Chaiken, S. und Trope, Y. (1999), *Dual-process theories in social psychology,* New York: Guilford Press; Loewenstein, G. und O'Donoghue, T. E. D. (2005), *Animal spirits: Affective and deliberative processes in economic behavior,* Carnegie Mellon University; Metcalfe, J. und Mischel, W. (1999), »A hot/cool-system analysis of delay of gratification: Dynamics of willpower«, *Psychological Review,* 106(1), S. 3–19; Redish, A., Jensen, S. und Johnson, A. (2008), »A unified framework for addiction: Vulnerabilities in the decision process«, *Behavioral and Brain Sciences,* 31(4), S. 415–437; Sanfey, A. G., Loewenstein, G., McClure, S. M. und Cohen, J. D. (2006), »Neuroeconomics: Crosscurrents in research on decision-making«, *TRENDS in Cognitive Sciences,* 10(3), S. 108–116.

³ William James, der Pate der Psychologie, schreibt über die Theorie des ökonomischen Verhaltens: »Unter einer Million denkt nicht einer beim Essen an dessen Nutzen. Wir essen, weil es schmeckt, und deshalb wollen wir mehr.«

⁴ Hariri, A. R., Brown, S. M., Williamson, D. E., Flory, J. D., Wit, H. D. und Manuck, S. B. (2006), »Preference for immediate over delayed rewards is associated with magnitude of ventral striatal activity«, *The Journal of Neuroscience,* 26(51), S. 13213–13217; McClure, S. M., Ericson, K. M., Laibson, D. I., Loewenstein, G. und Cohen, J. D. (2007), »Time discounting for primary rewards«, *Journal of Neuroscience,* 27(21), S. 5796–5804; McClure, S. M., Laibson, D. I., Loewenstein, G. und Cohen, J. D. (2004), »Separate neural systems value immediate and delayed monetary rewards«, *Science,* 306(5695), S. 503–507.

⁵ Ainslie, G. und Monterosso, J. (2004), »A marketplace in the brain?«, *Science,* 306, S. 421–423; Banich, M. T. (2009), »Executive function: The search for an integrated account«, *Current Directions in Psychological Science,* 18(2), S. 89–94; Bechara, A. (2005), »Decision making, impulse control and loss of willpower to resist drugs: A neurocognitive perspective«, *Nature Neuroscience,* 8, S. 1458–1463; Rudebeck, P. H., Walton, M. E., Smyth, A. N., Bannerman, D. M. und Rushworth, M. F. S. (2006), »Separate neural pathways process different decision costs«, *Nature Neuroscience,* 9(9), S. 1161–1168; Spinella, M., Yang, B. und Lester, D. (2004), »Prefrontal system dysfunction and credit card debt«, *International Journal of Neuroscience,* 114, S. 1323–1332; Walton, M. E., Rudebeck, P. H., Bannerman, D. M. und Rushworth, M. F. S. (2007), »Calculating the cost of acting in frontal cortex«, *Annals of the New York Academy of Sciences,* 1104, S. 340–356; Wood, J. N. und Grafman, J. (2003), »Human prefrontal cortex: Processing and representational perspectives«, *Nature Reviews,* 4, S. 139–147.

⁶ Carver, C., Johnson, S. und Joormann, J. (2008), »Serotonergic function, two-mode models of self-regulation, and vulnerability to depression: What depression has in common with impulsive aggression«, *Psychological Bulletin,* 134(6), S. 912 bis 943; Fudenberg, D. und Levine, D.

(2006), »A dual-self model of impulse control«, *American Economic Review*, 96(5), S. 1449–1476; Inbinder, F. C. (2006), »Psychodynamics and executive dysfunction: A neurobiological perspective«, *Clinical Social Work Journal*, 34(4), S. 515–529; Marcus, G. (2008), *Kluge: The haphazard construction of the human mind*, New York: Houghton Mifflin Company.

7 Adam Gifford schreibt: »Die Evolution kann nicht einfach bestehende Modelle verwerfen und von vorn beginnen, sie kann nur das Neue auf das Alte aufpfropfen, weshalb die älteren biologischen Zeitmechanismen noch im menschlichen Gehirn vorhanden sind. Diese Mechanismen müssen bei der Entscheidungsfindung überstimmt werden, was bei den Menschen vor allem über die Sprache geschieht. Dieser Unterschied zwischen der kulturellen und biologischen Zeitwahrnehmung schafft einen potenziellen inneren Konflikt zwischen Erziehung und Natur, und dieser führt wiederum zu Problemen der Selbstkontrolle [zum Beispiel zum Aufschieben]. Das höher entwickelte präfrontale Gedächtnissystem ermöglicht es dem Menschen, mögliche Ereignisse in der ferneren Zukunft in Erwägung zu ziehen und diese Ereignisse in einem Zeitrahmen zu behandeln, der seiner gegenwärtigen Umgebung entspricht. Die niederen Funktionen [das limbische System] haben keinen Zugang zu noch nicht eingetretenen und daher abstrakten Ereignissen und ignorieren sie.« Gifford, A. (2002), »Emotion and self-control«, *Journal of Economic Behavior and Organization*, 49, S. 113–130.

8 Damasio, A. R. (1994), *Descartes' error: Emotion, reason, and the human brain*, New York: G. P. Putnam, deutsche Ausgabe: *Descartes' Irrtum: Füh-*

len, Denken und das menschliche Gehirn, Berlin: List 1995; Gifford, A. (2002), »Emotion and self-control«, *Journal of Economic Behavior and Organization*, 49, S. 113–130; McCrea, S. M., Liberman, N., Trope, Y. und Sherman, S. J. (2008), »Construal level and procrastination«, *Psychological Science*, 19(12), S. 1308–1314; Trope, Y. und Liberman, N. (2003), »Temporal construal«, *Psychological Review*, 110(3), S. 403–421; Wood, J. N. und Grafman, J. (2003), »Human prefrontal cortex: Processing and representational perspectives«, *Nature Reviews*, 4, S. 139–147.

9 Berns, G. S., Laibson, D. und Loewenstein, G. (2007), »Intertemporal choice – toward an integrative framework«, *TRENDS in Cognitive Sciences*, 11(11), S. 482–488.

10 Brown, T. E. (2000), »Emerging understandings of attention-deficit disorders and comorbidities«, in: T. E. Brown (Hrsg.), *Attention-deficit disorders and comorbidities in children, adolescents, and adults* (S. 3–55), Washington, D. C.: American Psychiatric Association; Reyna, V. F. und Farley, F. (2006), »Risk and rationality in adolescent decision making: Implications for theory, practice, and public policy«, *Psychological Science in the Public Interest*, 7(1), S. 1–44; Rosati, A. G., Stevens, J. R., Hare, B. und Hauser, M. D. (2007), »The evolutionary origins of human patience: temporal preferences in chimpanzees, bonobos, and human adults«, *Current Biology*, 17(19), S. 1663–1668; Rosso, I. M., Young, A. D., Femia, L. A. und Yurgelun-Todd, D. A. (2004), »Cognitive and emotional components of frontal lobe functioning in childhood and adolescence«, *Annals of the New York Academy of Sciences*, 1021, S. 355–362; Rubia, K., Overmeyer, S., Taylor, E., Brammer,

M., Williams, S. C. R., Simmons, A. u. a. (1999), »Hypofrontality in Attention Deficit Hyperactivity Disorder during higher-order motor control: A study with functional MRI«, *American Journal of Psychiatry*, 156(6), S. 891–896; Stevens, J. R., Hallinan, E. V. und Hauser, M. D. (2005), »The ecology and evolution of patience in two New World primates«, *Biology Letters*, 1, S. 223–226; Wood, J. N. und Grafman, J. (2003), »Human prefrontal cortex: Processing and representational perspectives«, *Nature Reviews*, 4, S. 139–147; Yurgelun-Todd, D. A. und Killgore, W. D. S. (2006), »Fear-related activity in the prefrontal cortex increases with age during adolescence: A preliminary fMRI study«, *Neuroscience Letters*, 406, S. 194–199.

[11] Miller B. L., Seeley, W. W., Mychack, P., Rosen, H. J., Mena, I. und Boone, K. (2001), »Neuroanatomy of the self: evidence from patients with frontotemporal dementia«, *Neurology*, 57, S. 817–821.

[12] Heilman, K. (2002), *Matter of mind: A neurologist's view of the brain-behavior relationships,* Oxford: Oxford University Press.

[13] Knoch, D. und Fehr, E. (2007), »Resisting the power of temptations: The right prefrontal cortex and self-control«, *Annals of the New York Academy of Sciences*, 1104, S. 123–134.

[14] Bechara, A. (2005), »Decision making, impulse control and loss of willpower to resist drugs: A neurocognitive perspective«, *Nature Neuroscience*, 8, S. 1458–1463; Bickel, W. K., Miller, M. L., Yi, R., Kowal, B. P., Lindquist, D. M. und Pitcock, J. A. (2007), »Behavioral and neuroeconomics of drug addiction: Competing neural systems and temporal discounting processes«, *Drug and Alcohol Dependence*, 90, S. 85–91; Gifford, A. (2002),

»Emotion and self-control«, *Journal of Economic Behavior and Organization*, 49, S. 113–130.

[15] Camerer, C., Loewenstein, G. und Prelec, D. (2005), »Neuroeconomics: How neuroscience can inform economics«, *Journal of Economic Literature*, 43(1), S. 9–64; Joireman, J., Balliet, D., Sprott, D., Spangenberg, E. und Schultz, J. (2008), »Consideration of future consequences, ego-depletion, and self-control: Support for distinguishing between CFC-Immediate and CFC-Future sub-scales«, *Personality and Individual Differences*, 45(1), S. 15–21.

[16] Reyna, V. F. und Farley, F. (2006), »Risk and rationality in adolescent decision making: Implications for theory, practice, and public policy«, *Psychological Science in the Public Interest*, 7(1), S. 1–44; Rosso, I. M., Young, A. D., Femia, L. A. und Yurgelun-Todd, D. A. (2004), »Cognitive and emotional components of frontal lobe functioning in childhood and adolescence«, *Annals of the New York Academy of Sciences*, 1021, S. 355 bis 362; Wood, J. N. und Grafman, J. (2003), »Human prefrontal cortex: Processing and representational perspectives«, *Nature Reviews*, 4, S. 139 bis 147; Yurgelun-Todd, D. A. und Killgore, W. D. S. (2006), »Fear-related activity in the prefrontal cortex increases with age during adolescence: A preliminary fMRI study«, *Neuroscience Letters*, 406, S. 194–199.

[17] Thompson-Schill, S. L., Ramscar, M. und Chrysikou, E. G. (2009), »Cognition without control: When a little frontal lobe goes a long way«, *Current Directions in Psychological Science*, 18(5), S. 259–263.

[18] Garon, N., Bryson, S. und Smith, I. (2008), »Executive function in preschoolers: A review using an integra-

tive framework«, *Psychological Bulletin*, 134(1), S. 31; Jurado, M. und Rosselli, M. (2007),. »The elusive nature of executive functions: A review of our current understanding«, *Neuropsychology Review*, 17(3), S. 213–233.
[19] Reyna, V. F. und Farley, F. (2006), »Risk and rationality in adolescent decision making: Implications for theory, practice, and public policy«, *Psychological Science in the Public Interest*, 7(1), S. 1–44.
[20] Jurado, M. und Rosselli, M. (2007), »The elusive nature of executive functions: A review of our current understanding«, *Neuropsychology Review*, 17(3), S. 213–233.
[21] Miller, B. L., Seeley, W. W., Mychack, P., Rosen, H. J., Mena, I. und Boone, K. (2001), »Neuroanatomy of the self: Evidence from patients with frontotemporal dementia«, *Neurology*, 57, S. 817–821.
[22] Dingemanse, N. und Réale, D. (2005), »Natural selection and animal personality«, *Behaviour*, 142(9), S. 1159–1184.
[23] Gosling, S., Kwan, V. und John, O. (2003), »A dog's got personality: A cross-species comparative approach to personality judgments in dogs and humans«, *Journal of Personality and Social Psychology*, 85(6), S. 1161–1169.
[24] Mazur, J. (2001), »Hyperbolic value addition and general models of animal choice«, *Psychological Review*, 108(1), S. 96–112; Stephens, D. W., Kerr, B. und Fernandez-Juricic, E. (2004), »Impulsiveness without discounting: The ecological rationality hypothesis«, *Proceedings – Royal Society of London: Biological sciences* 271, S. 2459–2465; Stuphorn, V. (2005), »Neuroeconomics: The shadow of the future«, *Current Biology*, 15(7), S. 247–249.
[25] Suddendorf, T. und Corballis, M. C. (2007), »The evolution of foresight:

What is mental time travel and is it unique to humans?«, *Behavioral and Brain Sciences*, 30(3), S. 299–351; Roberts, W. A. (2007), »Mental time travel: Animals anticipate the future«, *Current Biology*, 17(11), R 418–R 420.
[26] Roberts, W. A., Feeney, M. C., MacPherson, K., Petter, M., McMillan, N. und Musolino, E. (2008), »Episodic-like memory in rats: Is it based on when or how long ago?«, *Science*, 320(5872), S. 113–115.
[27] Mischel, W. und Ayduk, O. (2004), »Willpower in a cognitive-affective processing system«, in: I. Baumeister und K. Vohs (Hrsg.), *Handbook of self-regulation: Research, theory, and applications* (S. 99–129), New York: Guilford Press; Rosati, A. G., Stevens, J. R., Hare, B. und Hauser, M. D. (2007), »The evolutionary origins of human patience: temporal preferences in chimpanzees, bonobos, and human adults«, *Current Biology*, 17(19), S. 1663–1668; Stevens, J. R., Hallinan, E. V. und Hauser, M. D. (2005), »The ecology and evolution of patience in two New World primates«, *Biology Letters*, 1, S. 223–226.
[28] Gomes, C. M. und Boesch, C. (2009), »Wild chimpanzees exchange meat for sex on a long-term basis«, *PLoS ONE*, 4(4), S. e 5116.
[29] Osvath, M. (2009); »Spontaneous planning for future stone throwing by a male chimpanzee«; *Current Biology*, 19(5), R 190–R 191.
[30] Ainslie, G. (1974); »Impulse control in pigeons«; *Journal of the Experimental Analysis of Behavior*, 21(3), S. 485; Biondi, D. R. (2007); *Procrastination in rats: The effect of delay on response requirements in an adjusting ratio procedure*; unveröffentlichte Magisterarbeit, Southern Connecticut State University, New Haven, CT; Mazur, J. E. (1996), »Procrastination by

pigeons: Preferences for larger, more delayed work requirements«, *Journal of the Experimental Analysis of Behavior*, 65(1), S. 159–171; Mazur, J. E. (1998), »Procrastination by pigeons with fixed-interval response requirements«, *Journal of the Experimental Analysis of Behavior*, 69(2), S. 185–197; Rachlin, H. und Green, L. (1972), »Commitment, choice and self-control«, *Journal of the Experimental Analysis of Behavior*, 17(1), S. 15.

[31] Tauben können aufschieben, weil sie eine Entsprechung zum präfrontalen Kortex haben, das *nidopallium caudolaterale*. Siehe Güntürkün, O. (2005), »The avian ›prefrontal cortex‹ and cognition«, *Current Opinion in Neurobiology*, 15(6), S. 686–693.

[32] Wie der Hundeflüsterer Cesar Millan immer wieder betont, muss man, um sein Haustier zu disziplinieren, zunächst sich selbst disziplinieren. »Bewegung, Disziplin und Liebe« – die zweite Zutat der Hundeerziehung wird oft vergessen. Arden, A. und Dockray, T. (2007), *Dog-friendly dog training* (2. Aufl.). New York: John Wiley and Sons.

[33] Jang, K. L., McCrae, R. R., Angleitner, A., Riemann, R. und Livesley, W. J. (1998), »Heritability of facet-level traits in a cross-cultural twin sample: Support for a hierarchical model of personality«, *Journal of Personality and Social Psychology*, 74(6), S. 1556 bis 1565; Luciano, M., Wainwright, M. A., Wright, M. J. und Martin, N. G. (2006), »The heritability of conscientiousness facets and their relationship to IQ and academic achievement«, *Personality and Individual Differences*, 40, S. 1189–1199. Das passt interessanterweise zu anderen Untersuchungen der Persönlichkeit, die in der Regel ergeben, dass zwischen 40 und 60 Prozent einer beliebigen persönlichen Ei-genschaft genetischen Ursprungs sind. Siehe Bouchard, T. und Loehlin, J. (2001), »Genes, evolution, and personality«, *Behavior Genetics*, 31(3), S. 243–273.

[34] Dingemanse, N. und Réale, D. (2005), »Natural selection and animal personality«, *Behaviour*, 142(9), S. 1159–1184; Sih, A., Bell, A. und Johnson, J. (2004), »Behavioral syndromes: An ecological and evolutionary overview«, *Trends in Ecology and Evolution*, 19(7), S. 372–378.

[35] Whit, W. (1995), *Food and society: A sociological approach*, Dix Hills, NY: General Hall.

[36] Stevens, J. R., Hallinan, E. V. und Hauser, M. D. (2005), »The ecology and evolution of patience in two New World primates«, *Biology Letters*, 1, S. 223–226.

[37] Houston, A. I., McNamara, J. M. und Steer, M. D. (2007), »Do we expect natural selection to produce rational behaviour?«, *Philosophical Transactions of the Royal Society B: Biological Sciences*, 362, S. 1531–1543.

[38] Kalenscher, T. und Pennartz, C. M. A. (2008), »Is a bird in the hand worth two in the future? The neuroeconomics of intertemporal decision-making«, *Progress in Neurobiology*, 84(3), S. 284–315.

[39] Davies, D. W. (1983), *Owen Owen: Victorian draper*. Gwasg Cambria: Aberystwyth. Owen Owen hat sogar einen Eintrag in der Wikipedia. Siehe *http://en.wikipedia.org/wiki/Owen_Owen*.

[40] Schmitt, D. (2004), »The Big Five related to risky sexual behaviour across 10 world regions: Differential personality associations of sexual promiscuity and relationship infidelity«, *European Journal of Personality*, 18(4), S. 301–319; Raffaelli, M. und Crockett, L. (2003), »Sexual risk taking in ado-

lescence: The role of self-regulation and attraction to risk«, *Developmental Psychology*, 39(6), S. 1036–1046; Reyna, V. F. und Farley, F. (2006), »Risk and rationality in adolescent decision making: Implications for theory, practice, and public policy«, *Psychological Science in the Public Interest*, 7(1), S. 1–44.

[41] Silverman, I. (2003), »Gender differences in delay of gratification: A meta-analysis«, *Sex Roles*, 49(9), S. 451–463.

[42] Nettle, D. (2006), »The evolution of personality variation in humans and other animals«, *American Psychologist*, 61(6), S. 622–631; Muller, H. und Chittka, L. (2008), »Animal personalities: The advantage of diversity«, *Current Biology*, 18(20), R 961–R 963; Nichols, C. P., Sheldon, K. M. und Sheldon, M. S. (2008), »Evolution and personality: What should a comprehensive theory address and how?«, *Social and Personality Psychology Compass*, 2(2), S. 968–984; Planque, R., Dornhaus, A., Franks, N. R., Kovacs, T. und Marshall, J. A. R. (2007), »Weighting waiting in collective decision-making«, *Behavioral Ecology and Sociobiology*, 61(3), S. 347–356.

[43] Smith, E., Mulder, M. und Hill, K. (2001), »Controversies in the evolutionary social sciences: A guide for the perplexed«, *Trends in Ecology and Evolution*, 16(3), S. 128–135.

[44] Im Rahmen meiner Recherchen habe ich versucht, das Buch *Procrastination through the Ages: A Definitive History* von Paul T. Ringenbach ausfindig zu machen, das im Jahr 1971 erschien. Ringenbach war Offizier der US Air Force gewesen und hatte an der University of Connecticut promoviert. Albert Ellis erwähnte das Buch auf der ersten Seite seines Klassikers *Overcoming Procrastination* und nannte es eine »interessante Studie«; damit wurde es zur Pflichtlektüre für jeden, der sich mit dem Thema beschäftigt. Nachdem ich wochenlang und mit Unterstützung von Heerscharen von Bibliothekaren nach dem Titel gefahndet hatte, fand ich einen Hinweis in der Dissertation von Margaret Aitken. Aitken hatte sich hilfesuchend an den Verleger Gil Campbell von Filter Press gewandt, wo das Buch erschienen war. Der Verleger hatte ihr geantwortet, das Buch *Procrastination through the Ages* sei nie erschienen. Er hatte Colonel Ringenbach gebeten, das Buch zu schreiben, aber er habe es so lange aufgeschoben, dass es sich in einen Witz verwandelt habe. Fünfzehn Jahre lang habe Campbell überall herumerzählt, das Buch werde in Kürze erscheinen. Nachdem ich Colonel Ringenbach in Texas aufgespürt hatte, gestand er mir in einer E-Mail alles: »An der Geschwindigkeit meiner Antwort können Sie ablesen, dass die Aufschieberitis gesund und munter ist. *Procrastination through the Ages: A Definitive History* wurde 1971 bei Books in Print gemeldet. Gil Campbell von Filter Press habe ich bei der US Air Force Academy kennengelernt ... Campbell bat mich, ein kurzes Buch über schwarze Cowboys für ihn zu schreiben. Nachdem ich mit der Arbeit nicht vorankam, schlug ich ihm vor, lieber ein Buch über das Aufschieben zu schreiben, weil ich doch ein Experte auf dem Gebiet war. Monate vergingen, und irgendwann sagte er mir, gib mir einen Titel, ich will es im nächsten Programm ankündigen. Ich nannte ihm den Titel, aber er nahm ihn bewusst nicht im Katalog auf, sondern legte nur ein loses Blatt ein, auf dem er sich entschuldigte, er habe es nicht geschafft, den Titel mit aufzunehmen. Damals meldete er es bei Books in

Print, ohne Datum und ohne Preis. Wie sollte man auch jemals ein Buch über das Aufschieben zu Ende schreiben, dachten wir. Es war fünfzehn Jahre bei Books gemeldet, aber irgendwann hatte Gil keine Lust mehr, die Anfragen anzunehmen und an mich weiterzuleiten.«

⁴⁵ DeSimone, P. (1993), »Linguistic assumptions in scientific language«, *Contemporary Psychodynamics: Theory, Research and Application*, 1, S. 8–17. Ein Original des Aufsatzes von DeSimone scheint nicht mehr zu existieren. Die Zeitschrift *Contemporary Psychodynamics* wurde nach nur einer Ausgabe eingestellt, und es sind keine Exemplare mehr erhältlich. DeSimones Arbeit wird jedoch in dem Buch *Procrastination and Task Avoidance: Theory, Research, and Treatment* besprochen.

⁴⁶ In Anlehnung an die Reden des griechischen Philosophen Demosthenes gegen König Philipp von Makedonien nannte Cicero seine Reden gegen Mark Anton *Philippische Reden*. Sie gelten als Klassiker der Rhetorik und sind bis heute in Buchform erhältlich.

⁴⁷ Olcott, H. S. (1887), *Golden rules of Buddhism*, London: Theosophical Publishing House.

⁴⁸ Ziolkowski, T. (2000), *The sin of knowledge: Ancient themes and modern variations*, Princeton University Press.

⁴⁹ Diamond, J. (1987), »The worst mistake in the history of the human race«, *Discover*, Mai 1987, S. 64–66.

KAPITEL 4

¹ Das Spiel hat offiziell »nichts mit dem Spiel Risiko oder dessen Hersteller Hasbro zu tun«, so die Website.

² Steel, P. (2002), *The measurement and nature of procrastination*, unveröffentlichte Dissertation, University of Minnesota, Minnesota, MN.

³ Schlinger, H. D., Derenne, A. und Baron, A. (2008), »What 50 years of research tell us about pausing under ratio schedules of reinforcement«, *The Behavior Analyst*, 31, S. 39–40.

⁴ Czerny, E., Koenig, S. und Turner, N. E. (2008), »Exploring the mind of the gambler: Psychological aspects of gambling and problem gambling«, in: M. Zangeneh, A. Blaszczynski und N. Turner (Hrsg.), *In the pursuit of winning* (S. 65–82), New York: Springer.

⁵ Latham, G. und Huber, V. (1992), »Schedules of reinforcement: Lessons from the past and issues for the future«, *Journal of Organizational Behavior Management*, 12(1), S. 125–149.

⁶ Taras, V. und Steel, P. (2006), *Improving cultural indices and rankings based on a meta-analysis of Hofstede's taxonomy*, Vortrag bei der Academy of International Business Annual Meeting, Peking, China; Steel, P. (2007), »The nature of procrastination«, *Psychological Bulletin*, 133(1), S. 65–94.

⁷ Pelman Institute of America (März 1930), »The man with the grasshopper mind«, *Popular Mechanics*, 53(3), S. 336.

⁸ Josephs, R. (Januar 1962), »How to gain an extra hour every day«, *Popular Science*, 180(1), S. 117–130.

⁹ Myers, D. G. (1983), *Social psychology*, McGraw-Hill.

¹⁰ Glater, J. D. (2008), »Welcome, freshmen. Have an iPod«, *New York Times*, *www.nytimes.com/2008/08/21/technology/21iphone.html?th&emc=th*.

¹¹ Pychyl, T. A., Lee, J. M., Thibodeau, R. und Blunt, A. (2000), »Five days of emotion: An experience sampling

study of undergraduate student procrastination«, *Journal of Social Behavior and Personality*, 15(5), S. 239–254.

12 Frey, B. S., Benesch, C. und Stutzer, A. (2007), »Does watching TV make us happy?«, *Journal of Economic Psychology*, 28(3), S. 283–313.

13 Kubey, R. und Csikszentmihalyi, M. (2002), »Television addiction is no mere metaphor«, *Scientific American*, 286(2), S. 62–68; Vandewater, E., Bickham, D. und Lee, J. (2006), »Time Well Spent? Relating Television Use to Children's Free-Time Activities«, *Pediatrics*, 117(2), S. 181–191.

14 Harchandrai, P. und Whitney, J. (2006), »Video games are cooler than homework: the role of video games in procrastination«, Vortrag bei der Conference for Undergraduate Research in Communication, Rochester Institute of Technology.

15 Applebome, P. (2004), »On campus, hanging out by logging on«, *New York Times*, 1. Dezember 2004.

16 Aspan, M. (2008), »Quitting Facebook gets easier«, *New York Times*, 13. February 2008.

17 Kessler, D. A. (2009), *The end of overeating: Taking control of the insatiable American appetite*, New York: Rodale.

18 Offer, A. (2006), *The challenge of affluence: Self-control and well-being in the United States and Britain since 1950*, New York: Oxford University Press.

19 Dittmar, H. (2005), »Compulsive buying – a growing concern? An examination of gender, age, and endorsement of materialistic values as predictors«, *British Journal of Psychology*, 96, S. 467–491; LaRose, R. und Eastin, M. S. (2002), »Is online buying out of control? Electronic commerce and consumer self-regulation«, *Jour-*

nal of Broadcasting and Electronic Media, 46(4), S. 549–564; Percoco, M. (2009), »Estimating individual rates of discount: A meta-analysis«, *Applied Economics Letters*, 6(12), S. 1235 bis 1239; Verplanken, B. und Herabadi, A. (2001), »Individual differences in impulse buying tendency: Feeling and no thinking«, *European Journal of Personality*, 15, S. 71–83; Youn, S. und Faber, R. J. (2000), »Impulse buying: Its relation to personality traits and cues«, *Advances in Consumer Research*, 27, S. 179–185.

20 Baumeister, R. F. (2002), »Yielding to temptation: Self-control failure, impulsive purchasing, and consumer behavior«, *Journal of Consumer Research*, 28, S. 670–676; Baumeister, R., Sparks, E., Stillman, T. und Vohs, K. (2008), »Free will in consumer behavior: Rational choice and self-control«, *Journal of Consumer Psychology*, 18, S. 4–13; LaRose, R. und Eastin, M. S. (2002), »Is online buying out of control? Electronic commerce and consumer self-regulation«, *Journal of Broadcasting and Electronic Media*, 46(4), S. 549–564; Lynch, J. G. und Zauberman, G. (2006), »When do you want it? Time, decisions, and public policy«, *Journal of Public Policy and Marketing*, 25(1), S. 67–78; Ziglar, Z. (1991), *Ziglar on selling*, New York: Thomas Nelson.

21 Kessler, D. A. (2009), *The end of overeating: Taking control of the insatiable American appetite*, New York: Rodale.

22 Duhigg, C. (2008), »Warning: Habits may be good for you«, *New York Times*, 13. Juli 2008.

23 Ji, M. und Wood, W. (2007), »Purchase and consumption habits: Not necessarily what you intend«, *Journal of Consumer Psychology*, 17(4), S. 261–276.

[24] Wood, W. und Neal, D.T. (2007), »A new look at habits and the habit-goal interface«, *Psychological Review* 114(4), S. 843–863.

[25] Wansink, B. (2006), *Mindless eating: Why we eat more than we think*, New York: Bantam-Dell.

[26] Ariely, D., Loewenstein, G. und Prelec, D. (2006), »Tom Sawyer and the construction of value«, *Journal of Economic Behavior and Organization*, 60(1), S. 1–10; Lindstrom, M. (2005), *BRAND sense: Build powerful brands through touch, taste, smell, sight, and sound*, New York: Free Press; Ramanathan, S. und Menon, G. (2006), »Time-varying effects of chronic hedonic goals on impulsive behavior«, *Journal of Marketing Research*, 43(4), S. 628–641; Wood, W. und Neal, D.T. (2007), »A new look at habits and the habit-goal interface«, *Psychological Review* 114(4), S. 843–863.

[27] Caird, J., Willness, C.R., Steel, P. und Scialfa, C. (2008), »A meta-analysis of the effects of cell phones on driver performance«, *Accident Analysis and Prevention*, 40(4), S. 1282–1293.

[28] Um genau zu sein, gab es noch einige weitere Kategorien derselben Art, wie *Shazam* für »Music« oder der *Virtual Zippo Lighter* für »Lifestyle«.

[29] Huxley, A. (2004), *Brave New World and Brave New World Revisited*, New York: HarperCollins; deutsche Ausgaben: *Schöne neue Welt*, Frankfurt/Main: Fischer 2007, sowie *Wiedersehen mit der Schönen neuen Welt*, München: Piper 1994.

[30] Postman, N. (1985), *Amusing ourselves to death: Public discourse in the age of show business*, New York: Penguin Group; deutsche Ausgabe: *Wir amüsieren uns zu Tode. Urteilsbildung im Zeitalter der Unterhaltungsindustrie,* Frankfurt/Main: Fischer 1985.

[31] Offer, A. (2006), *The challenge of affluence: Self-control and well-being in the United States and Britain since 1950*, New York: Oxford University Press; Novotney, A. (2008), »What'$ behind American con$umeri$m?«, *Monitor on Psychology*, 39(7), S. 40 bis 42; Vyse, S. (2008), *Going broke: Why Americans can't hold on to their money*, New York: Oxford University Press.

[32] Davenport, T. und Beck, J. (2001), *The Attention Economy: Understanding the new currency of business*, Harvard Business School Press; Shenk, D. (1997), *Data smog: Surviving the information glut*, New York: Harper-Collins.

KAPITEL 5

[1] Ferrari, J.R., Barnes, K.L. und Steel, P. (2009), »Life Regrets by Avoidant and Arousal Procrastinators: Why Put Off Today What You Will Regret Tomorrow?«, *Journal of Individual Differences*, 30(3), S. 163–168; Roese, N.J. und Summerville, A. (2005), »What we regret most ... and why«, *Personality and Social Psychology Bulletin*, 31(9), S. 1273–1285.

[2] Steel, P., Schmidt, J. und Shultz, J. (2008), »Refining the relationship between personality and subjective well-being«, *Psychological Bulletin*, 134(1), S. 138–161.

[3] Baer, M. und Oldham, G.R. (2006), »The curvilinear relation between experienced creative time pressure and creativity: Moderating effects of support, support for creativity and openness to experience«, *Journal of Applied Psychology*, 91, S. 963–970; Amabile, T.M., Hadley, C.N. und Kramer, S.J. (2002), »Creativity under the gun«, *Harvard Business Review*, 80(8), S. 52–61.

[4] Steel, P. (2007), »The nature of procrastination: A meta-analytic and theoretical review of quintessential self-regulatory failure«, *Psychological Bulletin*, 133(1), S. 65–94.

[5] Pychyl, T. A., Lee, J. M., Thibodeau, R. und Blunt, A. (2000), »Five days of emotion: An experience-sampling study of undergraduate student procrastination«, *Journal of Social Behavior and Personality*, 15(5), S. 239–254.

[6] Patry, D. A., Blanchard, C. L. M. und Mask, L. (2007), »Measuring university students' regulatory leisure coping styles: planned breathers or avoidance?«, *Leisure Sciences*, 29(3), S. 247–265.

[7] Bernold, L. E. (2007), »Preparedness of engineering freshman to inquiry-based learning«, *Journal of Professional Issues in Engineering Education and Practice*, 133, S. 99–106; Doherty, W. (2006), »An analysis of multiple factors affecting retention in Web-based community college courses«, *The Internet and Higher Education*, 9(4), S. 245–255; Finck, J. und DeLine, A. (2008), »Do students listen to advice from their experienced peers?«, *College Teaching Methods and Styles Journal*, 4(9); Laven, A. V. (2007), *Freshmen college student mental health and their resource usage*, unveröffentlichte Dissertation, University of California, Los Angeles, CA; Moore, B. (2006), *Goal conflicts, self-regulation, and course completion: A comparison of Web-based learners to traditional classroom learners*, unveröffentlichte Dissertation, University of South Florida, Tampa, FL.

[8] Bair, C. R. und Haworth, J. G. (2004), »Doctoral student attrition and persistence: A meta-synthesis of research«, *Higher education: Handbook of theory and research*, 19, S. 481–534; Green,

G. D. (1981), *Dissertation procrastination*, unveröffentlichte Dissertation, University of Washington, Seattle, WA; Muszynski, S. Y. und Akamatsu, T. J. (1991), »Delay in completion of doctoral dissertations in clinical psychology«, *Professional Psychology – Research and Practice*, 22(2), S. 119–123; Mariano, C. M. (1993), *A study of Ed.D.s, Ph.D.s and ABDs in educational administration (dissertation completion, Ed.d. candidates, Ph.d. candidates)*, unveröffentlichte Dissertation, Boston College, Boston, MA; Pullen, F. J. (2003), *Perfectionism, procrastination, and other self-reported barriers to completing the doctoral dissertation*, unveröffentlichte Dissertation, University of Iowa, New Haven, IA.

[9] Basierend auf dem durchschnittlichen Einkommensunterschied von Absolventen mit Magister und Promotion. Lacey, J. und Crosby, O. (2005), »Job outlook for college graduates«, *Occupational Outlook Quarterly*, 48(4), S. 15–27.

[10] Lay, C. H. und Brokenshire, R. (1997), »Conscientiousness, procrastination, and person-task characteristics in job searching by unemployed adults«, *Current Psychology: Developmental, Learning, Personality, Social*, 16(1), S. 83–96; Senecal, C. und Guay, F. (2000), »Procrastination in job-seeking: An analysis of motivational processes and feelings of hopelessness«, *Journal of Social Behavior and Personality*, 15(5), S. 267–282.

[11] Nawrocki, J. (2006), »When you're a GC, procrastination doesn't work«, *Corporate Counsel, www.law.com/jsp/ihc/PubArticleIHC.jsp?id=1150275918375*.

[12] Angeletos, G.-M., Laibson, D., Repetto, A., Tobacman, J. und Weinberg, S. (2001), »The hyperbolic consump-

tion model: Calibration, simulation, and empirical evaluation«, *Journal of Economic Perspectives*, 15(3), S. 47–68.

[13] Bankston, J. (2001), »IRS experts blame procrastination for simple oversights on tax returns«, *The Augusta Chronicle, Ga. Knight Ridder/Tribune Business News*; Kasper, G. (2004), »Tax procrastination: Survey finds 29 % have yet to begin taxes«, *www.prweb.com/releases/2004/03/prweb114250.htm*; Weinstein, G. (2004), *The procrastinator's guide to taxes made easy*, New York: Penguin Group.

[14] »Compound interest, Manhattan and the Indians«, *www.savingadvice.com/blog/2006/01/15/10341_compoundinterest-manhattan-the-indians.html*.

[15] Byrne, A., Blake, D., Cairns, A. und Dowd, K. (2006), »There's no time like the present: the cost of delaying retirement saving«, *Financial Services Review*, 15(3), S. 213–231.

[16] Lazarus, D. (2009), »Obama scolds card issuers, and their silence speaks volumes«, *Los Angeles Times, www.latimes.com/business/la-fi-lazarus24-2009apr24,0,6516756.column*.

[17] Heidhues, P. und Koszegi, B. (2008), *Exploiting naivete about self-control in the credit market*, University of California, Berkeley; Shui, H. und Ausubel, L. M. (2005), *Time inconsistency in the credit card market*, University of Maryland; Spinella, M., Yang, B. und Lester, D. (2004), »Prefrontal system dysfunction and credit card debt«, *International Journal of Neuroscience*, 114, S. 1323–1332.

[18] Frontline (2008), »The secret history of the credit card«, *www.pbs.org/wgbh/pages/frontline/shows/credit/view/*.

[19] Reuben, E., Sapienza, P. und Zingales, L. (2008), »Procrastination and impatience«, NBER Working Paper.

[20] Judson, L. C. (1848), *The moral probe: Or one hundred and two common sense essays on the nature of men and things, interspersed with scraps of science and history*, New York: Selbstverlag.

[21] Matlin, E. (2004), *Procrastinator's guide to wills and estate planning*, New York: Penguin.

[22] Genau wie das Aufschieben ist dieses Verhalten häufiger, als man denkt. Nach Angaben der American Dental Association benutzen nur 12 Prozent aller Amerikaner täglich Zahnseide und die Hälfte nie. Siehe Harrison, H. C. (2005), *The three-contingency model of self-management*, unveröffentlichte Dissertation, Western Michigan University, Kalamazoo, MI.

[23] Arce, E. und Santisteban, C. (2006), »Impulsivity: A review«, *Psicothema*, 18(2), S. 213–220; Bickel, W. K., Yi, R., Kowal, B. P. und Gatchalian, K. M. (2008), »Cigarette smokers discount past and future rewards symmetrically and more than controls: Is discounting a measure of impulsivity?«, *Drug and Alcohol Dependence*, 96, S. 256–262; Carver, C. S. (2005), »Impulse and constraint: Perspectives from personality psychology, convergence with theory in other areas, and potential for integration«, *Personality and Social Psychology Review*, 9(4), S. 312–333; Chamberlain, S. und Sahakian, B. (2007), »The neuropsychiatry of impulsivity«, *Current Opinion in Psychiatry*, 20(3), S. 255; Enticott, P. und Ogloff, J. (2006), »Elucidation of impulsivity«, *Australian Psychologist*, 41(1), S. 3–14; Schmidt, C. (2003), »Impulsivity«, in: E. F. Coccaro (Hrsg.), *Aggression: Psychiatric assessment and treatment* (S. 75–87), New York: Informa Health Care; Sirois, F. M. (2004), »Procrastination and intentions to perform health behaviors: The

role of self-efficacy and the consideration of future consequences«, *Personality and Individual Differences*, 37(1), S. 115–128; Sirois, F. M. und Pychyl, T. A. (2002), »Academic procrastination: Costs to health and well-being«, Vortrag vor der American Psychological Association, Chicago.

24 Soble, A. G. (2002), »Correcting some misconceptions about St. Augustine's sex life«, *Journal of the History of Sexuality*, 11(4), S. 545–569.

25 Bland, E. (2008), »An appraisal of psychological and religious perspectives of self-control«, *Journal of Religion and Health*, 47(1), S. 4–16; McCullough, M. E. und Willoughby, B. L. B. (2009), »Religion, self-regulation, and self-control: Associations, explanations, and implications«, *Psychological Bulletin*.

26 Wenn Sie das Buch *Panchatantra* der *Mahābhārata* aufschlagen, können Sie Vishnu Sharmas Worte lesen: »Wer säumig handelt, wo Eile gefordert ist, der erzürnt die Götter, und sie legen ihm Hindernisse in den Weg.« Oder: »Die Zeit raubt jeder großen und edlen Tat das Wesen, wenn sie verzögert wird.« Gandhi, M. K., Strohmeier, J. und Nagler, M. N. (2000), *The Bhagavad Gita according to Gandhi*, Berkeley, CA: Berkeley Hills Books.

27 Coşan, M. E. (1996), *Ramadhan and Taqwa training* (übers. v. H. H. Erkaya), *http://gumushkhanawidargah.8m.com/books/ramadhan/*.

28 Der Islamgelehrte Dr. Umar Sulaiman al-Ashqar überschreibt eines seiner Kapitel mit »Der Satan hindert den Sklaven durch Saumseligkeit und Faulheit am Handeln« und betont, dass schon die frühesten islamischen Texte das Aufschieben als ernstes Problem sehen: »Hüte dich vor der Trägheit. Sie ist der stärkste Krieger Satans.« Al-Nu'mān, A. (2002), *The pillars of Islam* (A. Fyzeem, übers. v. I. Poonawala), New Delhi: Oxford University Press (Original aus dem Jahr 960); al-Ashqar, U. S. (1998), *World of the Jinn and Devils* (J. Zarabozo, Trans.), Al-Basheer Publications.

29 Olcott, H. S. (1887), *Golden rules of Buddhism*, London: Theosophical Publishing House.

30 Tenzin Gyatso, der 14. Dalai Lama, sagt: »Du darfst nichts aufschieben. Im Gegenteil, du musst vorbereitet sein, damit du, wenn du heute Abend stirbst, nichts bereust.« Siehe Das. S. (2000), *Awakening to the sacred: Creating a spiritual life from scratch*, London: Bantam.

31 Giloviqh, T. und Medvec, V. H. (1995), »The experience of regret: What, when, and why«, *Psychological Review*, 102(2), S. 379–395; Roese, N. J. und Summerville, A. (2005), »What we regret … and why«, *Personality and social psychology bulletin*, 31(9), S. 1273–1285.

32 King, L. A. und Hicks, J. A. (2007), »Whatever happened to ›What might have been‹?: Regrets, Happiness, and Maturity«, *American Psychologist*, 62(7), S. 625–636.

KAPITEL 6

1 Hayden, A. (2003), »International work-time trends: The emerging gap in hours«, *Just Labour*, 2, S. 23–35; Wasow, B. (2004), »Comparing European and U. S. Living Standards (The Century Foundation)«, *www.tcf.org/list.asp?type=NC&pubid=596*.

2 Malachowski, D. (2005), »Wasted time at work costing companies billions«, *http://salary.com*.

3 Das entspricht anderen Berechnungen, die den Preis des Aufschiebens auf

9000 US-Dollar pro Mitarbeiter schätzen. Siehe D'Abate, C. und Eddy, E. (2007), »Engaging in personal business on the job: Extending the presenteeism construct«, *Human Resource Development Quarterly*, 18(3), S. 361.
⁴ Wheelan, C. (2002), *Naked economics: Undressing the dismal science*, New York: W. W. Norton.
⁵ Critchfield, T. und Kollins, S. (2001), »Temporal discounting: Basic research and the analysis of socially important behavior«, *Journal of Applied Behavior Analysis*, 34(1), S. 101–122.
⁶ Spencer, L. (1955), »10 problems that worry presidents«, *Harvard Business Review*, 33, S. 75–83.
⁷ Steel, P. und König, C. J. (2006), »Integrating theories of motivation«, *Academy of Management Review*, 31, S. 889–913.
⁸ Lavoie, J. A. A. und Pychyl, T. A. (2001), »Cyberslacking and the procrastination superhighway: A web-based survey of online procrastination, attitudes, and emotion«, *Social Science Computer Review*, 19(4), S. 431–444; Johnson, P. R. und Indvik, J. (2003), »The organizational benefits of reducing cyberslacking in the workplace«, *Proceedings of the Academy of Organizational Culture, Communications and Conflict*, 7(2), S. 53–59; Malachowski, D. (2005), »Wasted time at work costing companies billions«, *http://salary.com*.
⁹ Villano, M. (2007), »It's only a game, but it's played at work«, *New York Times*, 30. September 2007.
¹⁰ Lawler, R. (2008), »Cisco sees a zettaflood of IP traffic – driven by video«, *www.contentinople.com/author.asp? section_id=450&doc_id=156555*.
¹¹ Stelter, B. (2008), »Noontime web video revitalizes lunch at desk«, *New York Times*.
¹² Kelly, E. P. (Spring 2001), »Electro-

nic monitoring of employees in the workplace«, *National Forum, http://findarticles.com/p/articles/mi_qa3651/is_200104/ai_n8939300*.
¹³ Ladurantaye, S. (2008), »Corporate crackdown targets employee surfing: Home e-mail accounts, instant messaging, gaming and video-watching websites … they're all on the hit list as employers increasingly restrict what content they permit employees to access«, *Globe and Mail*, 2. April 2008.
¹⁴ Diese »Big Brother«-Mentalität in Unternehmen kann extrem ärgerlich sein, wenn man einen legitimen Grund hat, diese Seiten zu besuchen. Mein Kollege Allen Ponak ist professioneller Schlichter in Arbeitsstreitigkeiten und vermittelt in Konflikten zwischen Gewerkschaften und Arbeitgebern. In einem Fall ging es um einen Mitarbeiter, der Pornographie aus dem Internet auf seinen Rechner lud. Seine Arbeit bestand darin, den Inhalt dieser Seiten auszuwerten – dafür wurde er offenbar bezahlt. Siehe American Management Association (2005), *Electronic monitoring and surveillance survey*, New York: Author.
¹⁵ Levin, J. (2008), »Solitaire-y confinement: Why we can't stop playing a computerized card game«, *Slate*, 14. Mai 2008.
¹⁶ Phillips, J. G. und Reddie, L. (2007), »Decisional style and self-reported Email use in the workplace«, *Computers in Human Behavior*, 23(5), S. 2414–2428; Song, M., Halsey, V. und Burress, T. (2007), *The hamster revolution: How to manage your Email before it manages you*, San Francisco: Berrett-Koehler Publishers; Thatcher, A., Wretschko, G. und Fridjhon, P. (2008), »Online flow experiences, problematic Internet use and Internet procrastination«, *Computers in Human Behavior*, 24, S. 2236–2254.

[17] Iqbal, S.T. und Horvitz, E. (2007), »Conversations amidst computing: A study of interruptions and recovery of task activity«, *Proceeds of User Modeling*, S. 350–354.

[18] Richtel, M. (2008), »Lost in E-mail, tech firms face self-made beast«, *New York Times*, 14. Juni 2008.

[19] Alboher, M. (2008), »Attention must be paid«, *New York Times*, 10. Juni 2008.

[20] Monsell, S. (2003), »Task switching«, *TRENDS in Cognitive Sciences*, 7(3), S. 134–140; Rubinstein, J.S., Meyer, D.E. und Evans, J.E. (2001), »Executive control of cognitive processes in task switching«, *Journal of Experimental Psychology: Human Perception and Performance*, 27(4), S. 763–797.

[21] Akerlof, G. und Shiller, R. (2009), *Animal spirits: How human psychology drives the economy, and why it matters for global capitalism*, Princeton, NJ: Princeton University Press, deutsche Ausgabe: *Animal Spirits. Wie Wirtschaft wirklich funktioniert*, Franfurt/New York: Campus 2009.

[22] Dunleavy, M.P. (2006), »Plan to retire but leave out Social Security«, *New York Times*, 2. Dezember 2006.

[23] Avner Offer meint: »(…) langfristig hat die Sparneigung seit den sechziger Jahren deutlich abgenommen, was auf eine verringerte Fähigkeit zu vernünftigem Handeln hinweist.« Offer, A. (2006), *The challenge of affluence: Self-control and well-being in the United States and Britain since 1950*, New York: Oxford University Press; Weber, E. (2004), »Who's afraid of a poor old-age? Risk perception in risk management decisions«, in: O. Mitchell und S. Utkus (Hrsg.), *Pension design and structure: New lessons from behavioral finance* (S. 53–66), New York: Oxford University Press.

[24] Transamerica Center for Retirement Studies (2008), »The attitudes of American workers and their employers regarding retirement« security and benefits«, Ninth Annual Transamerica Retirement Survey, *www.transamericacenter.org/resources/BuildingConfidencePresentation%20TCRS%201002-0208.pdf.*

[25] Brooks, D. (2009), »Usury country«, *Harper's*, 318 (1907), S. 41–48.

[26] Byrne, A., Blake, D., Cairns, A. und Dowd, K. (2006), »There's no time like the present: The cost of delaying retirement saving«, *Financial Services Review*, 15(3), S. 213–231.

[27] Der Wirtschaftswissenschaftler Matthew Rabin, einer der Autoren von »Procrastination in Preparing for Retirement« (auf Deutsch sinngemäß: »Aufschieben bei der Altersvorsorge«), gesteht freimütig, dass er zu denen gehört, die nicht genug auf die hohe Kante legen. Siehe O'Donoghue, T. und Rabin, M. (1999), »Procrastination in preparing for retirement«, in: H.J. Aaron (Hrsg.), *Behavioral dimensions of retirement economics*, S. 125–156, New York: Brookings Institution Press; Transamerica Center for Retirement Studies (2008), »The attitudes of American workers and their employers regarding retirement security and benefits«, Ninth Annual Transamerica Retirement Survey, *www.transamericacenter.org/resources/BuildingConfidencePresentation%20TCRS%201002-0208. pdf*; Organisation of Economic Cooperation and Development (Dezember 2008), »Pension Markets in Focus«, *OECD Newsletter*, 5, S. 1–20.

[28] Byrne, A., Blake, D., Cairns, A. und Dowd, K. (2006), »There's no time like the present: the cost of delaying retirement saving«, *Financial Services Review*, 15(3), S. 213–231; Hewitt Asso-

ciates (2008), »Hewitt study reveals widening gap between retirement needs and employee saving behaviors«, *www.businesswire.com/portal/site/google/?ndmViewId=news_view&newsId=20080701005267&newsLang=en;* Venti, S. (2006), »Choice, Behavior and Retirement Saving«, in: G. Clark, A. Munnell und M. Orszag (Hrsg.), *Oxford Handbook of Pensions and Retirement Income* (Bd. 1, S. 21 bis 30), Oxford: Oxford University Press.
[29] O'Donoghue, T. und Rabin, M. (1999), »Procrastination in preparing for retirement«, in: H. J. Aaron (Hrsg.), *Behavioral dimensions of retirement economics*, S. 125–156, New York: Brookings Institution Press.
[30] Armour, P. und Daly, M. (2008), »Retirement savings and decision errors: Lessons from behavioral economics«, *FRBSF Economic Letter*, 16, S. 1–3; Legorano, G. (2009), »Automatic enrollment gains ground for DC plans«, *Global Pensions, www.globalpensions.com/global-pensions/news/1557589/automatic-enrollment-gains-ground-dc-plans;* Mitchell, O. und Utkus, S. (2003), *Lessons from behavioral finance for retirement plan design*, The Wharton School: University of Pennsylvania; Turner, J. (2006), »Designing 401 (k) plans that encourage retirement savings: Lessons from behavioral finance«, *Benefits Quarterly*, 22(4), S. 1–19.
[31] Choi, J., Laibson, D. und Madrian, B. (2004), »Plan design and 401 (k) savings outcomes«, *National Tax Journal*, 57(2), S. 275–298.
[32] Thaler, R. und Benartzi, S. (2004), »Save More Tomorrow™: Using Behavioral Economics to Increase Employee Saving«, *Journal of Political Economy*, 112(S1), S. 164–187.
[33] Robinson bezeichnete die Obergrenze für die Neuverschuldung schon im Jahr 1959 als »sinnlose Zwangsjacke«. Siehe Austin, D. (2008), *The debt limit: History and recent increases*, Congressional Research Service; Robinson, M. A. (1959), *The national debt ceiling: An experiment in fiscal policy*, Washington, D. C.: Brookings Institute.
[34] Critchfield, T. S., Haley, R., Sabo, B., Colbert, J. und Macropoulis, G. (2003), »A half century of scalloping in the work habits of the United States Congress«, *Journal of Applied Behavior Analysis*, 36, S. 465–486; Weisberg, P. und Waldrop, P. (1972), »Fixed-interval work habits of Congress«, *Journal of Applied Behavior Analysis*, 5(1), S. 93. An dieser Stelle möchte ich mich bei Tom Critchfield bedanken, der mir Zugang zu den Daten ermöglicht hat.
[35] Die Geschichte der Vereinigten Staaten ist besonders von der Aufschieberei geprägt. Im Bürgerkrieg kostete das Zaudern von General Longstreet die Südstaaten den Krieg, denn dank seiner Langsamkeit gelang es den Konföderierten nicht, in der Schlacht von Gettysburg die Schlüsselpositionen von Little Round Top und Cemetery Ridge einzunehmen. Auf der anderen Seite hatte Abraham Lincoln seine liebe Not mit dem zaudernden General George Brinton McClellan, dem es zu verdanken ist, dass sich der Krieg noch drei Jahre hinzog. Die Saumseligkeit kostete Colonel Rahl das Leben, aber sie brachte die Rebellen um George Washington der Unabhängigkeit einen Schritt näher. Der britische Gesandte Nobert Quayle meinte dazu: »Wenige Minuten Verzögerung kosteten Colonel Rahl Leben und Ehre und seine Soldaten die Freiheit. Die Weltgeschichte ist eine Müllhalde von halbfertigen Plänen und nicht ausgeführten Absichten.

›Morgen‹ ist die Entschuldigung der Faulen und die Zuflucht der Unfähigen.« Leider ist dieser Ausspruch das einzige Zeugnis, das ich von Quayles Existenz finden konnte.

36 Die Appeasementpolitik der Alliierten vor dem Zweiten Weltkrieg gab Hitler mehr Zeit, sich auf den Krieg vorzubereiten. Winston Churchill brachte es auf den Punkt, als er drei Jahre vor dem Überfall Deutschlands auf Polen sagte: »Die Zeit des Aufschubs, der halben Sachen, der beruhigenden Zugeständnisse, der Verzögerungen geht zu Ende. Wir treten heute in eine neue Ära der Konsequenzen ein … Wir können diese Ära nicht mehr vermeiden, sie hat bereits begonnen.« Nach dem Krieg musste Dwight D. Eisenhower, früherer Oberbefehlshaber der Alliierten Streitkräfte in Europa und 34. Präsident der Vereinigten Staaten, feststellen, dass die Aufschieberitis ungebrochen war. Die Sowjetunion bereitete sich auf einen Atomkrieg vor, und in Westeuropa wurde wenig unternommen, um dies zu verhindern. Eisenhower war besorgt, dass das Nordatlantische Verteidigungsbündnis lediglich ein Papiertiger ohne Zähne sein könnte. In einer Rede, die Churchill als die beste beschrieb, die er je von einem Amerikaner gehört hatte, sagte Eisenhower: »Das Projekt ist durch die tödliche Gefahr der Trägheit, der ängstlichen Maßnahmen, der kleinen Schritte und des zögerlichen Tastens gefährdet. Tradition und Gewohnheit sind große Hindernisse, doch das größte Hindernis ist in unseren Köpfen. Nein ist immer die einfachste Antwort, denn das Nein zwingt nicht zum Handeln. Das Nein erfreut sich seiner Lethargie und betrachtet selbstgefällig die Schwierigkeiten, die jeder andere Kurs mit sich bringt.«

37 Andreou, C. (2007), »Environmental Preservation and Second-Order Procrastination«, *Philosophy and Public Affairs*, 35(3); Caney, S. (2008), »Climate Change, Human Rights and Intergenerational Equity Oxford«, Magdalen College; Hepburn, C. (2003), »Hyperbolic discounting and resource collapse«, Discussion-Paper No. 159, Department of Economics, University of Oxford; Read, D. (2001), »Intrapersonal dilemmas«, *Human Relations*, 54(8), S. 1093–1117.

38 Hurni, H., Herweg, K., Portner, B. und Liniger, H. (2008), »Soil Erosion and Conservation in Global Agriculture«, in: A. Braimoh und P. L. G. Vlek (Hrsg.), *Land Use and Soil Resources* (S. 41–72), New York: Springer; Montgomery, D. (2007), »Soil erosion and agricultural sustainability«, *Proceedings of the National Academy of Sciences*, 104(33), S. 13 268–13 272; Sample, I. (2007), »Global food crisis looms as climate change and population growth strip fertile land«, *The Guardian*, 31. August 2007.

39 Hightower, M. und Pierce, S. A. (2008), »The energy challenge«, *Nature* 452, S. 285–286.

40 Editorial (2008), »Oceans at risk«, *New York Times*, 9. März 2008; Worm, B., Barbier, E., Beaumont, N., Duffy, J., Folke, C., Halpern, B., Jackson, J., Lotze, H., Micheli, F. und Palumbi, S. (2006), »Impacts of Biodiversity Loss on Ocean Ecosystem Services«, *Science*, 314 (5800), S. 787–790; Simpson, J. (2008), »Fishing the fish stocks to extinction«, *Globe and Mail*, 26. November 2008.

41 Lynas, M. (2007), *Six Degrees: Our Future on a Hotter Planet*, New York: HarperCollins; Spratt, D. und Sutton, P. (2008), *Climate Code Red: The case for emergency action*, Melbourne: Scribe Publications.

[42] Bamberg, S. (2003), »How does environmental concern influence specific environmentally related behaviors? A new answer to an old question«, *Journal of Environmental Psychology*, 23(1), S. 21–32; Orr, D. W. (2004), *The Nature of Design: Ecology, Culture, and Human Intention*, New York: Oxford University Press.

[43] Farrand, M. (Hrsg.) (1966), *Records of the federal convention* (Vol. 3), New Haven, CT: Yale University Press.

[44] Tee aus einer Untertasse zu trinken wurde erst nach Washington und Jefferson zum Fauxpas. Damals galt es durchaus noch als schick, Tee aus der Untertasse zu nippen und einen weiteren Teller zu reichen, auf dem die Teetrinker ihre Tasse abstellen konnten, während sie aus der Untertasse schlürften. Siehe Frost, S. (1869), *Frost's laws and by-laws of American society*, New York: Dick & Fitzgerald; Titus, S., *Tea: A Brief History, www. memorialhall.mass.edu/classroom/ curriculum_12th/unit3/lesson8/ bkgdessay.html.*

[45] Cumming, L. (2008), *To Guide the Human Puppet: Behavioural Economics, Public Policy and Public Service Contracting*, Serco Institute.

KAPITEL 7

[1] Booth, D. und James, R. (2008), »A literature review of self-efficacy and effective job search«, *Journal of Occupational Psychology, Employment and Disability*, 10(1), S. 27–42; Lay, C. H. und Brokenshire, R. (1997), »Conscientiousness, procrastination, and person-task characteristics in job searching by unemployed adults«, *Current Psychology: Developmental, Learning, Personality, Social*, 16(1), S. 83–96; Senecal, C. und Guay, F.

(2000), »Procrastination in job-seeking: An analysis of motivational processes and feelings of hopelessness«, *Journal of Social Behavior and Personality*, 15(5), S. 267–282.

[2] Sigall, H., Kruglanski, A. und Fyock, J. (2000), »Wishful thinking and procrastination«, *Journal of Social Behavior and Personality*, 15(5), S. 283–296.

[3] Scheier, M. F. und Carver, C. S. (1993), »On the power of positive thinking: The benefits of being optimistic«, *Current Directions in Psychological Science*, 2(1), S. 26–30.

[4] Obwohl alle die erforderliche Zeit unterschätzen, schätzen Aufschieber am schlechtesten. Siehe Buehler, R., Griffin, D. und Ross, M. (1994), »Exploring the ›planning fallacy‹: Why people underestimate their task completion times«, *Journal of Personality and Social Psychology*, 67, S. 366–381; Kahneman, D. und Tversky, A. (1979), »Intuitive prediction: Biases and corrective procedures«, *TIMS Studies in Management Sciences*, 12, S. 313–327; Lay, C. H. und Schouwenburg, H. C. (1993), »Trait procrastination, time management, and academic behavior«, *Journal of Social Behavior and Personality*, 8(4), S. 647–662; Roy, M. M., Christenfeld, N. J. S. und McKenzie, C. R. M. (2005), »Underestimating the duration of future events: Memory incorrectly used or memory bias?«, *Psychological Bulletin*, 131(5), S. 738–756; Sigall, H., Kruglanski, A. und Fyock, J. (2000), »Wishful thinking and procrastination«, *Journal of Social Behavior and Personality*, 15(5), S. 283–296.

[5] Vancouver, J., More, K. und Yoder, R. (2008), »Self-efficacy and resource allocation: Support for a nonmonotonic, discontinuous model«, *Journal of Applied Psychology*, 93(1), S. 35.

[6] Ehrlinger, J., Johnson, K., Banner, M., Dunning, D. und Kruger, J. (2008), »Why the unskilled are unaware: Further explorations of (absent) self-insight among the incompetent«, *Organizational Behavior and Human Decision Processes*, 105(1), S. 98–121; Kruger, J. und Dunning, D. (1999), »Unskilled and unaware of it: How difficulties in recognizing one's own incompetence lead to inflated self-assessments«, *Journal of Personality and Social Psychology*, 77(6), S. 1121–1134; Russell, B. und Branch, T. (1991), *Second wind: The memoirs of an opinionated man*, New York: Simon & Schuster.

[7] Wegner, D. M. (1994), *White Bears and other unwanted thoughts: Suppression, obsession, and the psychology of mental control*, New York: Guilford Press; Wood, J. V., Perunovic, W. Q. E. und Lee, J. W. (2009), »Positive self-statements: Power for some, peril for others«, *Psychological Science*, 20(7), S. 860–866. Die Geschichte von Felix Powell, einem britischen Offizier und Komponisten des Motivationsliedes »Pack Up Your Troubles in Your Old Kit Bag and Smile, Smile, Smile«, vielleicht das optimistischste Lied, das je geschrieben wurde, demonstriert, wie zweischneidig diese positiven Sprüche sein können. Powell legte die Uniform der Peacehaven Home Guard an und beging Selbstmord, indem er sich mit einem Gewehr ins Herz schoss. Für Menschen mit einem schwachen Selbstbewusstsein können positive Selbstaussagen die Wahrnehmung ihrer Lage sogar noch verschlimmern.

[8] Lindsley, D., Brass, D. J. und Thomas, J. B. (1995), »Efficacy-performance spirals: A multilevel perspective«, *Academy of Management Review*, 20(3), S. 645–678.

[9] Zu Beginn eines komplexen Vorhabens ist es oft ratsam, Prozess- oder Lernziele statt Produkt- oder Ergebnisziele zu setzen. Das Ziel besteht darin, Fähigkeiten zu erwerben oder auszubauen (Prozess), und nicht darin, das beste Ergebnis zu erzielen (Produkt). Dies trägt nicht nur zur Steigerung des Selbstbewusstseins bei, sondern führt am Ende auch zu besseren Ergebnissen. Siehe Schunk, D. und Meece, J. (2006), »Self-efficacy development in adolescences«, in: F. Pajares und T. Urdan (Hrsg.), *Self-efficacy beliefs of adolescents* (S. 71–96), Greenwich CT: Information Age; Seijts, G. H. (2001), »Setting goals when performance doesn't matter«, *Ivey Business Journal*, 65(3), S. 40–47.

[10] Hans, T. A. (2000), »A meta-analysis of the effects of adventure programming on locus of control«, *Journal of Contemporary Psychotherapy*, 30(1); Hattie, J., Marsh, H. W., Neil, J. T. und Richards, G. E. (1997), »Adventure education and outward bound: out-of-class experiences that make a lasting difference«, *Review of Educational Research*, 67(1), S. 43–87; Wilson, S. J. und Lipsey, M. W. (2000), »Wilderness challenge programs for delinquent youth: a meta-analysis of outcome evaluations«, *Evaluation and Program Planning*, 23, S. 1–12.

[11] Feldman, A. und Matjasko, J. (2005), »The role of school-based extracurricular activities in adolescent development: A comprehensive review and future directions«, *Review of Educational Research*, 75(2), S. 159.

[12] World Organization of the Scout Movement (1998), *Scouting: An educational system*, Genf: World Scout Bureau.

[13] Gestdottir, S. und Lemer, R. M. (2007), »Intentional self-regulation and positive youth development in

early adolescence: Findings from the 4-H study of positive youth development«, *Developmental psychology*, 43(2), S. 508–521; Jelicic, H., Bobek, D., Phelps, E., Lerner, R. und Lerner, J. (2007), »Using positive youth development to predict contribution and risk behaviors in early adolescence: Findings from the first two waves of the 4-H Study of Positive Youth Development«, *International Journal of Behavioral Development*, 31(3), S. 263–273; Radhakrishna, R. und Sinasky, M. (2005), »4-H experiences contributing to leadership and personal development of 4-H alumni«, *Journal of Extension*, 43(6), *www.joe.org/joe/2005december/rb2.php.*

[14] Zimmerman, B. J. (2002), »Becoming a self-regulated learner: An overview«, *Theory into Practice*, 41(2), S. 64–70.

[15] Frühe Versuche im Kampf gegen das Aufschieben beschränkten sich oft auf diesen einen Schritt und versuchten zum Beispiel mithilfe der kognitiven Verhaltenstherapie die Glaubenssätze bewusst zu machen, mit denen sich die Patienten selbst einschränkten. Einer der Vorreiter war Albert Ellis, sein Ansatz wurde von seinem Co-Autor William Knaus fortgeführt. Siehe Ellis, A., und Knaus, W. J. (1977), *Overcoming procrastination: Or how to think and act rationally in spite of life's inevitable hassles*, Institute for Rational Living.

[16] Schunk, D. und Meece, J. (2006), »Self-efficacy development in adolescences«, in: F. Pajares und T. Urdan (Hrsg.), *Self-efficacy beliefs of adolescents* (S. 71–96), Greenwich CT: Information Age.

[17] Dazu gehören die Menschen, denen wir nacheifern, genauso wie unsere Partner (»Hinter jeder großen Frau steht ein großer Mann und umge-

kehrt«). Nicht nur Vorbilder und Vergleichsgruppen bestimmen unser Vertrauen in die eigene Tüchtigkeit, sondern auch die Ansichten anderer (also normative Vorstellungen und subjektive Normen) spielen eine entscheidende Rolle bei der Entstehung einer Handlungsabsicht. Siehe Aarts, H., Dijksterhuis, A. und Dik, G. (2008), »Goal contagion: Inferring goals from others' actions – and what it leads to«, in: J. Y. Shah und W. L. Gardner (Hrsg.), *Handbook of motivation* (S. 265–280), New York: Guilford Press; Armitage, C. und Conner, M. (2001), »Efficacy of the theory of planned behaviour: A meta-analytic review«, *British Journal of Social Psychology*, 40(4), S. 471–499; Rivis, A. und Sheeran, P. (2003), »Descriptive norms as an additional predictor in the theory of planned behaviour: A meta-analysis«, *Current Psychology*, 22(3), S. 218–233; Van Knippenberg, D., van Knippenberg, B., De Cremer, D. und Hogg, M. (2004), »Leadership, self, and identity: A review and research agenda«, *The Leadership Quarterly*, 15(6), S. 825–856.

[18] Vitale, J. und Hibbler, B. (2006), *Meet and Grow Rich: How to Easily Create and Operate Your Own »Mastermind« Group for Health, Wealth, and More*, Hoboken, NJ: John Wiley & Sons.

[19] Metta, G., Sandini, G., Natale, L., Craighero, L. und Fadiga, L. (2006), »Understanding mirror neurons«, *Interaction Studies*, 7(2), S. 97–232; Weinberg, R. (2008), »Does imagery work? Effects on performance and mental skills«, *Journal of Imagery Research in Sport and Physical Activity*, 3(1), S. 1–21.

[20] Achtziger, A., Fehr, T., Oettingen, G., Gollwitzer, P. und Rockstroh, B. (2008), »Strategies of intention for-

mation are reflected in continuous MEG activity«, *Social Neuroscience*, 4(1), S. 1–17; Oettingen, G., Mayer, D., Thorpe, J. S., Janetzke, H. und Lorenz, S. (2005), »Turning fantasies about positive and negative futures into self-improvement goals«, *Motivation and Emotion*, 29(4), S. 236–266; Oettingen, G. und Thorpe, J. S. (2006), »Fantasy realization and the bridging of time«, in: L. A. Sanna und E. C. Chang (Hrsg.), *Judgments over time: The interplay of thoughts, feelings, and behaviors* (S. 120–143), Oxford: Oxford University Press. Siehe auch: Kavanagh, D. J., Andradè, J. und May, J. (2005), »Imaginary relish and exquisite torture: The elaborated intrusion theory of desire«, *Psychological Review*, 112(2), S. 446–467; Pham, L. B. und Taylor, S. E. (1999), »From thought to action: Effects of process-versus outcome-based mental simulations on performance«, *Personality and Social Psychology Bulletin*, 25(250–260).

[21] Genausowenig ist es ratsam, Denkmuster zu fördern, die eine große Bandbreite von psychischen Krankheiten befördern. Andererseits können Menschen mit einer besonders lebendigen Phantasie ein imaginäres Essen genauso genießen wie ein wirkliches, und sie können sich ohne jede körperliche Stimulation in einen Orgasmus steigern. Siehe Levin, R. und Spei, E. (2004), »Relationship of purported measures of pathological and nonpathological dissociation to self-reported psychological distress and fantasy immersion!«, *Assessment*, 11(2), S. 160; Rhue, J. und Lynn, S. (1987), »Fantasy proneness: The ability to hallucinate ›as real as real‹«, *British Journal of Experimental and Clinical Hypnosis*, 4, S. 173–180; Schneider, S. L. (2001), »In search of

realistic optimism. Meaning, knowledge, and warm fuzziness«, *American Psychologist*, 56(3), S. 250–263; Waldo, T. G. und Merritt, R. D. (2000), »Fantasy proneness, dissociation, and DSM-IV axis II symptomatology«, *Journal of Abnormal Psychology May*, 109(3), S. 555–558.

[22] Johnson, D. D. P. (2004), *Overconfidence and war: The havoc and glory of positive illusions*, Cambridge, MA: Harvard University Press.

[23] Armor, D. und Taylor, S. (2002), »When predictions fail: The dilemma of unrealistic optimism«, in: T. Gilovich, D. Griffin und D. Kahneman (Hrsg.), *Heuristics and biases: The psychology of intuitive judgment* (S. 334–347), New York: Cambridge University Press; Asterbro, T., Jeffrey, S. und Adomdza, G. K. (2007), »Inventor perseverance after being told to quit: the role of cognitive biases«, *Journal of Behavioral Decision Making*, 20(3), S. 253–272; Lovallo, D. und Kahneman, D. (2003), »Delusions of success. How optimism undermines executives' decisions«, *Harvard Business Review*, 81(7), S. 56–63; Moore, D. und Healy, P. (2007), *The trouble with overconfidence*, unveröffentlichtes Manuskript, Carnegie-Mellon University, Pittsburgh.

[24] Baker, W. und O'Malley, M. (2008), *Leading with kindness: How good people consistently get superior results*, New York: AMACOM/American Management Association; Whyte, G., Saks, A. und Hook, S. (1997), »When success breeds failure: The role of self-efficacy in escalating commitment to a losing course of action«, *Journal of Organizational Behavior*, S. 415–432.

[25] Camerer, C. F. und Lovallo, D. (1999), »Overconfidence and Excess Entry: An Experimental Approach«, *American Economic Review*, 89(1),

S. 306–318; Koellinger, P., Minniti, M. und Schade, C. (2007), »›I think I can, I think I can‹: Overconfidence and entrepreneurial behavior«, *Journal of Economic Psychology*, 28(4), S. 502–527; Hmieleski, K. und Baron, R. (2009), »Entrepreneurs' optimism and new venture performance: A social cognitive perspective«, *Academy of Management Journal*, 52(3), S. 473–488; Shepherd, D. A., Wiklund, J. und Haynie, J. M. (2009), »Moving forward: Balancing the financial and emotional costs of business failure«, *Journal of Business Venturing*, 24(2), S. 134–148.

26 Day, V., Mensink, D. und O'Sullivan, M. (2000), »Patterns of academic procrastination«, *Journal of College Reading and Learning*, 30(2), S. 120–134; Sigall, H., Kruglanski, A. und Fyock, J. (2000), »Wishful thinking and procrastination«, *Journal of Social Behavior and Personality*, 15(5), S. 283–296.

27 Obwohl er von so einflussreichen Persönlichkeiten wie Albert Ellis als Hochstapler bezeichnet wurde, ist Peales Beliebtheit ungebrochen. Siehe Hilkey, J. (1997), *Character is capital: Success manuals and manhood in gilded age America*, Chapel Hill: University of North Carolina Press; Meyer, D. (1988), *The positive thinkers: Popular religious psychology from Mary Baker Eddy to Norman Vincent Peale and Ronald Reagan*, Middletown, CT: Wesleyan University Press; Weiss, R. (1988), *The American myth of success: From Horatio Alger to Norman Vincent Peale*, Urbana, IL: University of Illinois Press.

28 Barbara Held, Professorin für Psychologie am Bowdoin College, schreibt: »Die positive Einstellung übt in einigen ihrer Manifestationen eine derartige Tyrannei aus, dass Amerikaner heute nicht nur mit einem historisch und kulturell verankerten Optimismus leben, sondern sogar mit der Erwartung und Forderung, sie müssten jederzeit und unter allen Umständen optimistisch sein, koste es was es wolle.« Siehe auch De Raeve, L. (1997), »Positive thinking and moral oppression in cancer care«, *European Journal of Cancer Care*, 6(4), S. 249–256; Ehrenreich, B. (2009), *Bright-sided: How the relentless promotion of positive thinking has undermined America*, New York: Metropolitan Books; Fineman, S. (2006), »On being positive: Concerns and counterpoints«, *The Academy of Management Review*, 31(2), S. 270–291; Gilovich, T. (2005), »The perceived likelihood of events that ›tempt fate‹«, Vortrag beim Annual Meeting of the Society of Personality and Social Psychology, New Orleans; Held, B. (2002), »The tyranny of the positive attitude in America: Observation and speculation«, *Journal of Clinical Psychology*, 58(9), S. 965–991; Recken, S. L. (1993), »Fitting-in: The redefinition of success in the 1930s«, *Journal of Popular Culture*, 27(3), S. 205–222; Woolfolk, R. L. (2002), »The power of negative thinking: Truth, melancholia, and the tragic sense of life«, *Journal of Theoretical and Philosophical Psychology*, 22(1), S. 19–27.

29 Nenkov, G. Y., Inman, J. J. und Hulland, J. (2008), »Considering the future: The conceptualization and measurement of elaboration on potential outcomes«, *Journal of Consumer Research*, 35(1), S. 126–141; Pearson, C. M. und Clair, J. A. (1998), »Reframing crisis management«, *The Academy of Management Review*, 23(1), S. 59–76; Schneider, S. L. (2001), »In search of realistic optimism. Meaning, knowledge, and warm fuzziness«, *American*

Psychologist, 56(3), S. 250–263; Yordanova, G. S. (2006), *Effects of the pre-decision stage of decision making on the self-regulation of behavior*, unveröffentlichte Dissertation, University of Pittsburgh, Pittsburgh, PN.

[30] Jones, F., Harris, P., Waller, H. und Coggins, A. (2005), »Adherence to an exercise prescription scheme: The role of expectations, self-efficacy, stage of change and psychological well-being«, *British Journal of Health Psychology*, 10, S. 359–378; Nordgren, L. F., Harreveld, F. V. und Pligt, J. V. D. (2009), »The restraint bias: How the illusion of self-restraint promotes impulsive behavior«, *Psychological Science*, 20, S. 1523–1528; Norcross, J. C., Mrykalo, M. S. und Blagys, M. D. (2002), »*Auld lang Syne*: Success predictors, change processes, and self-reported outcomes of New Year's resolvers and nonresolvers«, *Journal of Clinical Psychology*, 58(4), S. 397–405; Norcross, J. C., Ratzin, A. C. und Payne, D. (1989), »Brief report ringing in the New Year: The change processes and reported outcomes of resolutions«, *Addictive Behaviors*, 14, S. 205–212; Polivy, J. und Herman, C. P. (2002), »If at first you don't succeed: False hopes of self-change«, *American Psychologist*, 57(9), S. 677–689.

[31] Aspinwall, L. G. (2005), »The psychology of future-oriented thinking: From achievement to proactive coping, adaptation, and aging«, *Motivation and Emotion*, 29(4), S. 203–235; Aspinwall, L. G. und Taylor, S. E. (1997), »A stitch in time: Self-regulation and proactive coping«, *Psychological Bulletin*, 121, S. 417–436; Baumeister, R. F., Heatherton, T. F. und Tice, D. M. (1994), *Losing control: How and why people fail at self-regulation*, San Diego, CA: Academic Press, Inc.; Klassen, R. M., Krawchuk, L. L. und Ra-

jani, S. (2008), »Academic procrastination of undergraduates: Low self-efficacy to self-regulate predicts higher levels of procrastination«, *Contemporary Educational Psychology*, 33(4), S. 915–931; Schwarzer, R. (2008), »Modeling health behavior change: How to predict and modify the adoption and maintenance of health behaviors«, *Applied Psychology: An International Review*, 57(1), S. 1–29.

[32] Larimer, M. E., Palmer, R. S. und Marlatt, G. A. (1999), »Relapse prevention: An overview of Marlatt's cognitive-behavioral model«, *Alcohol Research and Health*, 23(2), S. 151–160.

[33] Howard Rachlin gibt eine ähnliche Beschreibung unter der Kategorie »Umstrukturierung«, und Jeong-Yoo Kim betrachtet das Phänomen aus wirtschaftswissenschaftlicher Sicht. Zwei weitere Wirtschaftswissenschaftler, Benabou und Tirole, erörtern, warum es besser ist anzunehmen, dass man nicht die Selbstbeherrschung hat, die nötig ist, um der Sucht zu widerstehen, selbst wenn die Erfolgsaussichten tatsächlich sehr gut stehen. Buddhisten verwenden eine hochentwickelte Form dieser Technik, indem sie glauben, dass wir mit schlechten Entscheidungen (in Form von Karma) nicht nur unsere Zukunft torpedieren, sondern auch unsere künftigen Leben. Siehe Ainslie, G. (1992), *Picoeconomics: The strategic interaction of successive motivational states within the person*, New York: Cambridge University Press; Ainslie, G. (2001), *Breakdown of the will*, New York: Cambridge University Press; Benabou, R. und Tirole, J. (2004), »Willpower and personal rules«, *Journal of Political Economy*, 112(4), S. 848–886; Kim, J.-Y. (2006), »Hyperbolic discounting and the repeated self-control problem«, *Journal of Eco-

nomic Psychology, 27(3), S. 344–359;
Rachlin, H. (2000), *The science of
self-control*, Cambridge, MA: Harvard
University Press.
[34] Gosling, J. (1990), *Weakness of the
will*, New York: Routledge.
[35] Silver, M. und Sabini, J. (1981),
»Procrastinating«, *Journal for the
Theory of Social Behavior*, 11(2),
S. 207–221.

KAPITEL 8

[1] Fried, Y. und Ferris, G. R. (1987),
»The validity of the Job Characteristics
Model: A review and meta-analysis«,
Personnel Psychology, 40(2),
S. 287–322; Hackman, J. R. und Oldham, G. R. (1976), »Motivation
through the design of work: Test of a
theory«, *Organizational Behavior and
Human Performance*, 16, S. 250–279;
Humphrey, S., Nahrgang, J. und Mor-
geson, F. (2007), »Integrating motivational, social, and contextual work
design features: A meta-analytic sum-
mary and theoretical extension of
the work design literature«, *Journal of
Applied Psychology*, 92(5), S. 1332.
[2] Andere Vorreiter des Taylorismus
waren Frank und Lillian Gilbreth mit
ihren Untersuchungen zu Zeit und
Bewegung. In dem Buch *Im Dutzend
billiger* stellen zwei ihrer zwölf Kinder
(Frank jun. und Ernestine) die Arbeit
der Gilbreths dar. In gewisser Weise
war Lillian genau wie ich Industrie-
und Organisationspsychologin mit
einem Doktortitel in Management-
psychologie. Das Buch wurde in den
1950er Jahren verfilmt und ist nicht zu
verwechseln mit dem gleichnamigen
Film aus dem Jahr 2003. Siehe Kanigel,
R. (1997), *The one best way: Frederick
Winslow Taylor and the enigma of effi-
ciency*, New York: Viking Penguin.

[3] Dazu kam, dass die Mitarbeiter
umso weniger pro Stück verdienten,
je schneller sie arbeiteten. Das ist ein
typisches Resultat des Stücklohns;
paradoxerweise sind Manager ständig
versucht, die Anreize wieder herab-
zusetzen, wenn die Arbeiter die gewünschte Leistung erreichen. Nur
wenige Unternehmen wie Lincoln
Electric haben die Disziplin, diesen Effekt zu vermeiden. Handlin, H. (1992),
»The company built upon the golden
rule: Lincoln Electric«, *Journal of Organizational Behavior Management*,
12, S. 151–163; Billikopf, G. (2008),
»Designing an effective piece rate«,
*www.cnr.berkeley.edu/ucce50/ag-
labor/7research/7calag06.htm*.
[4] Campion, M., Mumford, T., Morge-
son, F. und Nahrgang, J. (2005), »Work
redesign: Eight obstacles and opportu-
nities«, *Human Resource Management*,
44(4), S. 367–390.
[5] Cosmides, L. und Tooby, J. (2000),
»Evolutionary psychology and
the emotions«, in: M. Lewis und
J. Haviland (Hrsg.), *Handbook of
Emotions* (S. 91–115), New York:
Guilford Press.
[6] Die »Psychophysik«, wie sich die
wissenschaftliche Beschäftigung mit
dem Wert nennt, kommt zu dem
Ergebnis, dass Wert konstruiert wird
(also von seiner Darstellung abhängt)
und relativ ist (also davon abhängt,
womit er verglichen wird). Weber, E.
(2003), »Perception matters: Psycho-
physics for economists«, in: I. Brocas
und J. D. Carrillo (Hrsg.), *The Psychology of Economic Decisions* (Bd. II),
New York: Oxford University Press.
[7] Sansone, C., Weir, C., Harpster, L.
und Morgan, C. (1992), »Once a boring
task always a boring task? Interest as a
self-regulatory mechanism?«, *Journal
of Personality and Social Psychology*,
63(3), S. 379–390.

[8] Csíkszentmihályi, M. (1990), *Flow: The psychology of optimal experience*, New York: Harper and Row; deutsche Ausgabe: *Flow: das Geheimnis des Glücks*, Stuttgart: Klett-Cotta 1990.

[9] Johnny Carson von der »The Tonight Show« lud sie als Gast ein und drohte, ihren Elvis-Presley-Chip zu essen. *CNN* (2005). »Your Johnny Carson memories«, *www.cnn.com/2005/SHOWBIZ/TV/01/23/your.memories/index.html*.

[10] Miller, R. B. und Brickman, S. J. (2004), »A model of future-oriented motivation and self-regulation«, *Educational Psychology Review*, 16(1), S. 9–33; Schraw, G. und Lehman, S. (2001), »Situational interest: A review of the literature and directions for future research«, *Educational Psychology Review*, 13(1), S. 23–52; Wolters, C. A. (2003), »Understanding procrastination from a self-regulated learning perspective«, *Journal of Educational Psychology*, 95(1), S. 179–187.

[11] Ryan, R. M. und Deci, E. L. (2000), »Self-determination theory and the facilitation of intrinsic motivation, social development, and well-being«, *American Psychologist*, 55(1), S. 68–78.

[12] Lonergan, J. M. und Maher, K. J. (2000), »The relationship between job characteristics and workplace procrastination as moderated by locus of control«, *Journal of Social Behavior and Personality*, 15(5), S. 213–224; Miller, R. B. und Brickman, S. J. (2004), »A model of future-oriented motivation and self-regulation«, *Educational Psychology Review*, 16(1), S. 9–33; Shah, J. und Kruglanski, A. (2000), »The structure and substance of intrinsic motivation«, in: C. Sansone und J. M. Harackiewicz (Hrsg.), *Intrinsic and extrinsic motivation: The search for optimal motivation and perfor-*

mance (S. 106–130), San Diego, CA: Academic Press.

[13] Mir gefällt, was Franklin Jones zu diesem Thema zu sagen hat: »Nichts hilft uns mehr, einer Versuchung zu widerstehen, als eine gute Erziehung, gesunde Werte und vor allem Zeugen.« Siehe Becker, H. (1960), »Notes on the concept of commitment«, *American Journal of Sociology*, 66(1), S. 32; Magen, E. und Gross, J. J. (2007), »Harnessing the need for immediate gratification: Cognitive reconstrual modulates the reward value of temptations«, *Emotion*, 7(2), S. 415–428; Powell, D. und Meyer, J. (2004), »Side-bet theory and the three-component model of organizational commitment«, *Journal of Vocational Behavior*, 65(1), S. 157–177.

[14] Newman, T. (2008), »Barack Obama, I quit smoking – all the time«, *Newsday, www.newsday.com/news/opinion/ny-opnew205971623dec20,0,6796122.story*.

[15] Elliot, A. und Friedman, R. (2006), »Approach-avoidance: A central characteristic of personal goals«, in: B. R. Little, K. Salmela-Aro & S. D. Phillips (Hrsg.), *Personal project pursuit: Goals, action, and human flourishing* (S. 97–118), Mahwah, NJ: Lawrence Erlbaum Associates; Howell, A. J. und Watson, D. C. (2007), »Procrastination: Associations with achievement goal orientation and learning strategies«, *Personality and Individual Differences*, 43(1), S. 167–178; Mogilner, C., Aaker, J. und Pennington, G. (2007), »Time will tell: The distant appeal of promotion and imminent appeal of prevention«, *Journal of Consumer Research*, 34(5), S. 670–681; Polivy, J. und Herman, C. P. (2002), »If at first you don't succeed: False hopes of self-change«, *American Psychologist*, 57(9), S. 677–689; Schneider, S. L.

(2001), »In search of realistic optimism. Meaning, knowledge, and warm fuzziness«, *American Psychologist*, 56(3), S. 250–263; Wolters, C. A. (2003), »Understanding procrastination from a self-regulated learning perspective«, *Journal of Educational Psychology*, 95(1), S. 179–187; Wolters, C. A. (2004), »Advancing achievement goal theory: Using goal structures and goal orientations to predict students' motivation, cognition, and achievement«, *Journal of Educational Psychology*, 96(2), S. 236–250; Valkyrie, K. T. (2006), *Self-regulated learning: An examination of motivational, cognitive, resource management, metacognitive components and academic outcomes with open admissions community college students*, unveröffentlichte Dissertation, University of Houston, Houston, TX.

[16] Sie können Ihre aktiven Ziele auch anspruchsvoller gestalten und eine Meisterschaft auf dem betreffenden Gebiet anstreben. Das bedeutet, das Leben als eine ausgedehnte Möglichkeit zur persönlichen Entwicklung und zur Verwirklichung unseres Potenzials zu betrachten. Jede Aufgabe, egal ob sie erfolgreich erledigt wird oder nicht, ist ein weiterer Schritt auf dem Weg zur Entwicklung einer Fähigkeit. Das Ziel der Meisterschaft erzeugt sehr viel verlässlicher die intrinsische Motivation, um die es uns geht. Und selbst wenn Sie die Meisterschaft bereits erlangt haben, können Sie sich immer noch motivieren, indem Sie Ihr Ziel als eine Verteidigung Ihrer Position formulieren. Wenn Sie sich vornehmen, Ihre Position zu sichern, dann sind Sie ebenfalls motiviert, ein bisschen früher anzufangen als alle anderen. Siehe Freitas, A. L., Liberman, N., Salovey, P. und Higgins, E. T. (2002), »When to begin? Regulatory focus and initiating goal pursuit«, *Personality and Social Psychology Bulletin*, 28(1), S. 121–130; Molden, D. C., Lee, A. Y. und Higgins, E. T. (2007), »Motivations for promotion and prevention«, in: W. L. G. James Y. Shah (Hrsg.), *Handbook of motivation science* (S. 169–187), New York: Guilford Press; Rawsthorne, L. und Elliot, A. (1999), »Achievement goals and intrinsic motivation: A meta-analytic review«, *Personality and Social Psychology Review*, 3(4), S. 326; Pennington, G. L. und Roese, N. J. (2003), »Regulatory focus and temporal distance«, *Journal of Experimental Social Psychology*, 39, S. 563–576.

[17] Steel, P. (2007), »The nature of procrastination: A meta-analytic and theoretical review of quintessential self-regulatory failure, *Psychological Bulletin*, 133(1), S. 65–94.

[18] Gröpel, P. und Steel, P. (2008), »A mega-trial investigation of goal setting, interest enhancement, and energy on procrastination«, *Personality and Individual Differences*, 45, S. 406–411.

[19] Energiemangel ist neben dem mangelnden Selbstbewusstsein ein weiterer Grund, weshalb Depression und Aufschieben zusammenhängen. Siehe Thase, M. E. (1995), »Cognitive behavior therapy«, in: I. D. Glick (Hrsg.), *Treating depression* (S. 33–70), San Francisco: Jossey-Bass, Inc.

[20] In einem Sketch namens »Chocolate« aus der kanadischen Comedyserie *Kids in the Hall* geht es darum, wie wir zwischen unserer Diät und einem Stück Schokolade hin- und hergerissen werden. Nach wenigen Bissen wirft der Darsteller seine Schokolade weg, nur um es sich dann immer wieder anders zu überlegen.

[21] Ramanathan, S. und Menon, G. (2006), »Time-varying effects of chro-

nic hedonic goals on impulsive behavior«, *Journal of Marketing Research (JMR)*, 43(4), S. 628–641.

[22] Furnham, A. (2002), *Personality at work: The role of individual differences in the workplace*, New York: Routledge.

[23] Díaz-Morales, J., Ferrari, J. und Cohen, J. (2008), »Indecision and avoidant procrastination: The role of morningness-eveningness and time perspective in chronic delay lifestyles«, *Journal of General Psychology*, 135(3), S. 228–240; Digdon, N. und Howell, A. (2008), »College students who have an eveningness preference report lower self-control and greater procrastination«, *Chronobiology international*, 25(6), S. 1029; Ferrari, J. R., Harriott, J. S., Evans, L., Lecik-Michna, D. M. und Wenger, J. M. (1997), »Exploring the time preferences of procrastinators: Night or day, which is the one?«, *European Journal of Personality*, 11(3), S. 187–196; Hess, B., Sherman, M. F. und Goodman, M. (2000), »Eveningness predicts academic procrastination: The mediating role of neuroticism«, *Journal of Social Behavior and Personality*, 15(5), S. 61–74.

[24] Klein, S. (2009), *The secret pulse of time: Making sense of life's scarcest commodity*, Cambridge, MA: Da Capo Lifelong Books.

[25] Oaten, M. und Cheng, K. (2006), »Longitudinal gains in self-regulation from regular physical exercise«, *British Journal of Health Psychology*, 11(4), S. 717–733.

[26] Jim Horne vom Schlafforschungszentrum der University of Loughborough behauptet dagegen, dass wir heute besser schlafen als jemals zuvor in der Geschichte der Menschheit. Siehe Horne, J. (2008), »Time to wake up to the facts about sleep«, *New Scientist*, 2678, S. 36–38; Mooallem, J. (2007), »The sleep-industrial complex«, *The New York Times*; National Sleep Foundation (2008), »Sleep in America Poll«, *www.sleepfoundation.org/atf/cf/%7Bf6bf2668-a1b4-4fe8-8d1a-a5d39340d9cb%7D/2008-%20POLL%20SOF.PDF*.

[27] Muris, P., Merckelbach, H., Ollendick, T., King, N. und Bogie, N. (2001), »Children's nighttime fears: Parent-child ratings of frequency, content, origins, coping behaviors and severity«, *Behaviour Research and Therapy*, 39(1), S. 13–28; Tooby, J. und Cosmides, L. (1990), »The past explains the present: Emotional adaptations and the structure of ancestral environments«, *Ethology and Sociobiology*, 11(4–5), S. 375–424.

[28] Bettelheim, B. (1977), *The uses of enchantment: The meaning and importance of fairy tales*, New York: Knopf.

[29] Ferrari, J. R. und McCown, W. (1994), »Procrastination tendencies among obsessive-compulsives and their relatives«, *Journal of Clinical Psychology*, 50(2), S. 162–167; Rachman, S. (1993), »Obsessions, responsibility and guilt«, *Behaviour Research and Therapy*, 31(2), S. 149–154; Kaplan, A. und Hollander, E. (2004), »Comorbidity in compulsive hoarding: a case report«, *CNS Spectrums*, 9(1), S. 71–73.

[30] Benton, T. H. (2005), »Productive procrastination«, *The Chronicle of Higher Education*, 52(1).

[31] Bandura, A. (1976), »Self-reinforcement: Theoretical and methodological considerations«, *Behaviorism*, 4(2), S. 135–155; Febbraro, G. und Clum, G. (1998), »Meta-analytic investigation of the effectiveness of self-regulatory components in the treatment of adult problem behaviors«, *Clinical Psychology Review*, 18(2), S. 143–161; Ferrari, J. R. und Emmons, R. A. (1995), »Methods of procrastination and their relation to self-control and self-rein-

forcement: An exploratory study«, *Journal of Social Behavior and Personality*, 10(1), S. 135–142.

[32] Eisenberger, R. (1992), »Learned industriousness«, *Psychological Review*, 99, S. 248–267; Renninger, K. (2000), »Individual interest and its implications for understanding intrinsic motivation«, in: C. Sansone und J. M. Harackiewicz (Hrsg.), *Intrinsic and extrinsic motivation: The search for optimal motivation and performance* (S. 373–404), San Diego, CA: Academic Press; Stromer, R., McComas, J. J. und Rehfeldt, R. A. (2000), »Designing interventions that include delayed reinforcement: Implications of recent laboratory research«, *Journal of Applied Behavior Analysis*, 33, S. 359–371.

[33] Ainslie, G. (1992), *Picoeconomics: The strategic interaction of successive motivational states within the person*, New York: Cambridge University Press; Murray, H. A. (1938), *Explorations in personality*, New York: Oxford University Press.

[34] Dieser Begriff ist zwar der gebräuchlichste, wird jedoch von vielen abgelehnt, weil er die Fähigkeiten nicht würdigt, die damit einhergehen können.

[35] Dibbell, J. (2007), »The life of the Chinese gold farmer«, *The New York Times Magazine*, 17. Juni 2007; Jin, G. (2006), »Chinese gold farmers in the game world«, *Consumers, Commodities and Consumption, https://netfiles.uiuc.edu/dtcook/www/CCCnewsletter/7-2/jin.htm*; Jin, G. (2008), »Gold farmers«, *http://chinesegoldfarmers.com/Index.html*.

[36] Akerman, D. S. und Gross, B. L. (2007), »I can start that JME manuscript next week, can't I? The Task characteristics behind why faculty procrastinate«, *Journal of Marketing Education*,

29(2), S. 97–110; Sansone, C. und Harackiewicz, J. (2000), *Intrinsic and extrinsic motivation: The search for optimal motivation and performance*, San Diego, CA: Academic Press.

[37] Bordens, K. und Horowitz, I. (2001), *Social psychology*, Mahwah, NJ: Lawrence Erlbaum Associates; Moreland, R. L. und Beach, S. R. (1992), »Exposure effects in the classroom: The development of affinity among students«, *Journal of Experimental Social Psychology*, 28(3), S. 255–276.

[38] Fouad, N. (2007), »Work and vocational psychology: Theory, research, and applications«. *Annual Review of Psychology*, 58, S. 543–564.

[39] Wenn Sie Ihr eigenes Profil erstellen wollen, finden Sie im Internet unter dem Stichwort »RIASEC« eine Reihe von Angeboten.

[40] Lubinski, D. und Benbow, C. P. (2000), »States of excellence«, *American Psychologist*, 55(1), S. 137–150.

[41] Es gibt bereits eine Möglichkeit, mit deren Hilfe Sie Ihren Traumberuf sehr viel genauer eingrenzen können als mit herkömmlichen Methoden. Aber obwohl das System entwickelt ist und sich bewährt hat, muss es erst noch umgesetzt werden. Tut mir leid, dass ich noch nicht dazu gekommen bin, ich musste dieses Buch schreiben. Die Patentnummer ist US 20080027771. Wenn Sie Interesse haben, melden Sie sich bei University Technologies International (*tech@uti.ca*). Scherbaum, C. A. (2005), »Synthetic validity: Past, present, and future«, *Personnel Psychology*, 58(2), S. 481–515; Steel, P., Huffcutt, A. I. und Kammeyer-Mueller, J. (2006), »From the work one knows the worker: A systematic review of the challenges, solutions, and steps to creating synthetic validity«, *International Journal of Selection and*

Assessment, 14(1), S. 16–36; Steel, P. und Kammeyer-Mueller, J. (2009), »Using a meta-analytic perspective to enhance Job Component Validation«, *Personnel Psychology*, 62(3), S. 533–552.

[42] Tullier, L. (2000), *The complete idiot's guide to overcoming procrastination*, Indianapolis, IN: Alpha Books.

KAPITEL 9

[1] Akerlof, G. A. (1991), »Procrastination and obedience«, *American Economic Review*, 81, S. 1–19; Arneklev, B., Elis, L. und Medlicott, S. (2006), »Testing the General Theory of Crime: Comparing the effects of ›imprudent behavior‹ and an attitudinal indicator of ›low self-control‹«, *Western Criminology Review*, 7(3), S. 41–55; Carver, C. S. (2005), »Impulse and constraint: Perspectives from personality psychology, convergence with theory in other areas, and potential for integration«, *Personality and Social Psychology Review*, 9(4), S. 312–333; Glomb, T., Steel, P. und Arvey, R. (2002), »Office sneers, snipes, and stab wounds: Antecedents, consequences, and implications of workplace violence and aggression«, in: R. G. Lord, R. J. Klimoski und R. Kanfer (Hrsg.), *Emotions in the workplace: Understanding the structure and role of emotions in organizational behavior* (S. 227–259), San Francisco, CA: Jossey-Bass; Gottfredson, M. R. und Hirschi, T. (1990), *A General Theory of Crime*, Stanford, CA: Stanford University Press; Hirschi, T. (2004), »Self-control and crime«, in: R. F. Baumeister und K. D. Vohs (Hrsg.), *Handbook of self-regulation: Research, theory, and applications* (S. 537–552), New York: Guilford Press; Schmidt, C. (2003),

»Impulsivity«, in: E. F. Coccaro (Hrsg.), *Aggression: Psychiatric assessment and treatment* (S. 75–87), New York: Informa Health Care.

[2] Roberts, B. W., Walton, K. E. und Viechtbauer, W. (2006), »Patterns of mean-level change in personality traits across the life course: A meta-analysis of longitudinal studies«, *Psychological Bulletin*, 132, S. 1–25.

[3] Funder, D. C. (2001), »Personality«, *Annual Review of Psychology*, 52, S. 197–221.

[4] Ainslie, G. (1975), »Specious reward: A behavioral theory of impulsiveness and impulse control«, *Psychological Bulletin*, 82(4), S. 463–496.

[5] Ariely, D. und Wertenbroch, K. (2002), »Procrastination, deadlines, and performance: Self-control by precommitment«, *Psychological Science*, 13(3), S. 219–224; Funk, I. K. (1895), *The complete preacher: Sermons preached by some of the most prominent clergymen in this and other countries, and in the various denominations*, University of Michigan: Funk & Wagnalls; Sally, D. (2000), »I, too, sail past: Odysseus and the logic of self-control«, *Kyklos*, 53, S. 173–200; Stanford, W. (1954), *The Ulysses theme: A study in the adaptability of a traditional hero*, Ann Arbor, MI: University of Michigan Press; Strotz, R. (1956), »Myopia and inconsistency in dynamic utility maximization«, *Review of Economic Studies*, 23(3), S. 165–180.

[6] Der englische Begriff »precommitment« stammt von Wirtschaftswissenschaftler und Nobelpreisträger Thomas Schelling. Schelling ist Verhandlungsexperte und besonders kreativer Erfinder von Vorabfestlegungen. Siehe Schelling, T. (1984), *Choice and consequence: Perspectives of an errant economist*, Cambridge, MA: Harvard University Press; Schel-

ling, T. C. (1992), »Self-command: A new discipline«, in: G. Loewenstein und J. Elster (Hrsg.), *Choice Over Time* (S. 167–176), »New York: Russell Sage Foundation.

[7] O'Donoghue, T. und Rabin, M. (2008), »Procrastination on long-term projects«, *Journal of Economic Behavior and Organization*, 66, S. 161–175.

[8] Siehe Loewenstein, G. und Angner, E. (2003), »Predicting and indulging changing preferences«, in: R. F. Baumeister, G. Loewenstein und D. Read (Hrsg.), *Time and decision: Economic and psychological perspectives on intertemporal choice* (S. 351–391), New York: Russell Sage Foundation.

[9] Dass Hernán Cortés seine Schiffe verbrannt haben soll, ist ein Mythos, der entweder durch eine falsche Übersetzung zustande kam oder weil seine Geschichte mit der von Wilhelm dem Eroberer verwechselt wurde. Es bleibt trotzdem ein gutes Beispiel. Reynolds, W. (1959), »The burning ships of Hernán Cortés«, *Hispania*, 42(3), S. 317–324.

[10] Ibeji, M. (2001), »1066«. *BBC History, www.bbc.co.uk/history/british/normans/1066_01.shtml.*

[11] Ich nehme an, dass diese nudistische Technik in meinem Büro in der Universität nicht auf ungeteilte Gegenliebe stößt. Zu Hause ist die Technik allerdings sehr zu empfehlen. In seinem Buch über Vorabfestlegungen zitiert Thomas Schelling einen Artikel aus dem *Times Literary Supplement* vom 22. Januar 1982, in dem George Steiner sich an ein Gespräch mit dem ungarischen Philosophen Georg Lukács erinnert: »Als ich ihn im Winter 1957/58 zum ersten Mal besuchte, war die Fassade seines Hauses noch von den Narben der Granatensplitter und Maschinengewehrgarben übersät. Ich stand sprachlos vor den endlosen Reihen von Büchern in seinen Regalen. Lukács nutzte mein jugendliches Staunen und rief mir zugleich verwundbar und amüsiert aus dem Sessel zu: ›Wissen Sie, wie man zum Arbeiten kommt? Ganz einfach. Hausarrest, Steiner, Hausarrest!‹« Siehe Schelling, T. (1984), *Choice and consequence: Perspectives of an errant economist*, Cambridge, MA: Harvard University Press; Wallace, I. (1977), »Self-control techniques of famous novelists«, *Journal of Applied Behavior Analysis*, 10(3), S. 515–525.

[12] Weir, W. (2006), »Wake up! You snooze, you lose – Multiple hits on the snooze alarm may be hazardous to your sleep and motivation«, *Newsday*, 12. Januar 2006.

[13] Richtel, M. (2008), »Lost in E-mail, tech firms face self-made beast«, *New York Times*, 14. Juni 2008; Williams, A. (2008). »Drunk, and dangerous, at the keyboard«, *New York Times*, 19. Oktober 2008.

[14] Der Film basiert auf dem gleichnamigen Roman von Irwin Welsh.

[15] Dutzende Aussprüche wiederholen diese Erkenntnis. Die englische Romanautorin George Eliot notierte beispielsweise: »Niemand kann mit leerem Magen weise sein.« Albert Einstein war überzeugt: »Ein leerer Magen ist ein schlechter politischer Berater.« Und der englische Romantiker William Cowper kam zu dem Schluss: »Niemand kann mit leerem Magen Patriot sein.«

[16] Aber nicht immer. Maslow schrieb: »Wir haben bislang so getan, als sei diese Hierarchie eine feste Ordnung, doch sie ist keineswegs so starr, wie es den Anschein haben mag. Es stimmt zwar, dass die meisten Menschen, mit denen wir gearbeitet haben, die Grundbedürfnisse in dieser Reihenfolge zu haben scheinen. Wir haben

jedoch auch eine Reihe von Ausnahmen gefunden.« Siehe Maslow, A. H. (1954), *Motivation and personality*, New York: Harper; deutsche Ausgabe: *Motivation und Persönlichkeit*, Reinbek: Rowohlt 1999.

[17] Cantor, N. und Blanton, H. (1996), »Effortful pursuit of personal goals in daily life«, in: P. M. Gollwitzer und J. A. Bargh (Hrsg.), *The psychology of action: Linking cognition and motivation to behavior*, (S. 338–359), New York: Guilford Press; Fiore, N. (1989), *The now habit: A strategic program for overcoming procrastination and enjoying guilt-free play*, New York: Penguin Putnam, Inc., deutsche Ausgabe: *Wenn nicht jetzt, wann dann? So überlisten Sie Ihre »Aufschieberitis«*, Landsberg/Lech: mvg; Schneider, F. W. und Green, J. E. (1977), »The need for affiliation and sex as moderators of the relationship between need for achievement and academic performance«, *Journal of School Psychology*, S. 15, S. 269–277.

[18] Su, X. (2007), *A model of consumer inertia with applications to dynamic pricing*, Berkeley: University of California.

[19] Loewenstein, G. und Angner, E. (2003), »Predicting and indulging changing preferences«, in: R. F. Baumeister, G. Loewenstein und D. Read (Hrsg.), *Time and decision: Economic and psychological perspectives on intertemporal choice* (S. 351–391), New York: Russell Sage Foundation; Milkman, K. L., Rogers, T. und Bazerman, M. (2008), *Highbrow films gather dust: A study of dynamic inconsistency and online DVD rentals*, Boston: Harvard Business School; Moeller, F., Barratt, E., Dougherty, D., Schmitz, J. und Swann, A. (2001), »Psychiatric aspects of impulsivity«, *American Journal of Psychiatry*, 158(11), S. 1783–1793;

Read, D., Loewenstein, G. und Kalyanaraman, S. (1999), »Mixing virtue and vice: Combining the immediacy effect and the diversification heuristic«, *Journal of Behavioral Decision Making*, 12, S. 257–273; Strotz, R. (1956), »Myopia and inconsistency in dynamic utility maximization«, *Review of Economic Studies*, 23(3), S. 165–180; Trope, Y. und Fishbach, A. (2000), »Counteractive self-control in overcoming temptation«, *Journal of Personality and Social Psychology*, 79(4), S. 493–506.

[20] Surowiecki, J. (2006), »Bitter money and Christmas Clubs«, *Forbes*, 14. Februar 2006.

[21] Ashraf, N., Karlin, D. und Yin, W. (2008), *Female empowerment: Impact of a commitment savings product in the Philippines*, Boston: Jameel Poverty Action Lab, *www.povertyactionlab. com/papers/ashraf_karlan_yin_ female_empowerment_0308.pdf.*

[22] *www.marginalrevolution.com/ marginalrevolution/2008/09/ markets-in-self.html.*

[23] Ein weiteres Beispiel: Um zu verhindern, dass Suchtkranke rückfällig werden, schlägt das Suchtzentrum in Denver Selbsterpressung vor. Patienten schreiben Briefe an die Behörden, in denen sie sich ihres Drogenkonsums bezichtigen und scharfe Strafen fordern. Wenn sie bei mehreren aufeinanderfolgenden Drogentests positiv getestet werden, dann werden diese Briefe abgeschickt. Siehe Schelling, T. C. (1992), »Self-command: A new discipline«, in: G. Loewenstein und J. Elster (Hrsg.), *Choice over time* (S. 167–176), New York: Russell Sage Foundation.

[24] Thaler, R. und Sunstein, C. (2008), *Nudge*, New Haven, CT: Yale University Press.

[25] Meint zumindest Lane Olinghouse.

[26] Allen, K. (1996), »Chronic nailbiting: A controlled comparison of competing response and mild aversion treatments«, *Behavior Research and Therapy*, 34(3), S. 269–272.

[27] Seymour prahlt: »Ich habe ein narrensicheres System erfunden, um treu zu bleiben.« Richler, M. (1980), *Joshua then and now*, Toronto, ON: McClelland & Stewart; deutsche Ausgabe: *Joshua, damals und jetzt*, München: Kindler 1981.

[28] Mischel, W. und Ayduk, O. (2004), »Willpower in a cognitive-affective processing system«, in: I. Baumeister und K. Vohs (Hrsg.), *Handbook of self-regulation: Research, theory, and applications* (S. 99–129), New York: Guilford Press.

[29] Siehe auch Caspi, A., Roberts, B. und Shiner, R. (2005), »Personality development: Stability and change«, *Annual Review of Psychology*, 56, S. 453–484; Lee, P., Lan, W., Wang, C. und Chiu, H. (2008), »Helping young children to delay gratification«, *Early Childhood Education Journal*, 35(6), S. 557–564.

[30] Wenn Sie versuchen, einen Gedanken aktiv zu unterdrücken, kommt er im Durchschnitt einmal pro Minute hoch. Wenn Sie es eine Minute lang geschafft haben, versuchen Sie es noch eine Minute. Es wird erheblich schwieriger. Siehe Wenzlaff, R. und Wegner, D. (2000), »Thought suppression«, *Annual Reviews in Psychology*, 51(1), S. 59–91; Wegner, D. (1994), *White bears and other unwanted thoughts: Suppression, obsession, and the psychology of mental control*, New York: The Guilford Press.

[31] Dieses Problem hat jeder Pangloss'- sche Ansatz, der Ihnen verbietet, negative Gedanken zu denken. Dieser Rat ist von vornherein zum Scheitern verurteilt.

[32] Der Kulturphilosoph Ernst Cassirer formulierte es so: »Die physische Realität scheint in dem Maße zurückzutreten, wie die Symboltätigkeit des Menschen an Raum gewinnt.« Siehe Mischel, W. und Baker, N. (1975), »Cognitive appraisals and transformations in delay behavior«, *Journal of Personality and Social Psychology*, 31, S. 254–261.

[33] Deacon, T. W. (1997), *The Symbolic Species,* New York: W. W. Norton & Company; Gifford, A. (2002), »Emotion and self-control«, *Journal of Economic Behavior and Organization*, 49, S. 113–130; Gifford, A. (2009), »Rationality and intertemporal choice«, *Journal of Bioeconomics*, 11(3), S. 223–248.

[34] Tversky, A. und Kahneman, D. (1974), »Judgment under uncertainty: Heuristics and biases«, *Science*, 185, S. 1124–1131.

[35] Kearney, A. (2006), »A primer of covert sensitization«, *Cognitive and Behavioral Practice*, 13(2), S. 167–175.

[36] Mein Beispiel ist harmlos im Vergleich zu dem, das Joseph Cautela, einer der Erfinder der Technik, vorschlägt. So sollten wir seiner Ansicht nach den Nachtisch vermeiden: »Stellen Sie sich vor, Sie haben gerade das Hauptgericht gegessen und wollen zum Nachtisch übergehen, einem Apfelstrudel. Als Sie nach Ihrer Gabel greifen wollen, verspüren Sie plötzlich ein merkwürdiges Gefühl im Magen. Ihnen wird schlecht, richtig kotzübel. Wenn Sie mit der Gabel den Apfelstrudel berühren, spüren Sie, wie Ihnen das Essen die Speiseröhre hochkommt. Und wenn Sie mit der Gabel in den Kuchen stechen, spüren Sie es schon im Mund. Sie versuchen, die Lippen aufeinander zu pressen, weil Sie Angst haben, alles vollzuspucken. Sie heben die Gabel mit dem Kuchen an den Mund, und als Sie ihn öffnen

wollen, übergeben Sie sich. Sie erbrechen sich auf die Hände, die Gabel, den Kuchen und über den ganzen Tisch und das Essen der anderen. Ihnen schießen die Tränen in die Augen, Rotze und Kotze kleben Ihnen überall im Gesicht ...« Cautela hört gar nicht mehr auf mit seiner Beschreibung, aber mehr ertrage ich nicht. Ich habe keinen Grund, Apfelstrudel nicht zu mögen, und das soll auch so bleiben. Aber es war doch wirkungsvoll, oder? Siehe Cautela, J. R. (1972), *Covert sensitization scenes: A compilation of typical scenes used in the application of covert sensitization to a variety of maladaptive behaviors*, Chestnut Hill, MA: Boston College.

[37] Lohr, S. (2009), »A \$1 Million Research Bargain for Netflix, and Maybe a Model for Others«, *New York Times*, B1, 22. September 2009.

[38] Die buddhistische Achtsamkeitsmeditation könnte erheblich dazu beitragen, Ihre Aufmerksamkeit besser zu kontrollieren. Ein wissenschaftlicher Beweis steht allerdings noch aus. Der Molekularbiologe Jon Kabat-Zinn, einer der Ersten, der die Meditation im Westen praktizierte, schreibt: »Meditieren bedeutet, zu lernen, nichts von dem zu beurteilen, was uns in den Sinn kommt ..., es einfach nur zu beobachten und zu erkennen, ohne es zu verurteilen oder ihm nachzugehen.« Das heißt, wenn der Impuls aufkommt, einer bestimmten Versuchung nachzugeben, muss dem nicht reflexartig eine Handlung folgen. Selbst wenn die Achtsamkeitsmeditation wirken sollte, habe ich meine Zweifel an ihrer praktischen Umsetzbarkeit. Es dauert lange, bis Sie die Meditation wirklich beherrschen, und in der Zwischenzeit kann sie Ihnen verdammt langweilig werden. Damit handelt es sich um genau die Art der Übung, die naturgemäß schnell gelangweilte Aufschieber aufschieben. Mit anderen Worten, wenn Sie die Geduld mitbringen, die die Achtsamkeitsmeditation verlangt, dann brauchen Sie vermutlich keine zusätzliche Selbstbeherrschung mehr. Siehe Brown, K., Ryan, R. und Creswell, J. (2007), »Mindfulness: Theoretical foundations and evidence for its salutary effects«, *Psychological Inquiry*, 18(4), S. 211–237; Kabat-Zinn, J. (1994), *Wherever you go there you are: Mindfulness meditation in everyday life*, New York: Hyperion, deutsche Ausgabe: *Stark aus eigener Kraft: Im Alltag Ruhe finden – das umfassende Meditationsprogramm für alle Lebenslagen*, München: Barth 1997; Masicampo, E. J. und Baumeister, R. F. (2007), »Relating mindfulness and self-regulatory processes«, *Psychological Inquiry*, 18(4), S. 255–258.

[39] Kavanagh, D. J., Andrade, J. und May, J. (2005), »Imaginary relish and exquisite torture: The elaborated intrusion theory of desire«, *Psychological Review*, 112(2), S. 446–467; Smallwood, J. und Schooler, J. (2006), »The restless mind«, *Psychological Bulletin*, 132(6), S. 946–958.

[40] Bargh, J. A. und Chartrand, T. L. (1999), »The unbearable automaticity of being«, *American Psychologist*, 54(7), S. 462–479; Bargh, J. A. und Ferguson, M. J. (2000), »Beyond behaviorism: On the automaticity of higher mental processes«, *Psychological Bulletin*, 126(6), S. 925–945.

[41] Bargh, J. (2006), »What have we been priming all these years? On the development, mechanisms, and ecology of nonconscious social behavior«, *European Journal of Social Psychology*, 36(2), S. 147–168; Carey, B. (2007), »Who's minding the mind?«, *New York Times*, 31. Juli 2007.

[42] Wansink, B. (2004), »Environmental factors that increase the food intake and consumption volume of unknowing consumers«, *Annual Review of Nutrition*, 24, S. 455–479.

[43] Childress, A., Hole, A., Ehrman, R., Robbins, S., McLellan, A. und O'Brien, C. (1993), »Cue reactivity and cue reactivity interventions in drug dependence«, in: L. S. Onken, J. D. Blaine und J. J. Boren (Hrsg.), *Behavioral treatments for drug abuse and dependence* (S. 73–96), Rockville, MD: National Institute on Drug Abuse.

[44] Lustig, C., Hasher, L. und Tonev, S. T. (2001), »Inhibitory control over the present and the past«, *European Journal of Cognitive Psychology*, 13(1), S. 107–122.

[45] Tullier, M. (2000), *The complete idiot's guide to overcoming procrastination*, Indianapolis, IN: Alpha Books.

[46] Der Psychologe Fuschia Sirios empfiehlt zum Beispiel zur Verbesserung der Sicherheit im Haushalt, jede Unordnung sofort zu beseitigen, »gefährliche Werkzeuge nach dem Gebrauch aufzuräumen« und darauf zu achten, dass »auf Treppen und in Fluren kein Gerümpel herumsteht und zur Falle wird«. Siehe Sirois, F. M. (2007). »›I'll look after my health, later‹: A replication and extension of the procrastination-health model with community-dwelling adults«, *Personality and Individual Differences*, 43(1), S. 15–26.

[47] Lay, C. H. und Schouwenburg, H. C. (1993), »Trait procrastination, time management, and academic behavior«, *Journal of Social Behavior and Personality*, 8(4), S. 647–662; Neck, C. und Houghton, J. (2006), »Two decades of self-leadership theory and research«, *Journal of Managerial Psychology*, 21(4), S. 270–295.

[48] Monterosso, J. und Ainslie, G. (1999), »Beyond discounting: Possible experimental models of impulse control«, *Psychopharmacology*, 146, S. 339–347; Wenzlaff, R. und Bates, D. (2000), »The relative efficacy of concentration and suppression strategies of mental control«, *Personality and Social Psychology Bulletin*, 26(10), S. 1200.

[49] Es gibt viele Apparate, die Ihnen beim Energiesparen helfen und deren Anschaffung sich schon nach wenigen Monaten rentiert hat. Die Subkultur der »Hypermiler« ist ein weiteres Beispiel. Mit zahlreichen Tricks, von denen einige starke Nerven erfordern (etwa, so dicht wie möglich hinter einem Tieflader herzufahren), holen diese Extremsparer das Maximum aus jedem Tropfen Benzin heraus. Der Traum eines jeden Hypermilers ist ein Minicomputer namens *Scan Gauge*, der sich problemlos in jedes nach 1995 hergestellte Auto einbauen lässt. Er wird gut sichtbar aufs Armaturenbrett geklebt und zeigt sofort an, wie viel ein Kilometer oder eine ganze Fahrt kostet. Plötzlich wird sparsames und umweltbewusstes Fahren sichtbar und zur zweiten Natur. Sobald nämlich der Spritverbrauch nicht mehr abstrakt ist, sondern unmittelbar, greifbar und lebendig, spricht er nicht mehr nur noch unseren präfrontalen Kortex an, sondern unser limbisches System, und wir verbrauchen gern weniger Benzin. Ich wurde beispielsweise einmal Zeuge, wie meine äußerst sparsame Schwiegermutter zu einem dreißig Minuten entfernten Laden fuhr, um eine extrem billige Ware zurückzubringen. Wenn man den Sprit einrechnet, zahlte sie drauf, aber das hinderte sie nicht daran, trotzdem zu fahren. Wir sind uns vage bewusst, dass eine Fahrt Geld kostet, aber die Ware hatte sie in der Hand und das zurückerstattete Geld nachher auch. Wenn sie

einen Apparat gehabt hätte, der ihr die Fahrtkosten angezeigt hätte, dann wäre sie vermutlich zu Hause geblieben. Geräte wie diese reduzieren unseren Benzinverbrauch um ein Viertel, schon allein weil sie Leerlauf, hohe Geschwindigkeiten und unnötige Beschleunigungen verringern. Wenn wir den Reifendruck messen und direkt sehen könnten, wie viel uns platte Reifen kosten, dann würde die Effizienz um weitere 3 Prozent steigen. Systeme zur Kontrolle des Luftfilters haben eine ähnliche Wirkung. Wenn wir bedenken, dass Autos für das Gros der Treibhausgase verantwortlich sind, würden allein diese Geräte genügen, um die CO_2-Ziele des Kyoto-Protokolls zu erreichen. Gaffney, D. (2007), »This guy can get 59 MPG in a plain old Accord. Beat that, punk«, *Mother Jones*, Januar/Februar 2007; Grunwald, M. (2008), »The tire-gauge solution: No joke«, *Time*; Jones, T. Y. (2008), »Hypermilers: Breaking the 100-MPG barrier«, *Edmunds Inside Line*, Juni 2008.

[50] Thompson, C. (2007), »Clive Thompson thinks: Desktop orb could reform energy hogs«, *Wired*, 15. August 2008.

[51] Lohr, S. (2008), »Digital tools help users save energy, study finds«, *New York Times*, 10. Januar 2008; Minosi, A., Martinola, A., Mankan, S., Balzarini, F., Kostadinov, A. und Prevostini, A. (2003), »Intelligent, low-power and low-cost measurement system for energy consumption«, Vortrag auf dem International Symposium on Virtual Environments, Human-Computer Interfaces, and Measurement Systems, Lugano, Schweiz.

[52] Aarts, H., Dijksterhuis, A. und Dik, G. (2008), »Goal contagion: Inferring goals from others' actions – and what it leads to«, in: J. Y. Shah und W. L. Gardner (Hrsg.), *Handbook of motivation* (S. 265–280), New York: Guilford Press; Gollwitzer, P. und Bargh, J. (2005), »Automaticity in goal pursuit«, in: A. J. Elliot und C. S. Dweck (Hrsg.), *Handbook of competence and motivation* (S. 624–646), New York: Guilford Press.

[53] Lopez, F. und Wambach, C. (1982), »Effects of paradoxical and self-control directives in counseling«, *Journal of Counseling Psychology*, 29(2), S. 115–124; Mulry, G., Fleming, R. und Gottschalk, A. C. (1994), »Psychological reactance and brief treatment of academic procrastination«, *Journal of College Student Psychotherapy*, 9(1), S. 41–56; Ziesat, H. A., Rosenthal, T. L. und White, G. M. (1978), »Behavioral self-control in treating procrastination of studying«, *Psychological Reports*, 42, S. 59–69.

[54] Thaler, R. (1999), »Mental accounting matters«, *Journal of Behavioral Decision Making*, 12, S. 183–206; Surowiecki, J. (2006), »Bitter Money and Christmas Clubs«, *Forbes*, 14. Februar 2006.

[55] Ashforth, B. E., Kreiner, G. E. und Fugate, M. (2000), »All in a day's work: Boundaries and micro role transitions«, *The Academy of Management Review*, 25(3), S. 472–491.

[56] Locke, E. und Latham, G. (2002), »Building a practically useful theory of goal setting and task motivation: A 35-year odyssey«, *American Psychologist*, 57(9), S. 705–717.

[57] Auf der Website der Managementschule *RapidBi* (*www.rapidbi.com/created/WriteSMARTobjectives.html*) finden Sie Dutzende Variationen des Akronyms SMART. Doch die meisten Menschen verwenden automatisch einen Zeitrahmen, wenn sie sich ein spezifisches Ziel setzen. *RapidBi* schlägt beispielsweise vor, sich bei der

Formulierung spezifischer Ziele immer die Frage zu stellen: »Bis wann möchte ich diese Arbeit abschließen?« Ganz ähnlich ist ein erreichbares Ziel definitionsgemäß realistisch. Siehe Tayntor, C. B. (2001), »Incorporating six sigma concepts into systems analysis«, in: P. Tinnirello (Hrsg.), *New directions in project management* (S. 161–172), Boca Raton, FL: CRC Press LLC, *www.topachievement.com/smart.html*.

58 Prendergast, C. (1999), »The provision of incentives in firms«, *Journal of Economic Literature*, 37, S. 7–63; Schlinger, H. D., Derenne, A. und Baron, A. (2008), »What 50 years of research tell us about pausing under ratio schedules of reinforcement«, *The Behavior Analyst*, 31, S. 39–40.

59 Hall, P. A. und Fong, G. T. (2003), »The effects of a brief time perspective intervention for increasing physical activity among young adults«, *Psychology and Health*, 18(6), S. 685–706; Miller, R. B. und Brickman, S. J. (2004), »A model of future-oriented motivation and self-regulation«. *Educational Psychology Review*, 16(1), S. 9–33.

60 Engber, D. (2008), »The unfinished stories: All the stuff we never got around to including in the special issue«, *www.slate.com/id/2191420/*.

61 Amabile, T. (2001), »Beyond talent: John Irving and the passionate craft of creativity«, *American Psychologist*, 56(4), S. 333–336; Wallace, I. (1977), »Self-control techniques of famous novelists«, *Journal of Applied Behavior Analysis*, 10(3), S. 515–525.

62 *www.rescuetime.com/dashboard; http://(manictime.com/*.

63 Ouelette, J. A. und Wood, W. (1998), »Habit and intention in everyday life: The multiple processes by which past behavior predicts future

behavior«, *Psychological Bulletin*, 124(1), S. 54–74.

64 Baumeister, R. F., Muraven, M. und Tice, D. M. (2000), »Ego depletion: A resource model of volition, self-regulation, and controlled processing«, *Social Cognition*, 18(2), S. 130–150.

65 Diefendorff, J. M., Richard, E. M. und Gosserand, R. H. (2006), »Examination of situational and attitudinal moderators of the hesitation and performance relation«, *Personnel Psychology*, 59, S. 365–393; Gollwitzer, P. M. (1996), »The volitional benefits from planning«, in: P. M. Gollwitzer und J. A. Bargh (Hrsg.), *The psychology of action: Linking cognition and motivation to behavior* (S. 287–312), New York: Guilford Press; Silver, M. (1974), »Procrastination«, *Centerpoint*, 1(1), S. 49–54.

66 Diefendorff, J. M., Richard, E. M. und Gosserand, R. H. (2006), »Examination of situational and attitudinal moderators of the hesitation and performance relation«, *Personnel Psychology*, 59, S. 365–393.

67 McCrea, S., Liberman, N., Trope, Y. und Sherman, S. (2008), »Construal level and procrastination«, *Psychological Science*, 19(12), S. 1308–1314; Wood, W. und Neal, D. T. (2007), »A new look at habits and the habit-goal interface«, *Psychological Review* 114(4), S. 843–863.

68 Gallo, I. S. und Gollwitzer, P. M. (2007), »Implementation intentions: A look back at fifteen years of progress«, *Psicothema*, 19(1), S. 37–42; Gollwitzer, P. und Sheeran, P. (2006), »Implementation intentions and goal achievement: A meta-analysis of effects and processes«, *Advances in Experimental Social Psychology*, 38, S. 69; Gollwitzer, P. M. (1999), »Implementation intentions: Strong effects of simple plans«, *American Psycholo-*

gist, 54(7), S. 493–503; Owens, S., Bowman, C. und Dill, C. (2008), »Overcoming procrastination: The effect of implementation intentions«, *Journal of Applied Social Psychology*, 38(2), S. 366–384.

[69] Oaten, M. und Cheng, K. (2006), »Improved self-control: The benefits of a regular program of academic study«, *Basic and Applied Social Psychology*, 28(1), S. 1–16; Oaten, M. und Cheng, K. (2007), »Improvements in self-control from financial monitoring«, *Journal of Economic Psychology*, 28(4), S. 487–501.

[70] Wood, W., Tam, L. und Witt, M. (2005), »Changing circumstances, disrupting habits«, *Journal of Personality and Social Psychology*, 88(6), S. 918.

[71] Grant, A. (2003), »The impact of life coaching on goal attainment metacognition and mental health«, *Social Behavior and Personality*, 31(3), S. 253–263.

[72] Matlin, E. (2004), *The procrastinator's guide to wills and estate planning*, New York: Penguin Group.

KAPITEL 10

[1] Frincke, J. (2008), *Job satisfaction*, Alexandria, VA: Society for Human Resource Management; Kaiser, R., Hogan, R. und Craig, S. (2008), »Leadership and the fate of organizations«, *American Psychologist*, 63(2), S. 96; Sousa-Poza, A. und Sousa-Poza, A. A. (2000), »Well-being at work: A cross-national analysis of the levels and determinants of job satisfaction«, *Journal of Socio-Economics*, 29(6), S. 517–538.

[2] Bass, B. M. (1998), *Transformational leadership: Industry, military, and educational impact*, Mahwah, NJ: Erlbaum; Eagly, A., Johannesen-Schmidt, M. und van Engen, M. (2003), »Transformational, transactional, and laissez-faire leadership styles: A meta-analysis comparing women and men«, *Psychological Bulletin*, 129(4), S. 569–591; Yukl, G. (2006), »*Leadership in organizations* (6. Aufl.), Upper Saddle River, NJ: Prentice Hall.

[3] Baltes, B., Briggs, T., Huff, J., Wright, J. und Neuman, G. (1999), »Flexible and compressed workweek schedules: A meta-analysis of their effects on work-related criteria«, *Journal of Applied Psychology*, 84(4), S. 496–513.

[4] Tom ist tatsächlich eine Ausnahme. In einer Umfrage geben drei Viertel aller Mitarbeiter an, das Schlimmste an ihrer Arbeit sei ihr unmittelbarer Vorgesetzter. Nach objektiven Maßstäben dürfen zwei Drittel aller Vorgesetzten als inkompetent gelten. Siehe Hogan, R. und Kaiser, R. (2005), »What we know about leadership«, *Review of General Psychology*, 9(2), S. 169.

[5] Milgram, N. A. (1991), »Procrastination«, in: R. Dulbecco (Hrsg.), *Encyclopedia of human biology* (Bd. 6, S. 149–155), New York: Academic Press.

[6] Ainslie, G. (2001), *Breakdown of will*, Cambridge University Press; Ryan, R. M. und Deci, E. L. (2006), »Self-regulation and the problem of human autonomy: Does psychology need choice, self-determination, and will?«, *Journal of Personality and Social Psychology*, 74(6), S. 1557–1586; Vohs, K. D. und Baumeister, R. F. (2007), »Can satisfaction reinforce wanting?«, in: J. Y. Shah und W. L. Gardner (Hrsg.), *Handbook of motivation science* (S. 373–389), New York: Guilford Press.

[7] Kivetz, R. und Keinan, A. (2006), »Repenting hyperopia: An analysis of self-control regrets«, *Journal of Consumer Research*, 33, S. 273–282.

[8] Tangney, J., Baumeister, R. und Boone, A. (2004), »High self-control predicts good adjustment, less pathology, better grades, and interpersonal success«, *Journal of Personality*, 72(2), S. 271–324.

SCHLUSS MIT DEM AUFSCHIEBEN

[1] Carver, C. S. (2005), »Impulse and constraint: Perspectives from personality psychology, convergence with theory in other areas, and potential for integration«, *Personality and Social Psychology Review*, 9(4), S. 312–333; Cervone, D., Shadel, W. G., Smith, R. E. und Fiori, M. (2006), »Self-regulation: Reminders and suggestions from personality science«, *Applied Psychology: An International Review*, 55(3), S. 333–385; Mesoudi, A., Whiten, A. und Laland, K. (2006), »Towards a unified science of cultural evolution«, *Behavioral and Brain Sciences*, 29(4), S. 329–347; Tooby, J. und Cosmides, L. (2007), »Evolutionary psychology, ecological rationality, and the unification of the behavioral sciences«, *Behavioral and Brain Sciences*, 30(01), S. 42–43.

[2] Green, C. D. (1992), »Is unified positivism the answer to psychology's disunity?«, *American Psychologist*, 47, S. 1057–1058; Staats, A. W. (1999), »Unifying psychology requires new infrastructure, theory, method, and a research agenda«, *Review of General Psychology*, 3(1), S. 3–13; Stanovich, K. E. (2007), »The psychology of decision making in a unified behavioral science«, *Behavioral and Brain Sciences*, 30(01), S. 41–42.

[3] Siehe Steel, P. und König, C. J. (2006), »Integrating theories of motivation«, *Academy of Management Review*, 31, S. 889–913.

[4] Wilson, E. (1998), *Consilience: The unity of knowledge*, New York: Knopf.

[5] Gintis, H. (2004), »Towards the unity of the human behavioral sciences«, *Politics, Philosophy and Economics*, 3(1), S. 37–57.

[6] Akerlof, G. A. (1991), »Procrastination and obedience«, *American Economic Review*, 81(2), S. 1–19; Glimcher, P. und Rustichini, A. (2004), »Neuroeconomics: The Consilience of Brain and Decision«, *Science*, 306, S. 447–452.

[7] Kubey, R. und Csikszentmihalyi, M. (2002), »Television addiction is no mere metaphor«, *Scientific American*, 286(2), S. 62–68; Young, K. (1998), »Internet addiction: The emergence of a new clinical disorder«, *Cyberpsychology and Behavior*, 1, S. 237–244.

[8] Hancox, R. und Poulton, R. (2006), »Watching television is associated with childhood obesity: but is it clinically important?«, *International Journal of Obesity*, 30, S. 171–175; Vandewater, E., Bickham, D. und Lee, J. (2006), »Time well spent? Relating television use to children's free-time activities«, *Pediatrics*, 117(2).

[9] Hall, L., Johansson, P. und Léon, D. D. (2002), *The future of self-control: distributed motivation and computer-mediated extrospection*, Lund: Lund University.

Anschaulich, griffig, gut zu merken

Martin-Niels Däfler
DIE TORERO-TECHNIK
Und 111 andere
zupackende
Selbstcoaching-Tipps für
Alltag und Beruf
272 Seiten
mit zahlreichen
Abbildungen
ISBN 978-3-404-60794-5

Das trockene Thema Selbstoptimierung kann auch Spaß machen! Getarnt als Angela-Merkel-Prinzip (ruhig mal etwas aussitzen) oder als Pizza-Technik (großes Problem in kleine Bestandteile zerlegen) kommen die 112 Methoden von Professor Dr. Martin-Niels Däfler locker daher. Die kreativen Namen der Tipps und die anschaulichen Vergleiche machen das Buch zu einem Lesevergnügen. Und Dank der konkreten und direkt umsetzbaren Hinweise ist es ein Leichtes, die Methoden in der Praxis umzusetzen. Die Folge? Entspannter arbeiten, schneller Ziele erreichen und unbeschwerter leben.

Bastei Lübbe

Risiko ist keine Ansichtssache

Michael Blastland / David Spiegelhalter
WIRST DU NICHT VOM BLITZ ERSCHLAGEN, LEBST DU NOCH IN TAUSEND JAHREN
Was wirklich gefährlich ist
Aus dem Englischen von Jürgen Neubauer
416 Seiten
ISBN 978-3-404-60830-0

Das Leben ist voller Gefahren! Wirklich? Oft führen Statistiken in die Irre oder werden zur bloßen Panikmache aufgebauscht. Deshalb haben sich David Spiegelhalter und Michael Blastland genau angeschaut, was uns im Laufe unseres Lebens alles passieren kann. Und wie wahrscheinlich das tatsächlich ist. Denn oft schätzen wir Risiken falsch ein – oder hätten Sie geahnt, dass man Kinder eher vor Jalousieschnüren schützen sollte als vor dem Straßenverkehr? Mithilfe vieler Geschichten von Angsthasen und Adrenalinjunkies zeigen die Autoren, was wirklich gefährlich ist, und ermutigen den Leser lieber sich selbst als Statistiken zu vertrauen.

Bastei Lübbe

Wer nicht fragt, bleibt dumm!

Mitchell Moffit / Greg Brown
DAS EI WAR'S
Heiß ersehnte Antworten
auf die brennendsten
Fragen der Wissenschaft
Aus dem amerikanischen
Englisch von
Viola Krauß
256 Seiten
mit zahlreichen
Abbildungen
ISBN 978-3-404-60810-2

Die alte Frage nach Huhn und Ei ist endlich beantwortet! Doch es gibt weiterhin viel zu erforschen: Warum zur Hölle fluchen wir eigentlich? Sollten wir uns auch außerhalb des Kinosaals vor Zombies fürchten? Und gibt es ein Wundermittel gegen Schluckauf? Mitchell Moffit und Greg Brown sind echte Science-Nerds, und sie verstehen es, die Welt mit ihrer Liebe zur Naturwissenschaft anzustecken. Mit viel Spaß und unstillbarer Neugier stellen sie ausgefallene Fragen und beantworten sie dank unorthodoxer Erklärungsmethoden mit großer Leichtigkeit. Kein Wunder, dass ihr YouTube-Kanal AsapSCIENCE mehrere Millionen Fans hat. Für ihr Buch verbinden sie Grundlagen aus Biologie, Chemie und Physik mit unserem täglichen Leben.

Bastei Lübbe